Conservação do Contrato de Trabalho no Cumprimento da Pena Privativa de Liberdade

Albérico Camelo de Mendonça

Formado em Teologia, Estudos Sociais e Direito.
Pós-graduado em Docência do Ensino Superior e Direito do Trabalho.
Mestre em Ciências da Religião e Direito Internacional Econômico.
Doutor em Ciências Jurídicas e Sociais.
Analista Judiciário do Tribunal Regional do Trabalho da 10ª Região.
Professor em cursos de pós-graduação e mestrado.

Conservação do Contrato de Trabalho no Cumprimento da Pena Privativa de Liberdade

EDITORA LTDA.
© Todos os direitos reservados
Rua Jaguaribe, 571
CEP 01224-001
São Paulo, SP – Brasil
Fone: (11) 2167-1101
www.ltr.com.br

Produção Gráfica e Editoração Eletrônica: Peter Fritz Strotbek
Projeto de Capa: Fabio Giglio
Impressão: Digital Page
LTr 4594.5
Outubro, 2012

Dados Internacionais de Catalogação na Publicação (CIP)
(Câmara Brasileira do Livro, SP, Brasil)

Mendonça, Albérico Camelo de
  Conservação do contrato de trabalho no cumprimento da pena privativa de liberdade / Albérico Camelo de Mendonça. — São Paulo : LTr, 2012.

  Bibliografia.
  ISBN 978-85-361-2331-8

  1. Contratos de trabalho — Brasil 2. Pena privativa de liberdade I. Título.

12-08465	CDU-34:331.116:334.261.3

Índice para catálogo sistemático:

1. Brasil : Conservação de contratos de trabalho no cumprimento da pena privativa de liberdade : Direito trabalhista   34:331.116:334261.3

À minha esposa Marilda,
Aos meus filhos
Álerson,
Alberson e
Jefferson,
dedico.

Ao Único Deus Eterno, Imortal, Invisível e Real, que habita na Luz Inacessível, por minha existência e capacidade de aprender.

À Roberta Arzivenco Licínio de Carvalho, pela ajuda na construção das tabelas e gráficos.

Ao senhor Orlando Prata, pela entrevista concedida.

Ao Centro de Recuperação e Assistência ao Preso e Egresso (CERAPE), por ter viabilizado o acesso aos presidiários do Centro de Progressão Penitenciária (CPP) para a efetivação da pesquisa a fim de concluir a tese de doutorado em Ciências Jurídicas e Sociais.

SUMÁRIO

Apresentação — *Dra. Flávia Simões Falcão*	17
Introdução...	21
Capítulo 1 — O término da relação de emprego por iniciativa do empregador sob a égide do liberalismo e do neoliberalismo econômico..........	25
1.1. Introdução..	25
1.2. O liberalismo econômico...	25
1.3. O neoliberalismo econômico..	27
1.4. Resumo dos argumentos neoliberais contrários ao Estado intervencionista	30
1.5. O neoliberalismo no Brasil...	32
1.6. O término da relação de emprego por iniciativa do empregador nas esferas liberal e neoliberal...	35
1.7. Conclusão..	35
Capítulo 2 — O Fim da Estabilidade Absoluta de Emprego no Brasil........	36
2.1. Introdução...	36
2.2. O conceito de estabilidade no emprego..	36
2.3. Classificação da estabilidade..	37
2.4. As consequências dos tipos de estabilidade...	38
2.5. A estabilidade de emprego no Brasil..	39
2.6. A criação do Fundo de Garantia por Tempo de Serviço (FGTS) e o fim da estabilidade de emprego no Brasil...	40
2.6.1. O calendário da comissão escolhida para examinar o Projeto de Lei que criaria o FGTS...	41
2.6.2. As substituições da comissão...	41
2.6.3. A discussão do Projeto de Lei..	42
2.6.4. A aprovação do Projeto...	49
2.7. As formas de estabilidades existentes no Brasil..	49
2.7.1. As estabilidades criadas por lei...	49
2.7.1.1. A estabilidade do dirigente sindical....................................	50
2.7.1.2. A estabilidade relativa de empregado membro da Comissão Interna de Prevenção de Acidentes — CIPA.....................	50

2.7.1.3. A estabilidade do empregado que sofreu acidente do trabalho ... 51
2.7.1.4. A estabilidade da empregada gestante 52
2.7.1.5. A estabilidade no contrato por prazo determinado 52
2.7.1.6. A estabilidade de diretores de sociedades cooperativas 52
2.7.1.7. A estabilidade dos membros de Comissão de Conciliação Prévia 53
2.7.1.8. A estabilidade dos empregados que passam a fazer parte no Conselho Curador do FGTS 53
2.7.2. As estabilidades criadas pela jurisprudência 53
2.7.2.1. A estabilidade do empregado portador do vírus HIV 53
2.7.2.2. A estabilidade do empregado portador de neoplasia maligna 54
2.8. Conclusão 56

Capítulo 3 — O Entendimento da OIT em Relação à Dispensa por Justa Causa e as Posturas Brasileira e Argentina Diante da Convenção n. 158 da OIT 57
3.1. Introdução 57
3.2. A diferença entre Recomendação e Convenção 57
3.3. As Recomendações e as Convenções da OIT: *soft e hard law* 57
3.4. A Recomendação n. 119 da OIT 58
3.5. A Convenção n. 158 da OIT 59
3.6. A posição brasileira em relação à Convenção n. 158 da OIT 59
    3.6.1. A postura do ex-presidente da República Federativa do Brasil, senhor Fernando Henrique Cardoso, em relação à Convenção n. 158 da OIT 61
    3.6.2. A postura do presidente da República Federativa do Brasil, senhor Luiz Inácio Lula da Silva, em relação à Convenção n. 158 da OIT 65
3.7. A posição argentina em relação à Convenção n. 158 da OIT 66
3.8. A dispensa do trabalhador no contexto da Convenção n. 158 da OIT 68
3.9. O cotejo do informe VIII da OIT com a legislação laboral brasileira 69
    3.9.1. A conduta do trabalhador brasileiro que configure uma justa causa 69
    3.9.2. A carência de qualificações ou de capacidade do trabalhador brasileiro para desenvolver o trabalho para o qual foi contratado, ou sua prestação insatisfatória 70
    3.9.3. A ausência ao trabalho ou incapacidade resultante de enfermidade ou acidente 71
    3.9.4. Os motivos de origem econômica, tecnológica, estrutural ou similar 71
3.10. O cotejo do informe VIII da OIT com a legislação laboral argentina 73
    3.10.1. A conduta do trabalhador argentino que configure uma justa causa 73

3.10.2. A carência de qualificações ou de capacidade do trabalhador argentino para desenvolver o trabalho para o qual foi contratado, ou sua prestação insatisfatória 76
3.10.3. A incapacidade resultante de enfermidade ou acidente 78
3.11. Conclusão 78

Capítulo 4 — A Justa Causa e a Extinção do Contrato de Trabalho 80
4.1. Introdução 80
4.2. O conceito de justa causa 80
4.3. A justa causa e a falta grave 81
4.4. Os sistemas legais da justa causa 82
    4.4.1. O sistema genérico 82
    4.4.2. O sistema taxativo ou enumerativo 83
    4.4.3. O sistema exemplificativo 83
    4.4.4. O sistema misto 83
4.5. Os requisitos da justa causa 84
    4.5.1. A previsão legal 84
    4.5.2. A atualidade ou imediatidade 85
    4.5.3. A relação com o ato praticado pelo empregado 85
    4.5.4. A conexidade com o trabalho do empregado 85
4.6. A prova da justa causa 86
    4.6.1. O ônus da prova 86
        4.6.1.1. O fato impeditivo do direito do autor 87
        4.6.1.2. O fato modificativo do direito do autor 87
        4.6.1.3. O fato extintivo do direito do autor 87
    4.6.2. Os meios de prova 87
        4.6.2.1. A prova documental 87
        4.6.2.2. O depoimento pessoal e o interrogatório das partes 89
        4.6.2.3. A prova testemunhal 90
        4.6.2.4. A prova pericial 92
        4.6.2.5. Inspeção judicial 93
    4.6.3. A prova da justa causa deve ser robusta 93
    4.6.4. A punição da justa causa 94
4.7. O percentual de desligamentos por demissão com justa causa no Brasil, no ano de 2007 95
4.8. Conclusão 96

Capítulo 5 — A Condenação Criminal do Empregado, Transitada em Julgado, como Justa Causa para a Rescisão Contratual..................................... 97

5.1. Introdução 97

5.2. A condenação criminal e a justa causa 97

5.3. Os institutos que podem afastar ou não a justa causa na condenação criminal do empregado, transitada em julgado, para a rescisão contratual.. 99

    5.3.1. O *sursis* 99

    5.3.2. A anistia.. 100

    5.3.3. A graça.. 101

    5.3.4. O indulto 102

    5.3.5. A *abolitio criminis* 103

    5.3.6. A comutação da pena 103

    5.3.7. O perdão judicial.. 104

    5.3.8. A substituição da pena privativa de liberdade ao réu semi-imputável 106

5.4. Conclusão 108

Capítulo 6 — A Jurisprudência Brasileira Relacionada à Rescisão do Contrato de Trabalho por Condenação Criminal do Empregado, Transitada em Julgado, sem Suspensão da Execução da Pena 109

6.1. Introdução 109

6.2. O indulto não afasta a justa causa 109

6.3. O *sursis* por si só não afasta a justa causa... 109

6.4. A substituição da pena privativa de liberdade pela prestação de serviços afasta a justa causa e promove a ressocialização do condenado 110

6.5. Quando a condenação vincula ou não o juízo trabalhista e o reconhecimento da justa causa... 110

6.6. O cumprimento da pena configura justa causa 112

6.7. Não há justa causa se o condenado não for recolhido........................... 112

6.8. O recolhimento ao presídio caracteriza a justa causa 113

6.9. A preclusão lógica recursal decorrente da sentença criminal transitada em julgado 113

6.10. O trânsito em julgado de decisão criminal é suficiente à prova da autoria e materialidade do crime 113

6.11. O julgamento da justa causa pela Justiça do Trabalho não depende do resultado da ação penal.. 114

6.12. Conclusão... 114

Capítulo 7 — O Sistema Prisional do Distrito Federal: o Perfil de sua População Carcerária e dos Egressos 115

7.1. Introdução 115
7.2. A composição e a divisão da população carcerária do sistema prisional do Distrito Federal 115
7.3. A destinação das unidades do sistema prisional do Distrito Federal 117
7.4. O perfil da população carcerária do sistema penitenciário do Distrito Federal 119
    7.4.1. O perfil quanto à faixa etária 119
    7.4.2. O perfil quanto ao sexo 120
    7.4.3. O perfil quanto ao grau de instrução 120
    7.4.4. O perfil quanto ao regime de cumprimento de pena 121
    7.4.5. O perfil quanto à nacionalidade 122
    7.4.6. O perfil quanto ao tempo total das penas 123
    7.4.7. O perfil quanto à classificação dos crimes 124
7.5. Perfis construídos por amostragem 125
    7.5.1. O perfil quanto ao estado civil 126
    7.5.2. O perfil quanto à relação de trabalho anterior ao recolhimento ao presídio 126
    7.5.3. O perfil quanto ao modo do rompimento do vínculo de emprego decorrente do recolhimento ao presídio 127
7.6. Possuidores de relação formal de trabalho no âmbito do Centro de Detenção Provisória (CPP) do Distrito Federal 128
7.7. Possuidores de relação formal de trabalho no âmbito do sistema penitenciário do Distrito Federal antes do recolhimento ao presídio 129
7.8. Conclusão 130

Capítulo 8 — O Estigma, as Consequências da Condenação Criminal e a Inserção Social do Ex-Presidiário por meio do Emprego 131

8.1. Introdução 131
8.2. O estigma de ser ex-presidiário 131
8.3. As consequências da condenação criminal do empregado, transitada em julgado, sem suspensão da execução da pena 132
    8.3.1. O recolhimento do empregado ao presídio 132
    8.3.2. A impossibilidade do empregado de comparecer ao serviço 132
    8.3.3. A demissão do empregado por justa causa 132
    8.3.4. A dificuldade do trabalhador de encontrar novo emprego no Brasil após o cumprimento da pena 133
    8.3.5. O desenvolvimento de baixa autoestima no empregado demitido. 136
    8.3.6. Outras consequências 136

8.4. O trabalho como categoria de direito humano 137
    8.4.1. Conceito de direitos humanos.. 137
    8.4.2. Síntese da evolução dos direitos humanos 138
    8.4.3. Diferença entre direitos humanos e direitos fundamentais........... 140
    8.4.4. O trabalho como categoria de direito humano 141
8.5. O trabalho como forma de inserção social do egresso do Sistema Penitenciário 142
8.6. A política do Judiciário brasileiro na inserção do egresso do sistema prisional no mercado de trabalho.. 144
8.7. Conclusão 148

Capítulo 9 — A Prorrogação do Vínculo de Emprego na Condenação Criminal do Empregado, Transitada em Julgado, sem Suspensão da Execução da Pena 149
9.1. Introdução 149
9.2. A teoria da prorrogação do vínculo de emprego na condenação criminal do empregado, transitada em julgado, sem suspensão da execução da pena 149
    9.2.1. O conceito de suspensão do contrato de trabalho no direito brasileiro 149
    9.2.2. O conceito de suspensão do contrato de trabalho no direito argentino 150
    9.2.3. As tipologias legais de suspensão do contrato de trabalho no direito brasileiro.. 151
    9.2.4. As tipologias legais de suspensão do contrato de trabalho no direito argentino 154
    9.2.5. A criação da estabilidade provisória para o condenado criminalmente, em sentença transitada em julgado, sem suspensão da execução da pena... 155
    9.2.6. A coerência da teoria com o princípio da continuidade da relação de emprego 157
9.3. A necessidade de alteração da legislação para a implantação da teoria 164
    9.3.1. A alteração na Consolidação das Leis do Trabalho 165
    9.3.2. A alteração no Código Nacional de Trânsito 165
    9.3.3. As penalidades contempladas pela teoria..................................... 166
    9.3.4. As penalidades não contempladas pela teoria. Exceções à regra geral 166
9.4. O empregador no contexto da teoria 167
    9.4.1. O conceito de empregador 167
    9.4.2. A desoneração financeira do empregador em relação ao empregado recolhido ao presídio 167

9.4.3. O depoimento de empresários que deram oportunidade a ex-presidiários 168
9.5. As consequências que poderão ocorrer se o trabalhador condenado tiver assegurado o seu emprego após o cumprimento da pena........................ 169
9.6. Conclusão 170

Considerações Finais 171

Referências
1. Bibliográficas 177

Apresentação

A obra em apreço é fruto da tese de doutorado que o autor concluiu na Universidad del Museo Social Argentino, na cidade de Bueno Aires.

Trata-se de tema polêmico que por certo suscitará divergências e debates. Mas aqueles que procuram lançar novas ideias longe estão de se preocuparem com a unanimidade!

A discussão sobre a inserção do egresso do sistema prisional na sociedade e no mercado de trabalho no Brasil não é nova, contudo, o autor, de forma corajosa, apresenta solução que, com certeza, induzirá o leitor a pensar sobre o assunto.

Incontroverso que alta é a taxa de reincidência criminal em nosso país. Destaca o autor que "Essa alta taxa de reincidência criminal põe em risco a segurança da própria sociedade, com desdobramentos negativos, tais como o aumento do gasto público com a seleção e o preparo de mais policiais, compra de armamento e viaturas e a construção de mais quartéis, delegacias e presídios".É um verdadeiro círculo vicioso!

O autor incursiona na seara da sociologia jurídica criminal e trabalhista ao analisar a dupla punição a que está submetido o preso, pois além de cumprir pena privativa de liberdade está condenado ao desemprego.

Ao defender a preservação da relação formal de trabalho durante o cumprimento da pena privativa de liberdade com o objetivo de combater a reincidência criminal e promover a inserção do egresso do sistema prisional na sociedade e no mercado de trabalho, o autor revela-se ousado e instigante. Desperta a curiosidade! Que proposta é essa?

No livro a "Conservação do Contrato de Trabalho no Cumprimento da Pena Privativa de Liberdade" o autor fala em nome de uma classe estigmatizada, mas sem deixar de lado a perspectiva do empregador.

O autor volta-se ao que é humano e parabenizo-o pela iniciativa.

Flávia Simões Falcão
Desembargadora Diretora da Escola
Judicial do TRT da 10ª Região.

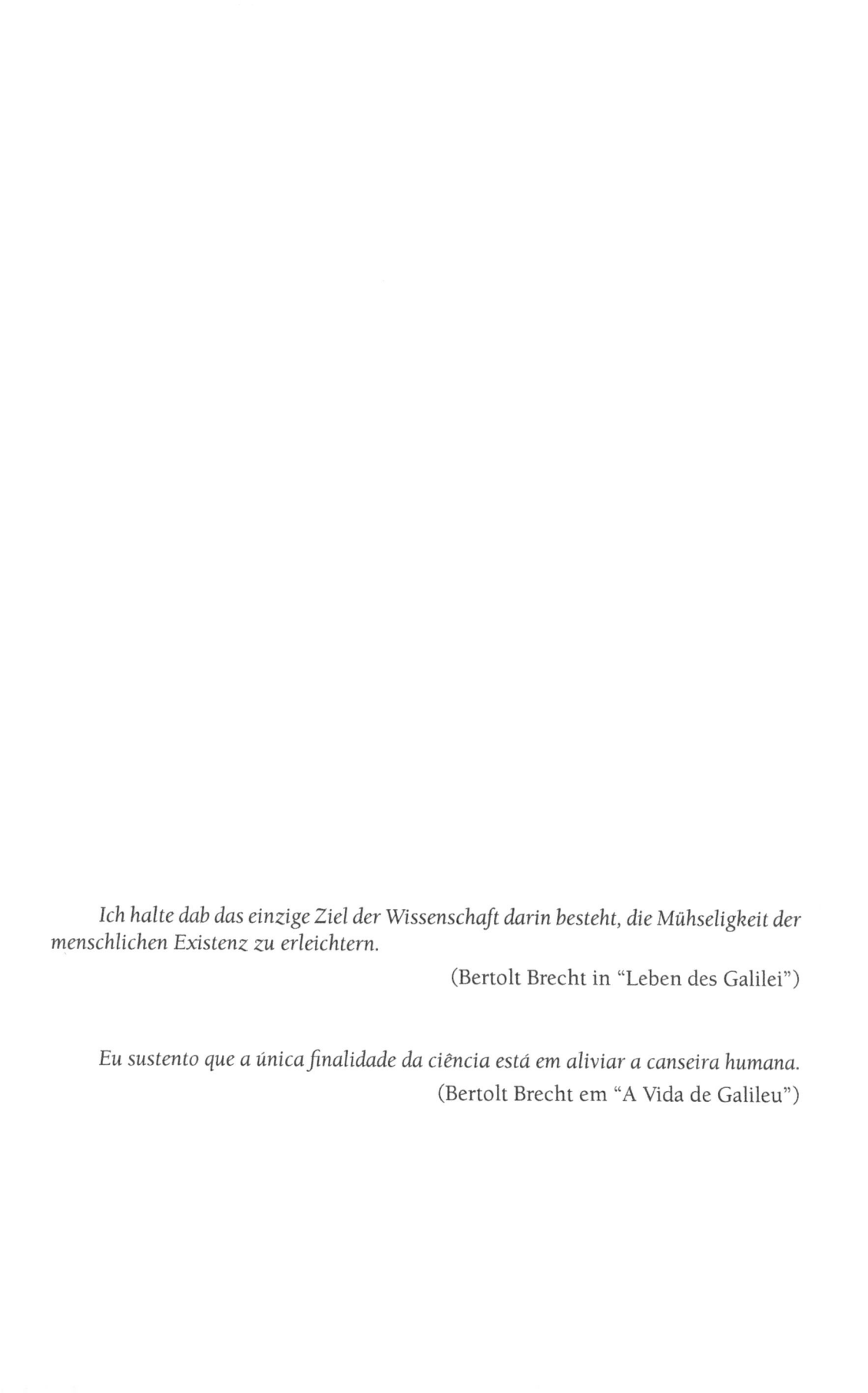

Ich halte dab das einzige Ziel der Wissenschaft darin besteht, die Mühseligkeit der menschlichen Existenz zu erleichtern.
(Bertolt Brecht in "Leben des Galilei")

Eu sustento que a única finalidade da ciência está em aliviar a canseira humana.
(Bertolt Brecht em "A Vida de Galileu")

Introdução

O término abrupto, inesperado, da relação de emprego constitui-se em um dos maiores causadores de sofrimento ao empregado e à sua família. De uma hora para outra, o trabalhador se vê desempregado, sem condições, portanto, de suprir as necessidades suas e de sua família no que concerne à alimentação, ao vestuário, à saúde, à moradia, dentre outras.

Com o objetivo de combater esse mal no mundo, a Organização Internacional do Trabalho — OIT editou, em 1963, a Recomendação n. 119, como iniciativa pioneira de fornecer proteção ao trabalhador contra a despedida arbitrária e sem justa causa, evitando-se, com isso, os problemas psicológicos, sociais e econômicos decorrentes da perda do emprego.

A aludida Recomendação n. 119 foi praticada por alguns Estados filiados à OIT, com resultados bastante positivos no que se refere à segurança do emprego. Tais resultados foram constatados pela Comissão de Peritos na Aplicação de Convenções e Recomendações da Repartição Internacional do Trabalho, quando do exame dos relatórios alusivos à aplicação dos dispositivos dessa Recomendação. Isso motivou a edição da Convenção n. 158 pela Conferência realizada em 1982, sobre o término da relação de emprego, e da Recomendação n. 166, sobre a mesma matéria, ambas substituindo a Recomendação n. 119.

A Convenção n. 158 estabelece como pré-requisito da dispensa do trabalhador a existência de uma justa causa. Infelizmente, até o presente momento, o Brasil ainda não assinou essa Convenção de forma definitiva. Por outro lado, embora o Brasil tenha adotado o Sistema Taxativo ou Enumerativo das justas causas, admite-se a demissão do empregado sem uma causa justa que a respalde, exigindo a lei trabalhista apenas uma indenização pelo tempo de serviço prestado à empresa. Dentre as justas causas nomeadas pelo Direito Trabalhista brasileiro, consta a "condenação criminal do empregado, passado em julgado, caso não tenha havido suspensão da execução da pena", prevista na letra *"d"* do art. 482 da Consolidação das Leis do Trabalho (CLT).

Dessa forma, mesmo que um empregado seja condenado por um crime alheio à relação de emprego, sem suspensão da condenação da pena, será ele dispensado por justa causa em razão de não poder comparecer ao trabalho, e em razão também de seu recolhimento ao presídio para o cumprimento da pena. A partir do momento em que esse condenado cumpre sua pena e recebe a liberdade tão sonhada, passa ele a viver outro drama fatídico: a dificuldade de encontrar um novo emprego. Carrega ele, às vezes para o resto da vida, o estigma de ser ex-presidiário, com pouquíssimas chances de conseguir um novo emprego.

Esta obra propõe-se a examinar a possibilidade de assegurar-se o emprego ao condenado em sentença transitada em julgado no Brasil. Seu objetivo é discutir a positividade ou a negatividade da prorrogação do vínculo de emprego na condenação criminal do empregado, transitada em julgado, sem suspensão da execução da pena, no âmbito do Distrito Federal, Brasil, no período de 1º de setembro de 2009 a 30 de agosto de 2010. Entende-se que essa segurança empregatícia favorecerá a inclusão social e a reabilitação do condenado.

O problema que se pretende responder é o seguinte: como assegurar a prorrogação do vínculo de emprego na condenação criminal do empregado, transitada em julgado, sem suspensão da execução da pena, na cidade de Brasília, Distrito Federal, Brasil, sem onerar a empresa?

A delimitação do tema da pesquisa pode ser percebida por sua proposta de examinar apenas a justa causa na "condenação criminal do empregado, passada em julgado, caso não tenha havido suspensão da execução da pena", no referido período e na base geográfica. Na elaboração desta tese, utilizou-se o método hipotético-dedutivo.

O objetivo geral deste trabalho é discutir a positividade ou a negatividade da prorrogação do vínculo de emprego na condenação criminal do empregado, transitada em julgado, sem suspensão da execução da pena, no Brasil. Estabelece-se como objetivos específicos: 1º) Descrever as formas de estabilidade no emprego existentes no Brasil; 2º) Realçar o ônus da prova relativa à justa causa; 3º) Explicar a Teoria da Prorrogação do Vínculo de Emprego na Condenação Criminal do Empregado, Transitada em Julgado, sem Suspensão da Execução da Pena; 4º) Avaliar as consequências que poderão ocorrer se o trabalhador condenado tiver assegurado o seu emprego após o cumprimento da pena.

Este trabalho compõe-se de nove capítulos e valeu-se de pesquisa bibliográfica, informações colhidas no *site* do Ministério da Justiça do governo brasileiro e de pesquisa de campo sobre a situação de presidiários que perderam o emprego em virtude de condenação criminal em sentença transitada em julgado.

No Ministério da Justiça do governo brasileiro, pesquisaram-se informações relativas aos presos com base nos dados disponíveis em 31 de dezembro de 2009: a faixa etária, o sexo, o grau de instrução, o regime de cumprimento da pena, a nacionalidade, o tempo total das penas e a classificação dos crimes cometidos.

A pesquisa de campo, realizada com presidiários do Sistema Prisional do Distrito Federal, foi feita por meio de entrevistas, com o auxílio do CERAPE — Centro de Recuperação e Assistência ao Preso e Egresso. Diante da impossibilidade evidente de se proceder a uma pesquisa que abrangesse todo o universo dos presos do sistema prisional, no âmbito do Distrito Federal, no mencionado período, qual seja, de 1º de setembro de 2009 a 30 de agosto de 2010, realizou-se uma pesquisa por amostragem, fato que não desmerece sua qualidade.

O formulário do questionário preenchido pelos presidiários considerou, principalmente, o estado civil, o tipo de relação de trabalho que mantinham antes do recolhimento ao presídio, isto é, se a relação trabalhista era formal, informal ou se estavam desempregados e, por fim, a modalidade do rompimento do vínculo empregatício, se houve pedido de demissão, se foram demitidos sem ou por justa causa, em decorrência de iniciarem o cumprimento de pena privativa de liberdade.

Capítulo 1
O término da relação de emprego por iniciativa do empregador sob a égide do liberalismo e do neoliberalismo econômico

1.1. Introdução

Neste capítulo, examina-se o término da relação de emprego por iniciativa do empregador no contexto do liberalismo e do neoliberalismo econômico. O objetivo é compreender as forças reais de poder que combatem as tentativas de mantença das relações empregatícias e seus fundamentos econômico-filosóficos.

1.2. O liberalismo econômico

Conquanto o termo liberalismo possua várias conotações, a acepção utilizada neste trabalho diz respeito ao liberalismo econômico, segundo o qual "o Estado não deve exercer nem funções industriais, nem comerciais e não deve intervir nas relações econômicas que existem entre indivíduos, classes e nações. Chama-se, neste sentido, muitas vezes liberalismo econômico e se opõe a estatismo, ou mesmo, mais geralmente ao socialismo".[1] A acepção decorre do termo "liberal" que, no conceito europeu, significa "aquele pensador ou político que defende as ideias econômicas do livre mercado e critica a intervenção estatal e o planejamento. São aqueles que se opõem ao socialismo, à social-democracia, ao Estado de bem-estar social"[2].

Segundo Palmeira, Merquior "localiza na rebelião do parlamento inglês, contra os Stuartes, o marco inicial do liberalismo"[3]. Tal rebelião recebeu o nome de Revolução Gloriosa e ocorreu em 1688. Em razão da morte de Carlos II, em 1685 subiu ao trono seu irmão Jaime II, católico por convicção. O povo inglês, na maioria protestante, rebelou-se, forçando Jaime II a refugiar-se na França. Foi convidado ao trono Guilherme d'Orange, casado com a princesa Maria, protestante e filha de Jaime II. Como condição para assumirem o poder, os ingleses exigiram que o casal assinasse a Declaração de Direitos, documento que entregava ao Parlamento o governo da Inglaterra. Até hoje, cabe ao Parlamento, quase que exclusivamente, dirigir os destinos da nação. Daí a origem da expressão: o rei reina, mas não governa.

---

(1) ÁVILA, Pe. Fernando Bastos de. *Pequena enciclopédia de moral e civismo*. Ministério da Educação. Rio de Janeiro: AGGS, 1975. p. 418.
(2) MORAES, R. C. C. *Neoliberalismo — de onde vem, para onde vai?* 1. ed. São Paulo: SENAC, 2001. p. 9.
(3) PALMEIRA, Marcos Rogério. *Direito tributário versus mercado:* o liberalismo na reforma do Estado brasileiro nos anos 90. Rio de Janeiro: Renovar, 2002. p. 30.

Bem lembra Palmeira que a "ideia de que o Estado deveria ser forte e regulador dos interesses individuais não era compatível com o processo de acumulação de riquezas da classe emergente".[4] Por esse motivo, os defensores do liberalismo defendiam a existência de um Estado que não interferisse na economia, incluindo as relações comerciais e trabalhistas. Sua intervenção deveria ocorrer de forma mínima e só naquelas situações em que não houvesse interesse da iniciativa privada por haver impossibilidade de lucro.

Smith, um dos primeiros economistas a dar suporte teórico ao liberalismo, lembrou que:

> Segundo o sistema da liberdade natural, ao soberano cabem apenas três deveres; três deveres, por certo, de grande relevância, mas simples e inteligíveis ao entendimento comum: primeiro, o dever de proteger a sociedade contra a violência e a invasão de outros países independentes; segundo, o dever de proteger, na medida do possível, cada membro da sociedade contra a injustiça e a opressão de qualquer outro membro dela, ou seja, o dever de implantar uma administração exata; e, terceiro, o de criar e manter certas obras e instituições públicas que jamais algum indivíduo ou um pequeno contingente de indivíduos poderão ter interesse em criar e manter, embora, muitas vezes, ele possa até compensar em maior grau o gasto de uma grande sociedade.[5]

Dessa forma, reforça-se a divisão entre a iniciativa pública e a privada, primando pela redução da primeira e a consequente ampliação da segunda. Esse fenômeno foi percebido e bem analisado por Palmeira nos seguintes termos:

> A ética revolucionária da burguesia ascendente, entretanto, afeta a teoria do Estado com a separação das esferas pública e privada, objetivando a consolidação da ideia de que o direito à propriedade privada é plenamente possível com a limitação do poder. Tal cisão, em cujo cerne estão os direitos individuais, contribuiu para a formulação da concepção teórica de neutralidade do Estado, operando limitadas participações no seio da sociedade, com a finalidade de assegurar o exercício do direito à propriedade. [...] A teoria do Estado liberal, que visava a limitar o exercício do poder para permitir a acumulação de capital, pretendia manter um contrato social sustentado nos direitos civis, mesmo que, no plano das relações econômicas, enfatizava a disputa por oportunidades, sob o princípio da livre-iniciativa. A distinção dessas esferas, no entanto, não teve justificativa em um ambiente de intensa competição e repulsa do modo de produção capitalista. [...] Isso impeliu o Estado a adotar uma postura mais ativa na defesa dos direitos de acumulação de capital, materializado na resistência da positivação dos direitos sociais.[6]

---

(4) *Idem.*
(5) SMITH, Adam. *A riqueza das nações.* São Paulo: Abril Cultural, 1983. p. 147.
(6) PALMEIRA, Marcos Rogério. *Op. cit.*, p. 16-17.

Durante o período da Revolução Industrial (século XIX), os efeitos do liberalismo chegaram ao auge com as ruas das cidades europeias abarrotadas de mutilados na mendicância, em decorrência de acidentes nas fábricas e nas minas de carvão. Cansadas com esses efeitos maléficos do liberalismo, as autoridades estatais começaram a aprovar leis com o objetivo de amparar os trabalhadores e responsabilizar os empregadores pelas doenças e acidentes no trabalho.

A partir desse momento, o liberalismo, que até então reinava soberano, passou a sofrer vários reveses, quer por meio das aludidas leis que beneficiavam os operários, quer por meio de críticas de adeptos da intervenção estatal na economia, como Saint-Simon, Proudhon, Fourier, Friedrich Engels e Karl Marx. Entretanto, o principal revés, sofrido pelo Liberalismo, ocorreu após o ano de 1942, com a implementação do Estado-providência, principalmente com o Plano Beveridge, cujo relatório serviu de base para uma ação social, não só na Grã-Bretanha, mas também em vários países do mundo.

1.3. O neoliberalismo econômico

O Estado-providência, surgido do fragor da Segunda Grande Guerra, estaria destinado a ser combatido por um outro inimigo igualmente mortal, forjado, principalmente, no período intraguerra, que viria suceder ao liberalismo. Trata-se do **neoliberalismo**. O Dicionário de Economia descreve o liberalismo como:

Doutrina político-econômica elaborada em 1938 para adaptar o modelo liberal às novas condições do capitalismo do séc. XX. As bases da doutrina são lançadas durante o colóquio Walter Lippmann, encontro de intelectuais liberais realizado na França naquele mesmo ano. Uma das inovações do modelo em relação ao liberalismo é a intervenção do Estado na Economia, não para asfixiá-la, mas para garantir a sua sobrevivência, já que não confiam na autodisciplina do sistema. Os neoliberais acreditam que o controle de preços seja a peça-chave da economia de um país. A função do Estado é manter o equilíbrio dos preços por intermédio da estabilização financeira e monetária, obtidas basicamente com políticas anti-inflacionárias e cambiais. A liberdade econômica das empresas e as leis do mercado continuam como dogmas no neoliberalismo. A nova doutrina atribui ao Estado a função de combater os excessos da livre concorrência e o controle de mercados pelos grandes monopólios. Um dos instrumentos para disciplinar a economia é a criação de mercados concorrenciais pelos blocos econômicos, como no caso da União Europeia (EU).

Para os neoliberais, o Estado não deve desempenhar funções assistencialistas, o que resultaria numa sociedade completamente administrada e, portanto, antiliberal. É a firmação da sociedade civil que deve buscar novas formas de resolver seus problemas. Ao Estado cabe apenas a tarefa de garantir a lei e o bem comum como a função de equilibrar e incentivar as iniciativas da sociedade civil. Os dois maiores expoentes do neoliberalismo na política são o ex-presidente norte-americano Ronald Reagan e a ex-primeira ministra inglesa Margaret Thatcher.[7]

Acrescenta o Dicionário Babylon que:

Neoliberalismo é um termo usado em duas épocas diferentes com dois significados semelhantes, porém distintos:

— na primeira metade do século XX, significou a doutrina proposta por economistas franceses, alemães e norte-americanos voltada para a adaptação dos princípios do liberalismo clássico às exigências de um Estado regulador e assistencialista;

— a partir da década de 1970, passou a significar a doutrina econômica que defende a absoluta liberdade de mercado e uma restrição à intervenção estatal sobre a economia, só devendo esta ocorrer em setores imprescindíveis e ainda assim num grau mínimo (minarquia). É nesse segundo sentido que o termo é mais usado hoje em dia. A partir da década de 1950, o ordoliberalismo tornou-se a variante alemã do neoliberalismo.[8]

Um dos fundamentos do neoliberalismo, além dos princípios herdados do liberalismo, foi a Conferência de Bretton Woods realizada no Estado de *New Hampshire*, nos Estados Unidos, no período de 1º a 22 de julho de 1944. Nessa Conferência, em que se reuniram os países que estavam saindo vencedores da Segunda Guerra Mundial, foram discutidos e aprovados os *Articles of Agreement* (Estatutos) constitutivos do Fundo Monetário Internacional e do Banco Internacional para a Reconstrução e o Desenvolvimento (BIRD), mais conhecido como Banco Mundial.

Ainda nessa Conferência, ocorreu a mudança do padrão monetário mundial, que até então era o padrão-ouro-libra esterlina, sustentado pela Inglaterra, para o dólar, agora sustentado pelos Estados Unidos da América que estavam saindo da Segunda Grande Guerra como única superpotência mundial.

Por outro lado, segundo Morais, o respaldo teórico-intelectual foi conferido ao neoliberalismo no período pós-guerra, principalmente pelas seguintes escolas:

1. Escola austríaca, liderada por Friedrich August von Hayek, o patrono de todo pensamento neoliberal contemporâneo;

2. Escola de Chicago, personificada em T. W. Schultz e Gari Becker (ligados à teoria do capital humano) e principalmente Milton Friedman (1912), o grande homem da mídia dessa escola;

---

(7) Disponível em: <http://www.faa.edu.br/economia/n.php> Acesso em: 26 set. 2009.

(8) Disponível em: <http://dicionario.babylon.com/liberalismo%20c1%C3%A1ssico#!!9GGKRAUE> Acesso em: 26 set. 2009.

3. Escola de Virgínia ou *public choice*, capitaneada por James M. Buchanan (1991).[9]

O neoliberalismo encontra sua fundamentação teórica no livro *O Caminho da Servidão*, de Friedrich August von Hayek, publicado em 1944. Nessa obra, Hayek defende o princípio da sociedade aberta e insurge-se contra o Estado-providência.

Questionado sobre o que o Estado não deve e nem pode fazer, Hayek respondeu:

> Há medidas governamentais que o Estado de direito exclui em princípio porque não podem ser postas em prática pela mera aplicação de normas gerais, mas implicam necessariamente discriminação arbitrária entre as pessoas. As mais importantes entre elas são as decisões sobre quem terá permissão de fornecer diferentes serviços ou mercadorias, a que preços e em que quantidades — em outras palavras, medidas que pretendem controlar o acesso a diferentes profissões e ocupações, os termos de venda e o volume a ser produzido.[10]

A escola de Chicago influenciou políticas governamentais especialmente nos Estados Unidos da América, no Chile e na Inglaterra. Sob a ideologia dessa escola, representantes do governo dos Estados Unidos, de organismos internacionais e economistas latino-americanos reuniram-se em Washington, no mês de novembro de 1989, no *International Institute for Economy*, com a finalidade de discutirem-se medidas que servissem de orientação aos países da América Latina para que pudessem pagar suas dívidas e retomarem o crescimento econômico. O conjunto de decisões tomadas nesse encontro passou a ser difundido como o Consenso de Washington, expressão atribuída ao economista inglês John Williamsson. Possuía um conteúdo assumidamente neoliberal.

A partir dos anos 1980, essas medidas foram aplicadas inicialmente pelos governos de Ronald Reagan e de Margareth Thatcher e, sobretudo, dos países da América Latina. Curvada dessa forma ao Consenso de Washington, a América Latina, com o objetivo de formar o denominado **superávit primário** para pagar a dívida externa, passou a investir menos na educação e na saúde, durante a década de 1990, o que valeu a ela a denominação de "década perdida".

Milton Friedman, um dos principais membros da Escola de Chicago, ao ser indagado sobre as funções de seu "Estado mínimo", explicou:

> Um governo que mantenha a lei e a ordem; defina os direitos de propriedade; sirva de meio para a modificação dos meios de propriedade e de outras regras do jogo econômico; julgue disputas sobre a interpretação das regras; reforce contratos; promova competição; forneça uma estrutura monetária; envolva-se em atividades para evitar monopólio técnico e evite os efeitos laterais considerados

---
(9) MORAES, R. C. C. *Op. cit.*, 42.
(10) Ibidem, p. 74.

como suficientemente importantes para justificar a intervenção do governo; suplemente a caridade privada e a família na proteção do irresponsável, quer se trate de um insano, quer de uma criança; um tal governo teria, evidentemente, importantes funções a desempenhar. O liberal consistente não é um anarquista.[11]

A escola de Virgínia, denominada também de *public choice* e liderada por James Buchanan, estabeleceu como objetivo aplicar as premissas da microeconomia ao comportamento político dos indivíduos. Isso significa que os fenômenos macropolíticos teriam microfundamentos no comportamento individual. Dessa forma, é imprescindível descobrir o modo pelo qual interesses diferentes e conflitantes devam ser reconciliados e agregados, numa 'escolha coletiva'.[12]

Em defesa da privatização e da pulverização do poder político, Buchanan pontuou que:

À medida que a troca voluntária entre pessoas é valorizada positivamente, enquanto a coerção é valorizada negativamente, daí decorre que a substituição da segunda pela primeira é desejada – desde que, é claro, tal substituição seja tecnologicamente viável e que os recursos envolvidos não tenham custos proibitivos. Essa explicação prova um impulso normativo, uma inclinação do economista simpático à *public choice* em favor de arranjos análogos ao mercado onde estes pareçam viáveis e em favor da descentralização da autoridade política em situações apropriadas.[13]

O pensamento liberal que houvera combatido as corporações de ofício tem sua continuidade no neoliberalismo que direciona sua artilharia contra os sindicatos e as centrais sindicais, por serem um entrave ao crescimento econômico da iniciativa privada, em razão de cobrarem melhorias salariais e investimentos sociais por parte do Estado. Propugna também pela redução do papel do Estado na economia (Estado mínimo), realçando a necessidade de privatização das empresas estatais, da flexibilidade da legislação trabalhista com a redução da carga fiscal e a abertura comercial.

1.4. Resumo dos argumentos neoliberais contrários ao Estado intervencionista

Os argumentos neoliberais contrários ao Estado intervencionista podem ser resumidos do seguinte modo:

— O papel superativo do Estado em detrimento das possibilidades reguladoras do mercado. Admite-se a intervenção do Estado apenas para ajudar o restabelecimento dos mecanismos do mercado que, porventura, forem prejudicados.

---

(11) *Ibidem*, p. 95.
(12) *Ibidem*, p. 45.
(13) BUCHANAN, *apud* MORAES, R. C. C. *Neoliberalismo — de onde vem, para onde vai?* 1. ed. São Paulo: SENAC, 2001. p. 88.

— Embora o mercado possua falhas, elas são menores que as da burocracia (argumento criado a partir da teoria das internalidades de Wolf. Esse autor explica a internalidade como sendo "o efeito de perturbação produzido pelas estruturas e pelos modos de funcionamento das organizações públicas não mercantis".[14]

— Deterioração dos bens oferecidos pelo Estado, provocando insatisfação na opinião pública.

— Os programas sociais mais importantes beneficiam especialmente as classes médias. Essa observação foi feita por William Simon, ex-secretário de Estado americano do governo Nixon. Em estudo realizado sobre as causas da falência financeira na cidade de Nova Iorque, ressaltou: "A fonte mais importante de seus problemas não é a generalidade com os pobres e os oprimidos, mas o fato de que procura subvencionar uma grande parte da classe média, inclusive seus próprios empregados".[15]

Campana bem observou que:

O neoliberalismo tem como objetivo a implementação de enxugamento do Estado e, nesse contexto, de desregulamentação dos direitos. Como outra face da mesma moeda, a globalização intensifica a exploração de mercados existentes e explora novos, com o objetivo de perpetuar a lógica capitalista do lucro e acumulação. O discurso "modernizador" do neoliberalismo preconiza que o Estado do bem-estar social e todos os seus "produtos" sociais, como os direitos sociais, passaram a ser um obstáculo muito grande para a economia globalizada, pois o crescimento econômico do país e a competitividade no mercado nacional ficam prejudicados por causa dos direitos sociais e seus "custos" excessivos. Nessa lógica capitalista, a prioridade não deixou de ser o lucro. Assim, o receituário neoliberal é implementado por meio da flexibilidade no direito laboral, além das privatizações das empresas estatais e do corte dos gastos públicos sociais. Tudo em coerência com a exploração humana em nome do capital, em que o neoliberalismo e a globalização, fenômenos entrelaçados, vão também criando o contingente de desempregados.[16]

Bem explicam Las Heras, Tosca e Gigena que "Los economistas clásicos o liberales y los neoliberales siguen sosteniendo como objetivo el repliegue de la acción estatal (legislativa o ejecutiva), dejando librado a los mercados económicos a la 'mano invisible', afirmando que el sistema de estabilidad en el empleo (cualquiera sea) es

---

(14) WOLF *apud* ROSANVALLON, Pierre. *A crise do Estado-providência*. Trad. de: Joel Pimentel de Ulhôa. Goiânia: Editora da UFG, 1997. p. 48.

(15) *Op. cit.*, p. 154.

(16) CAMPANA, Priscila. O impacto do neoliberalismo no Direito do Trabalho: desregulamentação e retrocesso iistórico. *Revista de Informação Legislativa*, Brasília, ano 37, n. 147, p. 134-135, jul./set. 2000.

el que distorsiona el mercado de trabajo de tal manera que, al aumentar los costos laborales, crece la tasa de desempleo".[17]

Contudo, em seguida, esses autores demonstram a falsidade dessa afirmação. Asseveram que "Un primer error consiste en sostener que el mercado de trabajo funciona con las mismas reglas que cualquier mercado de bienes e servicios. Ello da lugar a conclusiones que no resultan del todo ciertas y que llevan a sostener postulados como el que se pretende desacreditar".

Os autores explicam, ainda, que "[...] los efectos de estos regímenes de estabilidad en el consumo de bienes o servicios implican para la familia la asunción de dos o más actitudes: desviar fondos dedicados al consumo de otros bienes y servicios para abonar los 'estables', o buscar nuevas fuentes de ingresos que les permitan mantener éstos y los otros que eligen libremente mes a mes".

Apontam também as consequências econômicas das diferentes formas de estabilidade no emprego, aduzindo que: "La estabilidad en el empleo en sus tres manifestaciones positivas (propia absoluta e relativa, e impropia) tiene diferentes consecuencias en la función de producción en tanto no representan para el empresario el mismo tipo de desafío" e finalizam:

> Todas las conclusiones y soluciones propuestas requieren, lógicamente, de un mayor esfuerzo por parte del empresario en la planificación y organización de la producción o de una disminución inversión y obtención de beneficios o un aumento en la relación tiempo y obtención de beneficios.
>
> Resulta lógico que el empresariado sostenga que la estabilidad implica una disminución del nivel de empleo, en tanto que están dispuestos a aceptar el esfuerzo, transformando su propia desidia en el argumento que justificaría un menor grado de protección contra el despido arbitrario.[18, 19]

1.5. O neoliberalismo no Brasil

O neoliberalismo no Brasil, embora tenha sido plasmado nos anos anteriores, firmou-se a partir do Regime Militar instalado em 1964. A respeito do governo de exceção no Brasil, Castro explica que:

---

(17) LAS HERAS, Horacio; TOSCA, Diego; GIGENA, José Ignacio Dragan. Estabilidad en el empleo. In: SUDERA, José Alejandro (Coord.); ACKERMAN, Mario Eduardo (Dir). *Extinción de la relación laboral*. Santa Fé: Rubinzal--Culzoni Editores, 2008. p. 27.

(18) *Ibidem*, p. 27-32.

(19) Todas as conclusões e soluções propostas requerem, logicamente, maior esforço por parte do empresário no planejamento e na organização da produção ou de diminuição, inversão e obtenção de benefícios ou, ainda, aumento na relação tempo e obtenção de benefícios.
Evidencia-se logicamente que o empresariado sustente que a estabilidade implica uma diminuição do nível de emprego; no entanto, afirmam que estão dispostos a aceitar o esforço, transformando sua própria desídia no argumento que justificaria um menor grau de proteção contra a despedida arbitrária (Tradução livre do autor).

O movimento militar de 1964 não nasceu da noite para o dia, não foi tampouco o produto de uma preocupação momentânea dos militares com os "destinos da nação", foi sim, antes de mais nada, o momento culminante e o desfecho de uma longa crise gerada pelas instabilidades institucionais que subsistiram no país desde 1930.

Os destinos do Brasil estavam incorporados aos interesses internacionais e nacionais; esses interesses não tinham por objetivo o engrandecimento da Nação por via democrática, mas um enquadramento do país, a qualquer custo, para que a elite nacional, aliada a interesses internacionais — econômicos e estratégicos — não tivesse de abrir mão desses interesses.[20]

Tudo isso contribuiu para a divisão ideológica da sociedade brasileira em progressistas e conservadores. Os progressistas defendiam, em síntese, não só uma ampla reforma agrária e administrativa como também o fortalecimento do mercado interno, com a elevação dos salários reais e a incorporação das massas de trabalhadores rurais ao mercado consumidor de produtos industrializados. Buscavam implementar no Brasil o desenho de um Estado social. Por outro lado, os conservadores defendiam o modelo liberal de Estado.

Soares, ao escrever sobre a posição conservadora do período da ditadura militar no Brasil, assevera que:

Os conservadores viam, de modo geral, em qualquer tentativa de reforma social, subversão da ordem, ameaça comunista, guerra revolucionária, destruição dos valores da civilização ocidental e cristã, atentado ao direito de propriedade e destruição da democracia. E, em nome de todos esses valores, defendiam intransigentemente a intocabilidade do latifúndio improdutivo e a liberdade de atuação, sem limites, dos monopólios privados transnacionais e brasileiros. Mais do que isso, defendiam, velada ou ostensivamente, o golpe militar e a instauração de um regime ditatorial, a pretexto da defesa das instituições democráticas. E esse golpe, várias vezes ensaiado desde a primeira metade dos anos cinquenta, como já foi mencionado, acabou por efetivar-se entre 31 de março e 1º de abril de 1964.[21]

O governo de exceção apoiou os conservadores, passando a cultivar o modelo liberal, ou melhor, neoliberal de administração. Contudo, mesmo após o período do governo militar, o Brasil continuou guiado pelas políticas neoliberais. Essa postura fortaleceu-se depois de 1989, no chamado Consenso de Washington, submetendo-se às diretrizes impostas pelo Banco Mundial, Fundo Monetário Internacional (FMI) e Banco Interamericano de Desenvolvimento (BID). Tais diretrizes orientavam para

---

(20) CASTRO, Flávia Lages de. *História do direito geral e Brasil*. 4. ed. Rio de Janeiro: Lumen Juris, 2007. p. 526.
(21) SOARES, Alcides Ribeiro. *Subsídios à crítica da ditadura militar de 1964-1985*. 1. ed. São Paulo: Cliper, 2001. p. 6.

as privatizações, para a desregulamentação dos mercados, para a redução do Estado e para a abertura às importações. Observa Campana que:

> No governo Itamar Franco, a hiperinflação mostrou-se conveniente para produzir o espaço em que o projeto neoliberal vingaria. Além de indicar a solução para a inflação alta, os neoliberais passaram a 'satanizar' a figura do Estado do bem-estar social como ineficiente e corrupto, diferente do Estado neoliberal, ágil e eficiente. [...] No governo Fernando Henrique Cardoso, o neoliberalismo é aplicado integralmente, com contração da emissão de moeda, aumento das taxas de juros e abertura ao mercado internacional, criando elevados níveis de desemprego. Dessa maneira, para os neoliberais, algumas medidas são fundamentais para a manutenção dos seus interesses no âmbito capitalista: desregulamentação completa na economia e no direito, aceleração da competição em nível mundial e a supressão do máximo de entraves, para inserir o Estado no processo de globalização.[22]

Com relação ao período dos governos dos ex-presidentes da República Federativa do Brasil, Senhor Fernando Collor de Melo (presidente Collor) e Senhor Fernando Henrique Cardoso (FHC), Coutinho acentua que:

> O presidente Fernando Henrique Cardoso resolveu cumprir sem maiores embaraços a agenda definida pelo capital globalizante, uma tarefa já iniciada por Fernando Collor, que foi despejado da Presidência da República após processo de impedimento, por corrupção, no mês de setembro de 1992.
>
> Fernando Henrique não hesitou em cumprir, com rigor, o receituário neoliberal, por ele qualificado, por mais de uma vez, de coisa de "neobobo".[23]

Para demonstrar sua assertiva, esse autor aponta o jogo duro contra a greve dos petroleiros; a vedação ao reajuste salarial com base na inflação; a redução de direitos decorrente do contrato a tempo parcial, dentre outros. Quanto à greve dos petroleiros, o aludido autor destaca que, além de sufocar o diálogo com os petroleiros, o governo do ex-presidente Fernando Henrique Cardoso (FHC) promoveu intensa campanha contra a referida categoria profissional e seus líderes, por mensagens claras, emitidas pelos telejornais noturnos e jornais impressos.[24]

Quanto ao governo do senhor presidente Luiz Inácio Lula da Silva (presidente Lula), Coutinho argumenta ter ele dado continuidade ao estilo neoliberal de governo ao processar a reforma da Previdência Social, ao sancionar a nova Lei de falências, ao vetar direitos trabalhistas dos domésticos, dentre outros. Em linha de arremate, Coutinho tece uma comparação dos governos do ex-presidente senhor Fernando Henrique Cardoso (FHC) e do presidente senhor Luiz Inácio Lula da Silva (presidente Lula):

---

(22) CAMPANA, Priscila. *Op cit,*, p. 135.
(23) COUTINHO, Grijalbo Fernandes. *O Direito do Trabalho flexibilizado por FHC e Lula.* São Paulo: LTr, 2009. p. 51.
(24) *Ibidem*, p. 53, 60 e 62.

Lula é incomparavelmente superior a Fernando Henrique Cardoso na arte do jogo de cena, ao menos no que se refere ao campo das relações de trabalho. Aqui, o torneiro mecânico dá lições ao sociólogo. É a fábrica superando a cátedra. É a militância sindical vencendo a teoria weberiana sobre o exercício do poder, longamente estudada na Universidade.

FHC foi um neoliberal antipático que nada fazia para mudar a imagem de sujeito amigo dos banqueiros e da elite paulista. Ele só aparecia nos eventos promovidos por empresários e grandes investidores. Passava a imagem de governar para quem ele, realmente, governou.

Lula aplica o receituário neoliberal herdado de FHC com extraordinária habilidade, deixando uma forte imagem para os setores mais humildes da sociedade brasileira de ser ele o novo "pai dos pobres", um legítimo substituto de Getúlio Vargas, que também era mestre no ofício de encantar e seduzir multidões.[25]

1.6. O término da relação de emprego por iniciativa do empregador nas esferas liberal e neoliberal

Durante o liberalismo econômico, os trabalhadores não tinham quaisquer direitos trabalhistas, fosse de férias, de repouso semanal remunerado, ou cobertura previdenciária em caso de acidente de trabalho. O trabalhador era demitido a qualquer momento, sem prévio aviso ou qualquer outro direito laboral. Assim, mesmo doente ou mutilado em serviço, era dispensado ao alvedrio do empregador.

Embora o neoliberalismo econômico tolere alguns direitos sociais do trabalhador, continua defendendo o pleno direito do empregador de demitir o empregado, a qualquer tempo, mesmo sem justa causa, sem que seja obrigado a pagar-lhe qualquer valor, além do salário *stricto sensu* ou de parcela vencida, a exemplo de férias não usufruídas.

1.7. Conclusão

Do exposto, percebe-se que o neoliberalismo firmado no Brasil a partir do regime militar instalado em 1964 perdura até os dias atuais, norteando não somente a política de administração pública, como também, e principalmente, as relações de trabalho. Continua o neoliberalismo econômico defendendo o pleno direito do empregador de demitir o empregado, a qualquer tempo, mesmo sem justa causa.

---

(25) *Ibidem*, p. 175.

Capítulo 2
O fim da estabilidade absoluta de emprego no Brasil

2.1. Introdução

A estabilidade de emprego no Brasil surgiu em 1923, com a finalidade de beneficiar apenas os ferroviários. Em 1943, esse benefício foi estendido pela Consolidação das Leis do Trabalho (CLT) aos trabalhadores da iniciativa privada, com a denominação de estabilidade decenal. Contudo, em 1966, com a edição da Lei n. 5.107, que passou a ter vigência em 1º de janeiro de 1967, pôs-se fim à estabilidade decenal de emprego no Brasil. Analisar os discursos que defenderam a permanência e a extinção dessa estabilidade de emprego no Brasil, para perceber as ideologias subjacentes, é o objetivo deste capítulo. Analisam-se, também, as estabilidades que ainda existem no Brasil.

2.2. O conceito de estabilidade no emprego

Pinto ressalta que "a definição da estabilidade tem de ser libertada da força inegável de sua forma intuitiva, associada ao tempo de serviço, para abranger todas as situações em que o anseio de segurança responda à conveniência jurídica e social e complete a função para a qual se vocacionou esse instituto".[26]

Por essa ótica, entende-se que estabilidade seja o direito potestativo do trabalhador de continuar no emprego, mesmo sem a aquiescência do empregador, até o surgimento de uma justa causa legal, que autorize sua demissão.

Las Heras, Tosca e Gigena entendem ser sumamente importante distinguir permanência de estabilidade no emprego. Ressaltam que "[...] desde el punto de vista jurídico la permanencia alude a una situación de hecho — expectativa o posibilidad de conservar el puesto —, mientras que la estabilidad es el derecho que garantiza la permanencia".[27, 28]

---

(26) PINTO, José Augusto Rodrigues. *Curso de direito individual do trabalho*. 2. ed. São Paulo: LTr, 1995. p. 447.

(27) LAS HERAS, Horacio; TOSCA, Diego; GIGENA, José Ignacio Dragan. Estabilidad en el Empleo. In: SUDERA, José Alejandro (Coord.).; ACKERMAN, Mario Eduardo (Dir.). *Extinción de la relación laboral*. Santa Fé: Rubinzal-Culzoni Editores, 2008. p. 16.

(28) (...) desde o ponto de vista jurídico, a permanência alude a uma situação de fato — expectativa ou possibilidade de conservar o posto —, enquanto a estabilidade é o direito que garante a permanência. (Tradução livre do autor)

2.3. Classificação da estabilidade

Cesarino Júnior classificou a estabilidade em própria e imprópria. Essa classificação, porém, refere-se apenas à estabilidade decenal. Esse autor explica que a estabilidade própria, ou real, ou verdadeira, está presente nos sistemas jurídicos de proteção ao trabalho nos quais a permanência do empregado em seu emprego é garantida de forma efetiva, nos casos de violações pelo empregador, em que ocorre a reintegração forçada ou a imposição de sanções econômicas. A estabilidade imprópria ocorre sempre que se procura obter a permanência no emprego apenas por meio da condenação do empregador ao pagamento de uma indenização nos casos de despedida sem justa causa.[29] Observe-se que a classificação de Cesarino Júnior não é merecedora de crédito total por não abranger todas as formas possíveis de estabilidade.

Classificação mais completa e coerente foi construída por Pinto. Esse autor classifica a estabilidade sob três ângulos distintos, a saber: a fonte de produção, o objeto e os efeitos.[30] Segundo a fonte de produção, a estabilidade se classifica em legal, normativa, convencional e contratual. Apenas para sanar qualquer dúvida, ressalta-se que a estabilidade legal provém de uma lei; a estabilidade normativa, de uma sentença normativa; a estabilidade convencional, de uma Convenção Coletiva de Trabalho ou de um Acordo Coletivo de Trabalho; e a estabilidade contratual, de um contrato individual ou de um contrato coletivo de trabalho.

Pelo prisma do objeto, a estabilidade se classifica em definitiva ou permanente de um lado e, de outro, provisória. A primeira garante a permanência do emprego por meio do "preenchimento de requisito irreversível"; a segunda, pelo preenchimento de "requisito circunstancial". Pelo ângulo dos efeitos, a estabilidade por um lado pode ser plena ou absoluta e, por outro, relativa. Explica Cesarino Júnior que:

> *O que se pretende significar, porém, como absoluta, nessa classe específica de estabilidade, é a perda da faculdade de resilição unilateral, imotivada pelo empregador. É, em suma, o bloqueio de seu poder de denúncia vazia do contrato individual de emprego, de que só dispõe enquanto não houver estabilidade.*
>
> *Afora isso, evidentemente, toda estabilidade será relativa, pois as demais causas de dissolução contratual sobrevivem a ela e não lhe são dependentes, a exemplo da aposentadoria, da morte do empregado, da extinção da empresa ou do fechamento de estabelecimento e até da hipótese absurdamente criada em nossa legislação de transação com um direito que, por suas características, só cabe no figurino da irrenunciabilidade (art. 17 da Lei n. 5.107/66 e art. 14, § 2º, da Lei n. 8.036/90)*[31].

---

(29) CESARINO JR., A. F. *Direito social*. São Paulo: LTr, 1980. p. 385.

(30) PINTO, José Augusto Rodrigues. *Op. cit.*, p. 448-449.

(31) "Art. 14. Fica ressalvado o direito adquirido dos trabalhadores que, à data da promulgação da Constituição Federal de 1988, já tinham o direito à estabilidade no emprego nos termos do Capítulo V, do Título IV da CLT."

Portanto, é essa perda do poder de resilir do empregador, e não a impossibilidade total de dissolução do vínculo, que torna absoluta a estabilidade, quanto aos seus efeitos.[32] (Destaques no original)

2.4. As consequências dos tipos de estabilidade

Las Heras, Tosca e Gigena fazem uma análise das consequências das estabilidades absoluta, relativa própria e relativa imprópria. No que tange à estabilidade absoluta, explicitam eles que:

> La estabilidad absoluta, que implica el mantenimiento en el empleo del trabajador hasta que alcance la edad de jubilarse con posibilidad de ser compelido judicialmente a su reintegro en caso de separación arbitraria de su puesto de trabajo, significará para el empresario contar entre sus activos con una cantidad de fuerza de trabajo mensual fija y entre su pasivo con la remuneración y carga sociales que su mantenimiento representa.
>
> Como consecuencia de ello, el empleador que pretende la maximización de sus ganancias con la ocupación plena de sus recursos, debe mantener el nivel de producción. Frente a una eventual disminución en la demanda (y de sus consecuentes ingresos), puede tomar como solución las medidas de las familias antes mencionadas: desviar ingresos aplicados a otros bienes (incluyendo su propio nivel de ganancia) para mantener el costo fijo, o buscar nuevas fuentes de ingresos (nuevos mercados). Una tercera solución sería la de reinvertir con el fin de obtener un menor costo de producción que le permita reingresar al mercado al precio menor que ahora se le presenta.[33, 34]

No que diz respeito à estabilidade relativa própria, destacam os aludidos autores que:

> La estabilidad relativa propia no difiere en sus consecuencias de la mencionada, prestándose al empleador como una especie de tributo en tanto le implicará un

---

"§ 2º O tempo de serviço anterior à atual Constituição poderá ser transacionado entre empregador e empregado, respeitado o limite mínimo de 60% (sessenta por cento) da indenização prevista".

(32) CESARINO JR., A. F. *Op. cit.*, p. 449-450.
(33) LAS HERAS, Horacio; TOSCA, Diego; GIGENA, José Ignacio Dragan. *Op. cit.*, p. 31.
(34) A estabilidade absoluta, que implica a manutenção no emprego do trabalhador até que alcance a idade de aposentar-se com possibilidade de ser compelido judicialmente a sua reintegração no caso de despedida arbitrária de seu posto de trabalho, significará para o empresário contar, entre seus ativos, com uma quantidade de força de trabalho mensal fixa e, entre seu passivo, com a remuneração e carga sociais que sua manutenção representa.
Como consequência disso, o empregador que pretende a maximização de seus lucros com a ocupação plena de seus recursos deve manter o nível de produção. Frente a uma eventual diminuição na demanda (e de seus consequentes ingressos), pode tomar como solução as medidas das famílias antes mencionadas: desviar ingressos aplicados a outros bens (incluindo seu próprio nível de lucro) para manter o custo fixo ou buscar novas fontes de ingressos (novos mercados). Uma terceira solução seria a de reinvestir com o fim de obter um menor custo de produção que lhe permita reingressar no mercado ao menor preço que agora se lhe apresenta. (Tradução livre do autor)

gasto fijo mensual sin la obtención de una contraprestación directa. Esto, claro está, es producto de su propia arbitraria decisión de no emplear al trabajador que goza de este tipo de estabilidad. Si la consecuencia le resulta disvaliosa es solamente corolario de su propio y voluntario actuar, teniendo a mano las mismas soluciones que las mencionadas antes.[35, 36]

Arrematam os autores, explicando que a estabilidade relativa imprópria permite uma maior programação e organização por parte do empresário, com relação à quantidade de trabalho assalariado que vá ocupar. Sua preocupação é obter uma maior taxa de lucro. Alegam, entretanto, que esse tipo de estabilidade requer um planejamento que acarrete custos maiores.[37]

2.5. A estabilidade de emprego no Brasil

A estabilidade no serviço surgiu, no Brasil, no setor público, no âmbito do Exército e da Armada (Marinha). O art. 149 da Constituição do Império do Brasil, de 1924, estabelecia que "os oficiais do Exército e da Armada não podem ser privados de suas patentes, senão por sentença proferida em Juízo competente". Somente em 1915, por meio da Lei n. 2.924, a estabilidade foi assegurada aos servidores públicos que possuíssem dez anos de serviço.

O setor privado foi contemplado com o instituto da estabilidade no serviço em 1923, por meio do Decreto n. 4.682, de 24 de janeiro daquele ano. Esse Decreto tornou-se conhecido como Lei Eloy Chaves, em razão de seu projeto ter sido proposto por esse deputado federal. Todavia, a referida Lei beneficiava apenas os ferroviários. Dispunha o art. 42 da mencionada lei que "depois de 10 anos de serviços efetivos, o empregado das empresas a que se refere a presente lei só poderá ser demitido no caso de falta grave constatada em inquérito administrativo, presidido por um engenheiro da Inspetoria e Fiscalização das Estradas de Ferro".

Martins informa que:

A estabilidade foi estendida a outras categorias, como ao pessoal das empresas de navegação marítima ou fluvial (Lei n. 5.109/26), aos portuários (Decreto n. 17.940, de 11.11.1927), aos empregados em empresas de transporte urbano, luz, força, telefone, telégrafos, portos, água e esgoto (Decreto n. 20.465, de 1º.10.1930). Os bancários, por meio do Decreto n. 24.615, de 9.7.1934, tiveram direito à estabilidade aos dois anos de serviço (art. 15), o que foi revogado pelo

---

(35) *Ibidem*, p. 31-32.
(36) A estabilidade relativa própria não difere, em suas consequências, da mencionada, prestando-se ao empregador uma espécie de tributo tanto que lhe implicará um gasto fixo mensal sem a obtenção de uma contraprestação direta. Isso, está claro, é produto de sua própria arbitrária decisão de não empregar o trabalhador que goza deste tipo de estabilidade. Se a consequência lhe resulta desvaliosa, é somente corolário de sua própria e voluntária atuação, tendo à mão as mesmas soluções que as mencionadas antes. (Tradução livre do autor)
(37) *Ibidem*, p. 32.

art. 919 da CLT. A Lei n. 62, de 5.6.1935, estendeu a estabilidade aos empregados da indústria e comércio, que ainda não tinham benefícios concedidos pela Previdência Social (...).[38]

O art. 10 da Lei n. 62, de 5 de junho de 1935, dispunha que:

> Art. 10. Os empregados que ainda não gozarem da estabilidade que as leis sobre institutos de aposentadoria e pensões têm criado, desde que contenham 10 anos de serviço efetivo no mesmo estabelecimento, nos termos desta lei, só poderão ser demitidos por motivos devidamente comprovados de falta grave, desobediência, indisciplina ou causa de força maior, nos termos do art. 5º.

Essa Lei n. 62, de 5 de junho de 1935, teve, também, o mérito de desvincular a estabilidade da legislação previdenciária que a criara. A Consolidação das Leis do Trabalho — CLT — aprovada pelo Decreto-lei n. 5.452 de 1º de maio de 1943, publicado no DOU de 9 de maio de 1943, consagrou o instituto da estabilidade decenal, em seu art. 492, que assim dispõe:

> Art. 492. O empregado que contar mais de dez anos de serviço na mesma empresa não poderá ser despedido senão por motivo de falta grave ou circunstância de força maior, devidamente comprovada.

2.6. A criação do Fundo de Garantia por Tempo de Serviço (FGTS) e o fim da estabilidade de emprego no Brasil

A estabilidade de emprego no Brasil foi extinta com a promulgação da Lei n. 5.107 de 1966, que criou o Fundo de Garantia por Tempo de Serviço, o FGTS. Um estudo do trâmite dessa Lei, envolvendo as discussões do Projeto nas Casas Legislativas, jorra muita luz para compreender as causas da extinção da estabilidade no serviço no Brasil.

O Projeto de Lei que se transformaria na Lei n. 5.107 de 1966 foi o de n. 10/CN (Congresso Nacional) de 1966. Este Projeto teve origem na Mensagem n. 483/66 da Presidência da República, vazada nos seguintes termos:

> Excelentíssimos Senhores Membros do Congresso Nacional:
>
> Nos termos do art. 5º, § 2º do Ato Institucional n. 2 de 27 de outubro de 1965, tenho a honra de submeter à deliberação de Vossas Excelências, acompanhado de exposição de Motivos dos Senhores Ministros do Trabalho e Previdência Social e Extraordinário para o Planejamento e Coordenação Econômica, o anexo Projeto de Lei que cria o Fundo de Garantia do Tempo de Serviço e dá outras providências. Brasília, 5 de agosto de 1966. Castelo Branco. (Destacou-se)[39]

Respondia pelo Ministério do Trabalho e Planejamento, de forma interina, o Senhor Luiz Gonzaga do Nascimento e Silva, desde o dia 1º de agosto de 1966. À

---

(38) MARTINS, Sergio Pinto. *Direito do Trabalho*. 7. ed. São Paulo: Atlas, 1998. p. 329.

(39) Diário do Congresso Nacional (DCN) do dia 6 de agosto de 1966, Seção II, página de frente, número irreconhecível pelo desgaste do tempo, 1ª coluna.

frente do Ministério Extraordinário para o Planejamento e Coordenação Econômica estava o Senhor Roberto de Oliveira Campos.

A referida Mensagem, datada de 5 de agosto de 1966, foi publicada no Diário do Congresso Nacional, Seção II, do dia 6 de agosto de 1966 (sábado). Em decorrência da aludida Mensagem, o Senado Federal, por meio do Ofício n. CN/91, com indicação de urgência, datado de 8 de agosto de 1966, convocou sessão conjunta a ser realizada no mesmo dia, às 21 horas, destinada à leitura da Mensagem n. 483/66 do Executivo Federal. A dita Mensagem recebeu o número 11/66 no Congresso Nacional.

Nessa mesma sessão, foram indicados os seguintes parlamentares para comporem a comissão mista, com a finalidade de analisar o projeto em comento: da Aliança Renovadora Nacional (ARENA) os Senadores: Antônio Carlos Konder Reis, Atílio Fontana, Domício Gondin, Heribaldo Vieira, José Leite, Joaquim Parente e Manoel Vilaça. Do MDB os Senadores: Aurélio Vianna, Bezerra Neto, Edmundo Levi e Josaphat Marinho. Fizeram parte os seguintes deputados da Aliança Renovadora Nacional (ARENA): Elias Carmo, Francelino Pereira, Hamilton Prado, Heitor Dias, Ivan Luz, Medeiros Neto e Oliveira Brito. Pelo Movimento Democrático Brasileiro (MDB) foram indicados os deputados: Floriano Paixão, Franco Montoro, Hélcio Maghezani e Henrique Lima.[40] De início, verifica-se que o maior número de representantes, nos dois casos, senadores e deputados, pertencia à ARENA.

2.6.1. *O calendário da comissão escolhida para examinar o Projeto de Lei que criaria o FGTS*

Estabeleceu-se pela comissão mista o seguinte calendário:

— Em 9.8.1966, instalação da comissão e eleição para presidente, o senador Bezerra Neto, do MDB e, para vice-presidente, o senador Antônio Carlos Konder Reis, da ARENA. O Relator não foi designado em razão da ausência do presidente eleito, senador Bezerra Neto;

— Dias 10, 11, 12, 15 e 16 de agosto de 1966, apresentação de emendas perante a comissão;

— Dia 25.8.66, às 9 horas, discussão do projeto.

2.6.2. *As substituições da comissão*

O senador Felinto Müller encaminhou ofício ao presidente da comissão mista, em 18 de agosto de 1966, indicando o senador Eurico Rezende para substituir, nessa comissão, o senador Heribaldo Vieira, tendo sido deferido o requerimento. Nessa mesma data, foi deferido, também, ofício do deputado Geraldo Freire, Líder da

---

(40) O Governo Militar no Brasil extinguiu os partidos políticos existentes e organizou apenas dois: a ARENA = Aliança Renovadora Nacional, partido da situação, e o MDB = Movimento Democrático Brasileiro, de oposição.

ARENA na Câmara dos Deputados, designando os parlamentares Brito Velho e Luciano Machado para substituírem os deputados Oliveira Brito e Medeiros Neto, respectivamente, na aludida comissão.

2.6.3. A discussão do Projeto de Lei

Dos discursos apresentados pelos parlamentares, alusivos ao PL em menção, destacam-se, neste trabalho, apenas os pronunciados pelos senadores Atílio Fontana, da ARENA (SC)[41], e Aurélio Vianna, do MDB (RJ).[42] O senador Atílio Fontana pronunciou seu discurso em 10 de agosto de 1966, defendendo a aprovação do projeto, com o argumento de que ele beneficiaria os trabalhadores e reforçaria os recursos para o Plano de Habitação. De sua fala, destacam-se as seguintes pontuações:

> Sr. presidente, Srs. senadores, recentemente o Sr. presidente da República encaminhou ao Congresso, acompanhado de Mensagem, o Projeto de Lei que tomou o n. 10, de 1966, e que cria o Fundo de Garantia de Tempo de Serviço dos Trabalhadores.
>
> Acreditamos que, aprovado, esse projeto será, sem dúvida nenhuma, grande conquista não apenas em benefício dos trabalhadores, mas do povo, da Nação Brasileira. Beneficiará largamente os trabalhadores e será capaz de pacificar a família brasileira.
>
> Sua apresentação foi precedida de longos diálogos e debates entre as classes interessadas e membros do Governo da União, e contribuiu, como era de esperar, para dar verdadeira solução a tão importante problema, que vinha, há muitos anos, exigindo uma reestruturação, uma reforma das leis trabalhistas.
>
> (...)
>
> Esperamos que, com a aprovação do projeto, após, naturalmente, os estudos que serão feitos no Congresso e introduzidas as possíveis modificações para aprimorá-lo ainda mais, estará resolvido esse angustiante problema que vinha prejudicando grandemente a classe trabalhadora e criando uma situação de mal-estar, de atrito mesmo, entre as duas classes, de empregadores e de empregados.[43]

Em sequência, o senador Atílio Fontana ressaltou:

> A nosso ver, entre as muitas reformas de base que o Governo da revolução enviou ao Congresso, essa pode ser considerada uma das mais importantes. O reflexo negativo que a Legislação Trabalhista vinha causando ao desenvolvimento e à prosperidade da Nação Brasileira será anulado; ela será agora modificada,

---

(41) SC – abreviatura do Estado de Santa Catarina.
(42) RJ – abreviatura do Estado do Rio de Janeiro.
(43) Diário do Congresso Nacional (DCN) do dia 11 de agosto de 1966, Seção II, p. 2.111, 1ª e 2ª colunas.

ela será agora implantada, em bases sólidas, a fim de que o trabalhador tenha o amparo que consideramos de justiça, e que as classes patronais também se sintam estimuladas, encorajadas, para desenvolver suas atividades, ampliando o mercado de trabalho. Será, igualmente, fator importante para aplicação do capital privado em nosso País que, em face da situação atual, não era aplicado devidamente, faltando-lhe o estímulo para tanto. A aprovação deste projeto visa a um desenvolvimento seguro, proporcionando aos nossos patrícios condições de segurança e estímulo para formarem novas sociedades, novas empresas de capital privado, o que contribuirá, certamente, para o desenvolvimento de nosso País. [...] Alguns de nossos patrícios, por não encontrarem forma de aplicação segura e que proporcionasse resultado também seguro, chegaram a aplicar seu capital da forma menos aconselhável, até mesmo em excursões no Exterior, porque não viam condições de aplicar suas economias dentro do País. Outros transferiram para Bancos do Exterior suas reservas, suas economias. [...][44]

Nesse ponto, Atílio Fontana passou a destacar algumas alterações contidas no projeto em discussão, em relação ao sistema então vigente:

Pela legislação atual, sr. presidente, o trabalhador só tem direito à recompensa, à indenização, quando despedido sem justa causa. [...]

Na própria justificativa que acompanha o projeto temos que ele também será indenizado quando sair espontaneamente do emprego, quando se aposentar por tempo de serviço, por velhice ou por invalidez definitiva e mesmo quando despedido com justa causa. Deixará, neste caso, apenas de receber a indenização com correção monetária e a capitalização de juros. [...]

Nos casos de dispensa injusta e de aposentadoria, a conta bancária vinculada fica, imediatamente, livre à disposição do empregado; o mesmo quanto a seus dependentes, no caso de morte. Atualmente, na despedida injusta, depende da demorada aleatória liquidação. Na aposentadoria e morte nada é devido. [...][45]

Discurso de grande importância sobre o Projeto de Lei que cria o Fundo de Garantia de Tempo de Serviço dos Trabalhadores foi o proferido pelo senador Aurélio Vianna, não só por ter estabelecido um posicionamento dialético em relação ao entendimento anterior, mas, também, em virtude da visão com que tratou o conteúdo do mencionado Projeto. Proferiu o seu discurso no dia 12 de agosto de 1966, no qual criticou o Projeto que criava o fundo de garantia de tempo de serviço, enviado ao Congresso Nacional. Discorreu sobre o instituto da estabilidade em diversos países e, sugeriu, ao final, a retirada da Mensagem do presidente da República. Desse discurso, pinçam-se os seguintes excertos:

Sr. presidente, srs. senadores, afinal resolveu o sr. presidente da República encaminhar ao Congresso o [...] projeto que cria o fundo de garantia de tempo de

---

(44) *Ibidem*, 2ª coluna.
(45) *Idem*.

serviço e que contraria [...]⁽⁴⁶⁾ aquele direito à estabilidade [...]⁽⁴⁷⁾ conquista do povo brasileiro, não digo propriamente do trabalhador brasileiro, porque se a conquista é sua, também o é, particularmente, de todo o nosso povo.

O direito à estabilidade não veio do Estado Novo, não vem da Revolução de 1930. Consagrou-a esta, mas é anterior, ou bastante anterior.

A Câmara dos Deputados, antes de 1930, preocupava-se já com o problema, e Maurício de Lacerda foi um dos representantes do povo que mais pugnara para que a estabilidade na empresa fosse consagrada para garantia de um direito impostergável à vida do trabalhador.

Arthur Bernardes, presidente da República, consagrou esse direito. O velho Bernardes, clarividente, avançou no tempo e, antes que qualquer presidente da República se houvesse pronunciado acerca da estabilidade na empresa, Bernardes consagrava-a já.

Sr. presidente, o ex-ministro do Trabalho Arnaldo Süssekind declarou que a estabilidade no emprego é vantajosa não apenas para o empregado, mas também para a empresa e para o Estado.

O Brasil foi pioneiro quando estabeleceu na Lei ordinária e em suas Constituições o direito à estabilidade para o trabalhador. Causou espanto no mundo, principalmente no mundo desenvolvido, essa posição do Brasil, considerado, então, como país atrasado, sem uma legislação social à altura. Mas a estabilidade revelava o sentido humanista, o pensamento humanista dos dirigentes deste país àquele tempo [...].

O direito à estabilidade na Alemanha também foi saudado como grande conquista, não apenas dos operários, mas também do empregador. Deixaram-se questões que vinham inquietando a Alemanha; o operário passou-se a sentir garantido no seu emprego, as dispensas diminuíram; passou-se a produzir muito mais, porque o que o homem precisa e o que procura é a segurança. A insegurança causa o mal-estar, a inquietação na vida da família como da sociedade.

No México, também foi consagrada a estabilidade absoluta e o México é uma das nações mais progressistas deste hemisfério, uma das mais avançadas no campo das conquistas sociais e econômicas.

Nações outras passaram a adotá-la nas suas legislações. E quando o mundo — o mundo mais avançado que o nosso — tomando como exemplo o Brasil, consagra o direito que já havíamos consagrado em nossa legislação, na nossa Constituição, então nós recuamos graças ao gênio de um homem que vem servindo a todos os governos e levando o Brasil a esta inquietação econômica e social, que

---

(46) Trecho original irreconhecível pelo desgaste do tempo.
(47) *Diário do Congresso Nacional (DCN)* do dia 11 de agosto de 1966, Seção II, p. 2.111, 1ª e 2ª colunas.

preocupa tanto os empresários como os trabalhadores e quantos responsáveis pelos destinos da Pátria comum (sic).

Sr. presidente, a nação, quando atingiu o seu maior grau de desenvolvimento, com a construção de novas fábricas, com a ampliação, portanto, de seu parque industrial, com a criação de mais bancos: quando o produto nacional bruto aumentou numa proporção que não era conhecido; quando os planos foram estabelecidos para maior desenvolvimento econômico e social deste País, ninguém levantou a tese de que o crescimento poderia ter sido, também, em virtude de harmonia social que era o da estabilidade.

No mundo em que os governos erram e encaminham o País para o caos econômico e financeiro, a paz social desaparece totalmente e a inquietação se apossa de todas as almas. Nesse momento é apontado o instituto da estabilidade como a causa principal ou uma das causas [...] do retrocesso do País.

O projeto do governo é flagrantemente inconstitucional: fere em cheio o inciso XII, do art. 157 do que resta da nossa Constituição:

> A legislação do trabalho e a previdência social obedecerão os seguintes preceitos... (sic).

A ordem é imperativa. Não podemos fugir dela. O enunciado constitucional é claro e expresso. Não propicia dupla interpretação. E o inciso XII diz:

> estabilidade na empresa para exploração rural, em indenização ao trabalhador expresso nos casos e nas condições que a lei estatuir.

Às vezes tenho a impressão de que o propósito é varrer da face do Brasil o nome de Vargas, identificado com as maiores conquistas do trabalhador brasileiro.[48]

Nessa altura, o senador Ruy Carneiro, do Estado da Paraíba, pediu um aparte aduzindo que: "O grande Getúlio Vargas que, para amparar o trabalhador brasileiro, concedeu a legislação social mais adiantada do mundo".[49]

Continuou o senador Aurélio Vianna:

Exatamente, a Consolidação das Leis do Trabalho.

[...][50]

O Governo se apresenta, agora, como detentor das reivindicações mais sentidas das massas trabalhadoras, e afirma que a estabilidade, como na lei brasileira, prejudica os operários antes que os empregadores, e que, por isso, para favorecer o empregador, enviou projeto dessa natureza.

---

(48) Diário do Congresso Nacional (DCN) do dia 13 de agosto de 1966, Seção II, p. 2.171, 1ª, 2ª e 3ª colunas.
(49) *Idem.*
(50) Sem condições de leitura no original.

Acontece, porém, que os empregados brasileiros, mobilizados, defendem a estabilidade, ponto fundamental da legislação social do Brasil. São as bases e as cúpulas, ao mesmo tempo. Aperfeiçoar o estatuto, como na Alemanha já se fez, tomando-se como ponto de partida aquilo que idealizou o governante brasileiro, o legislador brasileiro de priscas eras? Sim. Aniquilá-lo, eliminá-lo ou extingui-lo? Jamais!

A estabilidade principiou no Brasil, com o funcionalismo público, que, hoje, praticamente, não possui mais tal direito. Passou para os ferroviários, depois para os portuários, depois para os trabalhadores da indústria, do comércio. Vamos, então, recuar, nós, que representamos os nossos Estados, representamos o povo brasileiro, vamos ao encontro da vontade, tantas vezes revelada do nosso trabalhador e não somente do nosso trabalhador?

Li com muita atenção este trecho de uma conferência pronunciada perante o Conselho Técnico da Confederação Nacional do Comércio, por homem da empresa, sobre o fortalecimento do espírito de empresa. O Conselheiro Cnier Gonçalves da Mota afirmou em alto e bom som que:

'O aniquilamento do Instituto da Estabilidade, como preceitua o anteprojeto que cria o Fundo de Garantia do Tempo de Serviço, é um verdadeiro retrocesso em nosso Direito Trabalhista porque lança o trabalhador na dúvida quanto ao futuro, colocando a tranquilidade do indivíduo a serviço da economia exatamente numa inversão de valores porque é a economia que deve ser posta a serviço da tranquilidade do homem.'

Não é um trabalhador que está falando, é um humanista, é um cidadão que, embora empregador, penetrou a fundo na problemática nacional, no coração, na alma da gente brasileira.

Compreender que o aniquilamento da estabilidade vem causar preocupações e possivelmente desajustes tamanhos que nos leva à inquietação e ao caos social.[51]

Em atenção ao pedido de aparte do senador Argemiro de Figueiredo, o orador concedeu-lhe a palavra, tendo assim se manifestado:

Senador Aurélio Vianna, solicitei o aparte apenas a título de colaboração em aspecto interessante que V. Ex.ª tocou, no início de seu discurso — a flagrante inconstitucionalidade do projeto. Realmente, como V. Ex.ª analisou os dispositivos constitucionais referentes à estabilidade [...] estão de pé, não foram revogados. [...] A inconstitucionalidade parece-me realmente flagrante, como disse o nobre senador. O caráter imperativo dos dispositivos referentes à estabilidade do trabalhador não dá direito a interpretações diferentes da qual V. Ex.ª está dando, isto é, a inconstitucionalidade do anteprojeto. Como sabe

---

(51) *Diário do Congresso Nacional (DCN)* do dia 13 de agosto de 1966, Seção II, p. 2.171, 2ª coluna.

V. Ex.ª, quando há dispositivos referentes a funcionários, a trabalhadores, eles têm não só o caráter de amparo individual, mas de amparo coletivo, a uma classe pobre, desamparada, classe que está abrigada nos dispositivos legais para garantia de seus direitos. A legislação tem este caráter de defesa social, defesa do trabalhador. É uma legislação que podemos encartar no rol das leis de ordem pública.

Nessas condições, trata-se de um direito irretratável, de direito irrenunciável. O trabalhador não pode renunciar uma garantia que a lei lhe assegura, de modo que a opção assegura meios ao trabalhador para preferir um ou outro sistema entre o que existia e o que o Governo quer instituir. É inconstitucional porque violou a lei de ordem pública, e de caráter imperativo. E não pode caber ao trabalhador renunciar uma garantia assegurada na lei que tem este caráter de ordem pública, de ordem social.[52]

De novo com a palavra, o senador Aurélio Vianna aduziu:

V. Ex.ª tocou no ponto da questão. É um princípio de direito público, portanto, irrenunciável.

Não há possibilidade de opção; não há dois princípios na Constituição, para segurança do trabalhador e da empresa, que propiciassem a seu trabalhador o direito de optar entre qualquer dos dois. Só há um, que é irrenunciável, porque, inclusive, impede que o trabalhador abdique de um direito que é seu. Se quer abdicar, não pode. Não pode escolher outro, abdicar a ele para adotar outro, porque a sua garantia está nisto mesmo.

Quase que usaria um termo, senhor presidente: trata-se de uma chantagem de ordem interpretativa. Desde que verificou o governo que a onda era muito grande, era enorme, e a onda não era apenas do trabalhador, do assalariado, mas também de industriais esclarecidos, de empresários esclarecidos, compreensivos, então realizou um recuo tático: deixou o princípio no anteprojeto e criou outro que é o fim. [...] tenta-se embair a boa-fé do trabalhador com um que poderia realmente vir como decorrência da estabilidade e não como outro princípio para destruir a estabilidade por via de consequência.

Sr. presidente, o projeto é inconstitucional e antinacional. [...] Mas todos sabemos que um país é livre e soberano quando impede a invasão de seu território por grupos alienígenas que visem a destruir a sua economia [...].[53]

Aurélio Vianna mencionou o grupo Chateaubriand que vinha denunciando a invasão de capital estrangeiro em nosso País, e o controle de várias empresas nossas, por esse capital, nas áreas de publicidade e da formação da opinião

---

(52) *Ibidem*, 4ª coluna.
(53) *Ibidem*, 2ª coluna.

pública. Leu o senador a seguinte notícia veiculada no "Diário de Notícias" do dia 19 de julho de 1966, sob o título: MR. CROSS VOLTA À CENA:

Informa e comenta o último número do 'Boletim Comercial' do Monitor Mercantil a próxima chegada ao Brasil, do já famoso Mr. Gross. Homem de negócios norte-americano, profundamente ligado ao ministro Roberto Campos, a quem, há tempos, examinou a possibilidade de comprar empresas brasileiras por grupos financeiros dos Estados Unidos. Na época, impunha Mr. Cross duas condições: a eliminação do instituto da estabilidade trabalhista e a desvalorização do cruzeiro, na base de 3.200 por dólar. (Sem destaque no original).[54]

O Monitor Mercantil informou naquela edição que foram tomadas providências pelo Ministro Roberto Campos no sentido de preparar um projeto de lei, com o objetivo de eliminar o instituto da estabilidade do direito laboral brasileiro. Contudo, informou o mesmo jornal que "um telegrama de Nova York veio tornar pública a manobra atrapalhando o desenvolvimento e a conclusão da primeira parte do plano"[55]. Mais à frente, a mesma notícia revelou que "O Marechal Castello Branco, irritado com a manobra — já agora indisfarçável — determinou então que fosse sustado o encaminhamento do projeto da estabilidade que passou a ser reestudado [...]"[56].

Ao comentar tal notícia, o senador Aurélio Vianna destacou que:

Então, não veio a mensagem capeando o anteprojeto pela extinção pura e simples da estabilidade. O choque seria grande. Extingue-se a estabilidade por via de consequência, dando-se ao trabalhador o direito de optar entre o que a Constituição, imperativamente, determina e aquilo que na Constituição não se encontra.[57]

Uma das justificativas para a criação do Fundo de Garantia de Tempo de Serviço foi a necessidade de repassar recursos ao Banco Nacional de Habitação — BNH — para implementar seus projetos habitacionais. Em 1962, o Brasil já possuía um *déficit* habitacional na casa de 8 milhões de habitações. Então, era necessário dotar o BNH de recursos para o implemento da construção de 400 a 500 mil casa por ano, para eliminar tal *déficit*. Assim, o dinheiro do trabalhador depositado no fundo seria utilizado para financiar a construção das aludidas habitações.

Em tese de contrariedade a essa justificativa, Aurélio Vianna ponderou:

Outros dizem que a finalidade precípua do governo é opulentar o BNH, objeto de uma Comissão de Inquérito na Câmara que mostrou ao Brasil escândalos

---

(54) Diário do Congresso Nacional (DCN) do dia 13 de agosto de 1966, Seção II, p. 2.172, 1ª coluna.
(55) Diário do Congresso Nacional (DCN) do dia 13 de agosto de 1966, Seção II, p. 2.171, 1ª coluna.
(56) *Idem.*
(57) *Ibidem*, 2ª coluna.

impressionantes. O inquérito traz conclusões que nos deixam boquiabertos. A impressão é de que nada foi feito, neste País, para moralizar coisa alguma! São cifras astronômicas desperdiçadas, jogadas fora! Ao invés de construção de casas [...] foram comprados prédios cujo valor é astronômico![58]

De forma corajosa, Aurélio Vianna criticou o governo militar em seu discurso, ao asseverar: "Este governo cria sempre problemas; onde não os há, ele os cria. É o governo dos problemas". Então, ele pergunta e ao mesmo tempo responde: "Os empresários nacionais reclamam a extinção da estabilidade? Não! Os trabalhadores querem a estabilidade? Sim! Então, vamos extinguir para criar um problema".[59]

2.6.4. *A aprovação do Projeto*

Em 5 de setembro de 1966, o presidente do Congresso Nacional comunicou a realização de sessão conjunta para esse mesmo dia, às 21h30min. Nesse horário, anunciou o esgotamento do prazo para discussão do Projeto e que, em virtude de não existir número suficiente de parlamentares para a abertura dos trabalhos, a matéria seria encaminhada ao gabinete do presidente da República, para ser sancionada.

O Projeto foi sancionado em 13 de setembro de 1966, transformando-se na Lei n. 5.107, mas só entrando em vigência em 1º de janeiro de 1967. Em 14 de setembro de 1966, foi a Lei publicada no Diário Oficial da União. Por meio do Ofício n. 2.925, de 18 de outubro de 1966, o Senado Federal encaminhou autógrafo do projeto sancionado.

2.7. As formas de estabilidades existentes no Brasil

Examinam-se, neste tópico, as formas de estabilidades jurídicas que perduram no Brasil, isto é, aquelas referentes à permanência do trabalhador no emprego, mesmo contra a vontade do empregador, salvo a incidência de causa legalmente prevista.

Como se analisou em linhas pretéritas, não há mais no Brasil estabilidade absoluta no emprego. As estabilidades que perduram hodiernamente no direito laboral brasileiro são provisórias, portanto, relativas. Classificam-se as formas de estabilidades existentes no Brasil em estabilidades criadas por leis e estabilidades criadas pela jurisprudência.

2.7.1. *As estabilidades criadas por lei*

São estabilidades criadas por lei a do dirigente sindical, do empregado membro da Comissão Interna de Prevenção de Acidentes (CIPA), do empregado que sofreu acidente do trabalho, da empregada gestante e a estabilidade no contrato de trabalho por prazo determinado.

---

(58) *Idem.*
(59) *Ibidem*, 4ª coluna.

2.7.1.1. A estabilidade do dirigente sindical

O inciso VIII do art. 8º da CF/88 e o art. 543 da CLT proíbem a dispensa do empregado sindicalizado, a partir do registro de sua candidatura a cargo de direção ou representação sindical até um ano após o término de seu mandato, se eleito, salvo se cometer falta grave, nos termos do art. 482 da CLT. Essa previsão abrange os trabalhadores rurais, preenchidas as condições dispostas no art. 1º da Lei n. 5.889/73.

A renúncia do empregado à sua função de dirigente sindical implica, também, a renúncia de sua estabilidade, passando a estar sujeito à dispensa arbitrária. Faz jus a essa estabilidade apenas os dirigentes sindicais da categoria a que pertencerem os empregados, excetuando-se aqueles que pertencerem à categoria profissional diversa. O objetivo dessa estabilidade é proteger o empregado dirigente sindical de ser impedido de exercer suas funções e de ser transferido para local ou cargo que lhe dificulte ou impossibilite desempenhar suas funções sindicais.

2.7.1.2. A estabilidade relativa de empregado membro da Comissão Interna de Prevenção de Acidentes — CIPA

Essa forma de estabilidade tem sua previsão no inciso II, do art. 10, do Ato das Disposições Constitucionais Transitórias (ADCT) e no *caput* do art. 165 da CLT. Dispõe o art. 10, inciso II, alínea *a*, do ADCT:

> Art. 10. Até que seja promulgada a lei complementar a que se refere o art. 7º, I, da Constituição:
>
> [...]
>
> II – fica vedada a dispensa arbitrária ou sem justa causa:
>
> a) do empregado eleito para cargo de direção de comissões internas de prevenção de acidentes, desde o registro de sua candidatura até um ano após o final de seu mandato.

Em sede infraconstitucional determina o *caput* do art. 165 da CLT que:

> Os titulares da representação dos empregados na(s) CIPA(s) não poderão sofrer despedida arbitrária, entendendo-se como tal a que não se fundar em motivo disciplinar, técnico, econômico ou financeiro.

Quanto à aplicação dessa estabilidade aos suplentes dos membros da CIPA, a jurisprudência confere a eles a estabilidade em exame, como se pode constatar no seguinte aresto:

> MEMBRO SUPLENTE DA CIPA. REINTEGRAÇÃO. Vedação constitucional de rescisão contratual sem justa causa de empregado eleito como membro suplente da CIPA, por deter garantia no emprego. Cabível a reintegração do empregado demitido sem justa causa, nos termos do art. 10, II, "*a*", do Ato das Disposições Constitucionais Transitórias da Constituição Federal e Súmula n. 339, I, do TST. (TRT da 4ª Região – Rio Grande do Sul – Acórdão n. 0094100-58.2008.5.4.0024, Recurso Ordinário. Redatora: Desembargadora Vânia Mattos. Data de Julgamento: 2.12.2009)

Esse entendimento tem seu fundamento na impossibilidade da continuidade do trabalho da referida Comissão, caso um dos titulares seja dispensado sem justa causa pelo empregador, ficando, por isso, impedido de continuar no desempenho de sua função. É uma garantia que favorece apenas o suplente do representante dos empregados. A Súmula n. 339 do TST solidificou o posicionamento segundo o qual a estabilidade é estendida aos suplentes dos membros da CIPA, nos seguintes termos:

> CIPA. Suplente. Garantia de emprego. CF/1988.
>
> I – O suplente da CIPA goza de garantia de emprego prevista no art. 10, II, *a*, do ADCT a partir da promulgação da Constituição de 1988.
>
> A estabilidade provisória do cipeiro não constitui vantagem pessoal, mas garantia para as atividades dos membros da CIPA, que somente tem razão de ser quando em atividade a empresa. Extinto o estabelecimento, não se verifica a despedida arbitrária, sendo impossível a reintegração e indevida a indenização do período estabilitário.

2.7.1.3. A estabilidade do empregado que sofreu acidente do trabalho

O empregado, vítima de acidente do trabalho, goza de estabilidade no emprego por doze meses após a cessação do auxílio-doença acidentário. É a garantia assegurada no art. 118 da Lei n. 8.213/91.[60] Porém, para que o trabalhador acidentado faça jus a essa estabilidade, é necessário que o afastamento ocorra por mais de quinze dias e tenha percebido o auxílio-doença acidentário.

Caso o trabalhador retorne ao serviço, nos primeiros quinze dias de afastamento remunerado pela empresa, não usufruirá desta garantia de emprego durante o referido período. A discussão quanto à constitucionalidade ou não do art. 118 da Lei n. 8.213/91 restou superada com a edição da Súmula n. 378 do TST, do seguinte teor:

> Estabilidade provisória. Acidente do Trabalho. Art. 118 da Lei n. 8.213/1991. Constitucionalidade. Pressupostos.
>
> I – É constitucional o art. 118 da Lei n. 8.213/1991 que assegura o direito à estabilidade provisória por período de 12 meses após a cessão do auxílio-doença do empregado acidentado.

O inciso II dessa Súmula traz à luz os pressupostos para a percepção da referida estabilidade:

> II – São pressupostos para a concessão da estabilidade o afastamento superior a 15 dias e a consequente percepção do auxílio-doença acidentário, salvo se constatada, após a despedida, doença profissional que guarde relação de causalidade com a execução do contrato de emprego.

Ao comentar essa estabilidade, Barros assinala que o legislador agiu com acerto, em razão de a realidade demonstrar que as despedidas frequentes de "trabalhadores

---

(60) Art. 118. O segurado que sofreu acidente do trabalho tem garantida, pelo prazo mínimo de doze meses, a manutenção do seu contrato de trabalho na empresa, após a cessação do auxílio-doença acidentário, independentemente de percepção de auxílio-acidente.

egressos de afastamentos' decorrentes de acidentes dificultam a aquisição de novo emprego, "mormente quando o infortúnio deixa sequelas". Tal garantia objetiva contornar essa dificuldade, concedendo ao trabalhador segurança no período em que poderá apresentar "redução do ritmo normal de trabalho".[61]

2.7.1.4. A estabilidade da empregada gestante

Dispõe o art. 10, "b", do ADCT que a empregada gestante tem garantia de emprego desde a confirmação da sua gravidez até cinco meses após o parto. Registre-se que o início dessa garantia é a confirmação da gravidez, e não sua comprovação, o que independe de a empresa ter ou não ciência do fato. No caso de dispensa imotivada, a responsabilidade do empregador é objetiva.

2.7.1.5. A estabilidade no contrato por prazo determinado

Em todo contrato de trabalho por prazo determinado, abrangendo, inclusive, o de experiência, o seu término normal não é a dispensa, mas o desligamento, o qual deve se processar no último dia do contrato. A estabilidade perdura enquanto perdurar o contrato. O término do contrato é uma forma normal de sua cessação. Por isso, deve ocorrer sem ônus para a empresa.

Entretanto, se a empresa rescindir o contrato antes de seu término, poderá fazê-lo, mas terá de pagar ao trabalhador 50% (cinquenta por cento) do valor que ainda faltar para sua conclusão. É a inteligência do art. 479 da CLT.[62]

2.7.1.6. A estabilidade de diretores de sociedades cooperativas

A estabilidade em exame é conferida pelo art. 55,[63] da Lei n. 5.764, de 1971. Esse dispositivo determina que os empregados de empresas, eleitos diretores de sociedades cooperativas por eles criadas, terão as mesmas garantias asseguradas aos dirigentes sindicais pelo art. 543 da CLT.

Isso significa que esses empregados têm garantia no emprego a partir do registro de sua candidatura a cargo de diretores da sociedade cooperativa que eles criaram, até um ano após o término de seu mandato, se eleitos, salvo se cometerem falta grave, nos termos do art. 482 da CLT. Observe-se que esses diretores são empregados de outra empresa, diversa da empresa cooperativa. Ressalte-se que os membros do Conselho Fiscal das Cooperativas não são contemplados com essa estabilidade *provisória*.

---

(61) BARROS, Alice Monteiro de. *Curso de Direito do Trabalho*. 4. ed. São Paulo: LTr, 2008. p. 982-983.

(62) Art. 479. Nos contratos que tenham termo estipulado, o empregador que, sem justa causa, despedir o empregado será obrigado a pagar-lhe, a título de indenização, e por metade, a remuneração a que teria direito até o termo do contrato.

(63) Art. 55. Os empregados de empresas que sejam eleitos diretores de sociedades cooperativas por eles criadas gozarão das garantias asseguradas aos dirigentes sindicais pelo art. 543 da Consolidação das Leis do Trabalho (Decreto-lei n. 5.452, de 1º de maio de 1943).

2.7.1.7. A estabilidade dos membros de Comissão de Conciliação Prévia

As Comissões de Conciliação Prévia foram criadas pela Lei n. 9.858 de 2000, como órgãos extrajudiciais, acrescentando à CLT os arts. 625-A a 625-H. O objetivo dessas Comissões é o de desafogar a Justiça do Trabalho no Brasil, com a tentativa de solucionar controvérsias de natureza trabalhista até mesmo no âmbito da própria empresa (art. 625-A).O § 1º do art. 625-B veda a dispensa dos representantes dos empregados membros da Comissão de Conciliação Prévia, tanto de titulares quanto de suplentes, até um ano após o final do mandato, salvo se cometerem falta grave, nos termos do art. 482 da CLT.

Embora a lei seja omissa quanto ao início da estabilidade, Barros entende que ela deve coincidir com o registro da candidatura, por aplicação analógica do art. 543, § 3º, da CLT, "pois ao se admitir a garantia de emprego apenas a partir da eleição, poderá ser dispensado o candidato dos empregados que não desfrute da simpatia do empregador, inviabilizando a independência que deverá existir no desempenho dessas funções, com a discriminação do candidato cuja linha de pensamento não coincida com a dos interesses empresariais".[64]

2.7.1.8. A estabilidade dos empregados que passam a fazer parte no Conselho Curador do FGTS

O Conselho Curador do Fundo de Garantia por Tempo de Serviço (FGTS), segundo o art. 3º, *caput*, da Lei n. 8.036 de 1990, é composto por representação de trabalhadores, empregadores e órgãos e entidades governamentais, na forma estabelecida pelo Poder Executivo. Estipula o § 9º do aludido artigo que se assegura aos membros do Conselho Curador, "enquanto representantes dos trabalhadores, efetivos e suplentes, a estabilidade no emprego, desde a nomeação até um ano após o término do mandato de representação, somente podendo ser demitidos por motivo de falta grave, regularmente comprovada através de processo sindical".

2.7.2. *As estabilidades criadas pela jurisprudência*

Dentre as estabilidades criadas pela jurisprudência, cita-se a do portador do vírus HIV e a do portador de neoplasia maligna.

2.7.2.1. A estabilidade do empregado portador do vírus HIV

A corrente favorável à estabilidade do empregado portador do vírus da AIDS esteia-se no disposto no art. 7º, inciso I, da CF, que estabelece o princípio da garantia do emprego e no acesso e na permanência no trabalho como direito humano.

Trata-se de estabilidade denominada neste trabalho de jurisprudencial, porque ela não encontra supedâneo em sede constitucional, tampouco na legislação infraconstitucional.

---

(64) BARROS, Alice Monteiro de. *Op. cit.*, p. 985.

Em 1995, o TST, pelo voto do ministro Almir Pazzianotto Pinto, acolhido pela colenda Seção de Dissídio Coletivos (SDC), que examinara a situação de alguém portador do vírus da AIDS frente à cláusula de Dissídio Coletivo, assim restou ementado:

> DISSÍDIO COLETIVO. ESTABILIDADE. CLÁUSULA ASSECURATÓRIA DE ESTABI-LIDADE NO EMPREGO AO PORTADOR DO VÍRUS DA SIDA (AIDS). A despedida por força de preconceito do paciente da SIDA deve ser evitada, para que mantenha suas condições de vida, trabalhando até eventual afastamento pela Previdência. Recurso Ordinário ao qual, no particular, é negado provimento. (Recurso Ordinário em Dissídio Coletivo (TST) n. 89.574/93. Acórdão n. 1.335/94. Relator Ministro Almir Pazzianotto Pinto, Seção Especializada em Dissídios Coletivos do Tribunal Superior do Trabalho. Publicado no DJU de 10.2.1995, p. 2.023)

Noutra feita, o Colendo TST deu provimento a Recurso de Revista que postulava a reintegração de empregado portador do vírus da AIDS, por considerar arbitrária sua despedida. É do seguinte teor a ementa do acórdão:

> REINTEGRAÇÃO. EMPREGADO PORTADOR DO VÍRUS DA AIDS. CARACTERI-ZAÇÃO DE DESPEDIDA ARBITRÁRIA. Muito embora não haja preceito legal que garanta a estabilidade ao empregado portador da síndrome da imunodeficiência adquirida, ao magistrado incumbe a tarefa de valer-se dos princípios gerais do direito, da analogia e dos costumes para solucionar os conflitos ou lides a ele submetidas. A simples e mera alegação de que o ordenamento jurídico nacional não assegura ao aidético o direito de permanecer no emprego não é suficiente a amparar uma atitude altamente discriminatória e arbitrária que, sem sombra de dúvida, lesiona de maneira frontal o princípio da isonomia insculpido na Constituição da República do Brasil. Revista conhecida e provida. (Recurso de Revista (TST) n. 205.359/95. Acórdão n. 12.269/97. Relator Ministro Luciano de Castilho Pereira, da Segunda Turma, Subseção I Especializada em Dissídios Individuais do Tribunal Superior do Trabalho, 5.11.1997. Publicado no DJU de 19.12.1997). Obs.: o relator utilizou a mesma ementa do Recurso de Revista n. 21.791, Acórdão n. 3.473/97, no qual foi Relator o Ministro Valdir Righetto, da Segunda Turma, Subseção I Especializada em Dissídios Individuais do Tribunal Superior do Trabalho, publicado em 5.11.1997.

Perdura até o presente momento esse entendimento na Superior Corte Trabalhista do Brasil.

2.7.2.2. A estabilidade do empregado portador de neoplasia maligna

O Acórdão n. 20091012613, publicado no DOE de 27.11.2009, da 9ª Turma do TRT da 2ª Região (São Paulo), manteve sentença da 1ª Vara do Trabalho de Osasco (SP), que determinara a reintegração de trabalhadora demitida durante o tratamento de neoplasia maligna (câncer). A empresa, em suas razões de recurso, alegara não existir respaldo legal a amparar a reintegração da laborista.

Contudo, na fundamentação de seu voto, a Desembargadora Jane Granzoto Torres da Silva argumentou que, embora não exista norma expressa garantindo o emprego da obreira, no caso examinado, o poder de demissão do empregador encontra limitações no "princípio da dignidade da pessoa humana, insculpido no art. 1º, inciso III, da Carta Magna". A Desembargadora ressaltou, ainda, que: "Com a adoção do aludido princípio, a Constituição Federal de 1988 implantou no sistema jurídico brasileiro uma nova concepção acerca das relações contratuais, pela qual as partes devem pautar suas condutas dentro da legalidade, da confiança mútua e da boa-fé".

No caso em comento, de acordo com o entendimento da Relatora, restou provado nos autos que a reclamante laborou em benefício da empresa reclamada por mais de trinta anos. Disse mais, que o ato demissionário ocorreu no momento em que a trabalhadora não se encontrava totalmente apta à recolocação no mercado de trabalho, por ser portadora de neoplasia maligna, mormente para o desempenho de atividades de igual valor, com a percepção de igual patamar remuneratório, "fundamental até mesmo para o prosseguimento do delicado e dispendioso tratamento médico".

Concluiu essa Desembargadora que:

> [...] a despeito da inexistência de norma legal, prevendo a estabilidade do portador de câncer, até porque em determinadas fases do malefício o paciente pode desenvolver normalmente suas atividades laborativas, a questão posta em exame deve ser solucionada sob o prisma da dignidade da pessoa humana do trabalhador e da função social do contrato, revelando-se absolutamente escorreita a ordem de reintegração da autora ao emprego. (Acórdão n. 20091012613, publicado no DOE de 27.11.2009, da 9ª Turma do TRT da 2ª Região. Desª. Jane Granzoto Torres da Silva)

No que concerne à estabilidade decenal do trabalhador da esfera privada no Brasil, percebe-se dos discursos inflamados ter ocorrido uma acirrada batalha no Parlamento em torno do Projeto de Lei que a extinguiu e implantou o regime do Fundo de Garantia por Tempo de Serviço (FGTS).

Deve ser observado que não houve aprovação, propriamente dita, do aludido Projeto. A sessão conjunta em que seria votado o Projeto não foi realizada, em virtude de não existir número suficiente de parlamentares para a abertura dos trabalhos e por ter esgotado o prazo de sua tramitação. Por isso, a matéria foi encaminhada diretamente ao gabinete do presidente da República, recebendo o Projeto a sanção presidencial.

Da Mensagem Presidencial que desencadearia a tramitação do mencionado Projeto, datada de 5 de agosto de 1966, até sua sanção em 13 de setembro do mesmo ano, transcorreram-se apenas 39 dias, ou seja, um mês e nove dias! Esse curto prazo deveu-se aos interesses do Executivo Federal.

Quanto às formas de estabilidades que ainda perduram no Brasil, é de bom alvitre lembrar que os empregados a elas não podem renunciar, por se tratarem de categoria de direito irrenunciável.

Por isso, a rescisão contratual do empregado que trabalha na empresa por mais de um ano só é válida quando feita com a assistência do sindicato de sua categoria profissional ou, em sua ausência, pela competente autoridade local do Ministério do Trabalho e Emprego. É a orientação do § 1º, do art. 477, da CLT.[65]

2.8. Conclusão

No que concerne à estabilidade decenal do trabalhador da esfera privada no Brasil, percebe-se dos discursos inflamados que ocorreu uma acirrada batalha no Parlamento em torno do Projeto de Lei que a extinguiu e implantou o regime do FGTS.

Deve ser observado que não houve aprovação, propriamente dita, do aludido Projeto. A sessão conjunta em que seria votado o Projeto não foi realizada, em virtude de não existir número suficiente de parlamentares para a abertura dos trabalhos e por ter esgotado o prazo de sua tramitação. Por isso, a matéria foi encaminhada diretamente ao Gabinete do Presidente da República, recebendo o Projeto a sanção presidencial.

Da Mensagem Presidencial que desencadearia a tramitação do mencionado Projeto, datada de 5 de agosto de 1966, até sua sanção em 13 de setembro do mesmo ano, transcorreram-se apenas 39 dias, ou seja, um mês e nove dias! Esse curto prazo deveu-se aos interesses do Executivo Federal.

Quanto às formas de estabilidades que ainda perduram no Brasil é de bom alvitre lembrar que os empregados a elas não podem renunciar, por se tratar de categoria de direito irrenunciável.

Por isso, a rescisão contratual do empregado só é válida quando ele pede demissão, mas, nesse caso, deve estar assistido pelo sindicato de sua categoria profissional, ou, em sua ausência, pela competente autoridade local do Ministério do Trabalho e Emprego, por meio da Delegacia Regional do Trabalho — DRT, ou, ainda, pela Justiça do Trabalho. É a orientação do art. 500 da CLT:

> Art. 500. O pedido de demissão do empregado estável só será válido quando feito com a assistência do respectivo Sindicato e, se não o houver, perante a autoridade local competente do Ministério do Trabalho e Previdência Social.

---

(65) Art. 477, § 1º. O pedido de demissão ou recibo de quitação de rescisão do contrato de trabalho, firmado por empregado com mais de 1 (um) ano de serviço, só será válido quando feito com a assistência do respectivo Sindicato ou perante a autoridade do Ministério do Trabalho.

Capítulo 3

O entendimento da OIT em relação à dispensa por justa causa e as posturas brasileira e argentina diante da Convenção n. 158 da OIT

3.1. Introdução

Os entendimentos da OIT são materializados por meio de recomendações e de convenções. No que concerne à dispensa por justa causa, a OIT manifestou seu entendimento por meio da Recomendação n. 119 e da Convenção n. 158. São esses os instrumentos a serem examinados neste capítulo, incluindo sua relação com o Direito Pátrio e Argentino.

3.2. A diferença entre Recomendação e Convenção

A Recomendação é um instrumento criado por um organismo internacional, contendo certas "sugestões" que, em regra, devem ser cumpridas pelos Estados participantes desse organismo. As Recomendações diferenciam-se das Convenções em virtude de serem essas revestidas de natureza obrigacional, o que não ocorre em relação àquelas. Assim, a Convenção "cria uma obrigação internacional a cargo do Estado que a aceita", e a Recomendação é o meio pelo qual se "convidam os Estados-membros a adotarem medidas ou, ao menos, certos princípios; porém, não cria vínculo de direito".[66]

Contudo, parece que a Recomendação pode-se revestir de conteúdo obrigacional. É o que ocorre com as Recomendações emanadas da OIT – Organização Internacional do Trabalho. Dispõe o art. 19, § 6º, da Constituição da OIT que "o *Estado-membro* tem *a obrigação* de submeter à recomendação da autoridade competente para decidir, de forma soberana, sobre a conveniência de transformar em lei ou adotar outras medidas referentes à matéria recomendada" (Sem destaque no original). Embora possam existir divergências quanto à natureza obrigacional, ou não, das Recomendações para os Estados-membros do organismo que as editou, resta incontroverso sua não obrigatoriedade para os Estados que não fazem parte de tal organismo.

3.3. As Recomendações e as Convenções da OIT: *soft* e *hard law*

No meio jurídico internacional, as denominadas "Cartas de Intenções" e as "Recomendações" inserem-se no que se cunhou chamar de *soft law*, diferentes dos

---

(66) RAMADIER. Conventions et Recomendations de L'Organization Internationale du Travel. In: *Droit Social 1951*, p. 598.

tratados e convenções internacionais que se encontram na esfera da *hard law*. A *soft law*, em razão de ser despida de um sistema de sanção internacional propriamente dita, é considerada um tipo de *stand-by arrengements*. No magistério de Soares, a *soft law* é:

> [...] um domínio entre a política internacional, em que prevalece a inventividade dos Estados e de seus negociadores, em que se releva a parca preocupação com legalidade, ou mesmo em que pode ser nula a preocupação formal (...) Trata-se de um campo nebuloso no qual incidem as necessidades de *lege ferenda*, pelo menos do ponto de vista da tipificação dos fenômenos, os quais, por todos seus elementos, têm aparência de possuírem todas as características clássicas de uma fonte do Direito Internacional.[67]

Para esse autor, a *soft law* "é um tipo de normatização que nasceu da necessidade de os Estados resolverem de maneira rápida e eficaz determinadas situações sem a preocupação com a roupagem jurídica internacional de suas decisões". Dessa forma, ao invés de os Estados e Organismos Internacionais se preocuparem com a elaboração de fontes tradicionais do Direito Internacional Público, procuram dar solução aos problemas de maneira menos burocrática e mais eficaz.

3.4. A Recomendação n. 119 da OIT

A Recomendação foi aprovada em 1963 pela Conferência Internacional do Trabalho. Dela, destacam-se os itens 1 a 3 do disposto no § 2º:

> 1 – [...] não se deve proceder à terminação da relação de emprego, a menos que exista uma causa justificada relacionada com a capacidade ou a conduta do trabalhador ou se baseie nas necessidades do funcionamento da empresa, do estabelecimento ou do serviço.
>
> 2 – A definição ou interpretação da referida causa justificada deve deixar-se aos métodos de aplicação previstos no § 1º.[68]
>
> 3 – Entre as razões que não devem constituir uma causa justificada para a terminação da relação de trabalho figuram as seguintes:
>
> a) a filiação a um sindicato ou a participação em suas atividades fora das horas de trabalho ou, com o consentimento do empregador, durante as horas de trabalho;
>
> b) ser candidato a representante dos trabalhadores ou atuar, ou haver atuado nessa qualidade;
>
> c) apresentar de boa-fé uma queixa ou participar de procedimentos pactuados contra o empregador, motivados por alegadas violações da legislação;
>
> d) a raça, a cor, o sexo, o estado matrimonial, a religião, a opinião política, a procedência nacional ou a origem social.

---

(67) SOARES, Guido. *Curso de direito internacional público*. São Paulo: Atlas, 2004. p. 140.
(68) Os aludidos métodos de aplicação previstos no § 1º referem-se à legislação nacional, os contratos coletivos de trabalho (ACT ou CCT), os regulamentos de empresa, os laudos arbitrais ou decisões judiciais ou qualquer outra forma compatível com a prática nacional e que pareça apropriada segundo as condições nacionais.

A Comissão de Peritos na Aplicação de Convenções e Recomendações da OIT, ao comentar a Recomendação n. 119, ressaltou que:

> [...] ainda que o objetivo fundamental da Recomendação é proteger a segurança no emprego dos trabalhadores, trata também de equilibrar distintos interesses. Por exemplo, o interesse do trabalhador na segurança no emprego, posto que a perda do emprego importa a perda, para ele e sua família, dos meios de vida indispensáveis; o do empregador, em manter a autoridade nas questões que influem no funcionamento eficaz da empresa; e, por último, o interesse da comunidade em manter relações de trabalho pacíficas e evitar desequilíbrios desnecessários, seja pelo desemprego ou por unidades econômicas improdutivas [...] Desta maneira, a Recomendação consagra o princípio de que o trabalhador deve ter direito à permanência no seu cargo, salvo se o empregador tiver uma razão válida para dar por terminada a relação de trabalho".[69]

3.5. A Convenção n. 158 da OIT

O posicionamento defendido pela Recomendação n. 119 da OIT encontrou albergue na legislação de inúmeros países, o que levou o Conselho de Administração da OIT a incluir sua discussão na Ordem do Dia da 67ª Reunião da Conferência Internacional do Trabalho. Depois de duas discussões ocorridas em 1981 e em 1982, aprovou-se, na 68ª Reunião da Conferência Internacional do Trabalho, a Convenção n. 158, que passou a ter vigência na esfera internacional em 23 de novembro de 1985. Essa Convenção foi completada pela Recomendação n. 166.

3.6. A posição brasileira em relação à Convenção n. 158 da OIT

Em cumprimento ao disposto no art. 19 da Constituição da OIT, a Convenção em destaque foi apresentada ao Congresso Nacional brasileiro, recebendo aprovação por meio do Decreto Legislativo n. 68 de 1992. É do seguinte teor o aludido Decreto:

> O CONGRESSO NACIONAL, decreta:
>
> Art. 1º É aprovado o texto da Convenção n. 158, da Organização Internacional do Trabalho (OIT), sobre o término da Relação do Trabalho por iniciativa do Empregador, adotada em Genebra, em 1982.
>
> Parágrafo único. São sujeitos à aprovação do Congresso Nacional quaisquer atos que possam resultar em revisão da referida convenção, bem como aqueles que se destinem a estabelecer ajustes complementares.
>
> Art. 2º Este decreto legislativo entra em vigor na data de sua publicação.
>
> Senado Federal, 16 de setembro de 1992.
>
> SENADOR MAURO BENEVIDES — Presidente.

Por meio do Decreto Presidencial n. 1.855, de 10 de abril de 1996, o então presidente Fernando Henrique Cardoso promulgou a Convenção n. 158 da OIT. Transcreve-se o referido Decreto:

---

(69) Informe III, Parte B, da Reunião da Conferência Internacional do Trabalho, p. 2 e 16.

DECRETO N. 1.855, DE 10 DE ABRIL DE 1996

(DOU 11.4.1996, ret. DOU 26.9.1996)

Promulga a Convenção n. 158 sobre o Término da Relação de Trabalho por Iniciativa do Empregador, de 22 de junho de 1982.

O Presidente da República, no uso da atribuição que lhe confere o art. 84, inciso VIII, da Constituição, e

Considerando que a Convenção n. 158, da Organização Internacional do Trabalho, sobre o Término da Relação de Trabalho por iniciativa do Empregador, foi assinada em Genebra, em 22 de junho de 1982;

Considerando que a Convenção ora promulgada foi oportunamente submetida ao Congresso Nacional, que a **aprovou por meio de Decreto Legislativo número 68**, de 16 de setembro de 1992;

Considerando que a Convenção em tela entrou em vigor internacional em 23 de novembro de 1985;

Considerando que o Governo brasileiro depositou a Carta de Ratificação do instrumento multilateral em epígrafe, em 05 de janeiro de 1995, passando o mesmo a vigorar no Brasil, em 5 de janeiro de 1996, na forma de seu art. 16;

Decreta:

Art. 1º A Convenção número 158, da Organização Internacional do Trabalho, sobre o Término da Relação de Trabalho por iniciativa do Empregador, assinada em Genebra, em 22 de junho de 1982, apensa por cópia ao presente Decreto, deverá ser executada e cumprida tão inteiramente como nela se contém.

Art. 2º O presente Decreto entra em vigor na data de sua publicação.

Brasília, em 10 de abril de 1996; 175º da Independência e 108º da República.

FERNANDO HENRIQUE CARDOSO

Contudo, em 1996, a Confederação Nacional da Indústria — CNI ajuizou uma Ação Direta de Inconstitucionalidade — ADIN, alegando a inconstitucionalidade do instrumento que aprovou a referida Convenção, isto é, o Decreto Legislativo n. 68 de 1992. Argumentava que matéria constante da Convenção n. 158 da OIT teria de ser disciplinada, no Brasil, por meio de Lei Complementar a teor do disposto no art. 7º e inciso I da Constituição da República. Estabelece esse dispositivo que:

Art. 7º São direitos dos trabalhadores urbanos e rurais, além de outros que visem à melhoria de sua condição social:

I – relação de emprego protegida contra despedida arbitrária ou sem justa causa, nos termos de lei complementar, que preverá indenização compensatória, dentre outros direitos; [...]. (Destacou-se)

Alegava a aludida ADIN que o Decreto Legislativo tem hierarquia de Lei Ordinária, não exigindo *quorum* qualificado para sua aprovação como a Lei Complementar, entendendo, assim, inconstitucional o Decreto Legislativo n. 68 de 1992, que aprovou a Convenção n. 158 da OIT em nosso país. No Supremo Tribunal Federal (STF), a matéria foi examinada por todos os seus ministros, os quais entenderam em decisão liminar, mas por outros fundamentos, que a Convenção n. 158 era inconstitucional, como se verifica no trecho a seguir transcrito:

> A Convenção n. 158/OIT, além de depender de necessária e ulterior intermediação legislativa para efeito de sua integral aplicabilidade no plano doméstico, configurando, sob tal aspecto, mera proposta de legislação dirigida ao legislador interno, não consagrou, como única consequência derivada da ruptura abusiva ou arbitrária do contrato de trabalho, o dever de os Estados-Partes, como o Brasil, instituírem, em sua legislação nacional, apenas a garantia da reintegração no emprego. Pelo contrário, a Convenção n. 158/OIT expressamente permite a cada Estado-Parte (art. 10), que, em função de seu próprio ordenamento positivo interno, opte pela solução normativa que se revelar mais consentânea e compatível com a legislação e a prática nacionais, adotando, em consequência, sempre com estrita observância do estatuto fundamental de cada País (a Constituição brasileira, no caso), a fórmula da reintegração no emprego e/ou da indenização compensatória. (Decisão Liminar proferida na ADIN n. 1.480, Relator Min. Celso de Mello)

3.6.1. A postura do ex-presidente da República Federativa do Brasil, senhor Fernando Henrique Cardoso, em relação à Convenção n. 158 da OIT

Antes mesmo de o STF julgar o mérito da referida ADIN, o próprio presidente Fernando Henrique Cardoso, por meio do Decreto n. 2.100 de 20 de dezembro de 1996, considerou inaplicável a Convenção n. 158 da OIT no ordenamento jurídico do país. A denúncia foi formalizada em carta enviada à OIT, em 20 de novembro de 1996, informando que a Convenção deixaria de ser cumprida no Brasil, a partir de 20 de novembro de 1997.Com isso, a Convenção n. 158 perdeu sua eficácia, o que levou o STF a arquivar a ADIN n. 1.480, sob o seguinte fundamento:

> [...] Vê-se, portanto, que a Convenção n. 158/OIT não mais se acha incorporada ao sistema de direito positivo interno brasileiro, eis que, com a denúncia, deixou de existir o próprio objeto sobre o qual incidiram os atos estatais — Decretos Legislativos ns. 68/92 e 1.855/96 — questionados nesta sede de controle concentrado de constitucionalidade, não mais se justificando, por isso mesmo, a subsistência deste processo de fiscalização abstrata, independentemente da existência, ou não, no caso, de efeitos residuais concretos gerados por aquelas espécies normativas. [...] Sendo assim, e tendo em consideração as razões expostas, julgo extinto este processo de controle abstrato de constitucionalidade, em virtude da perda superveniente de seu objeto. (Relator Min. Celso de Mello).

Ponto relevante neste estudo é o que diz respeito ao prazo para denunciar a Convenção em análise. Nesse sentido, dispõe o seu art. 17, §§ 1º e 2º:

> Art. 17
>
> § 1º Todo Membro que tenha ratificado a presente Convenção poderá denunciá-la ao expirar o prazo de dez anos, contados da data inicial da vigência da Convenção, por meio de um ato comunicado ao Diretor-Geral da Repartição Internacional do

Trabalho e por ele registrado. A denúncia somente se tornará efetiva um ano após haver sido registrada.

§ 2º Todo Membro que tenha ratificado a presente Convenção e que no prazo de um ano após o termo do período de dez anos, mencionado no parágrafo precedente, não houver feito uso da faculdade de denúncia prevista pelo presente artigo, ficará ligado por um novo período de dez anos e, posteriormente, poderá denunciar a presente Convenção ao termo de cada período de dez anos, nas condições previstas no presente artigo.[70]

O governo brasileiro entendeu que o prazo de dez anos, mencionado no § 1º do artigo transcrito, contava-se a partir da vigência da Convenção no plano internacional, a qual ocorrera em 23 de novembro de 1985. Observa-se que o Decreto n. 2.100 de 20 de dezembro de1996, que considerou inaplicável a Convenção n. 158 da OIT no ordenamento jurídico brasileiro, foi publicado no DOU em 23 de novembro de 1996. Dessa forma, mesmo considerando aquele entendimento, a denúncia foi realizada intempestivamente. Mais intempestiva ainda foi o *dies ad quem*, isto é, a data final informada na carta enviada pelo então presidente da República à OIT, a partir da qual a mencionada Convenção não mais teria vigência no ordenamento jurídico brasileiro - 20 de novembro de 1997!

A contrario sensu do entendimento do governo brasileiro, outra tem sido a interpretação do prazo de vigência de uma Convenção da OIT no território do país que a adota. Süssekind explica que a OIT, com pequenas variações, tem adotado as seguintes regras sobre a vigência de suas Convenções:

I – a Convenção entrará em vigor, no campo internacional, doze meses após terem sido registradas, pelo Diretor-Geral da RIT, duas ratificações de Estados-membros da OIT, cumprindo àquele Diretor, ao ensejo da segunda ratificação, comunicar essa data a todos os membros;

II – a Convenção entrará em vigor, em relação a cada Estado-membro, doze meses após a data em que houver sido registrada sua ratificação, desde que já vigore no âmbito internacional;

III – o prazo de validade de cada ratificação é de dez anos;

IV – no ano em que completar o decênio, o Estado-membro poderá denunciar a ratificação, mediante comunicação oficial dirigida ao Diretor-Geral da RIT, para o devido registro. Todavia, a denúncia surtirá efeito somente doze meses após o referido registro;

---

(70) Art. 17 – 1. Todo Miembro que haya ratificado este Convenio podrá denunciarlo a la expiración de un período de diez años, a partir de la fecha en que se haya puesto inicialmente en vigor, mediante un acta comunicada, para su registro, al Director General de la Oficina Internacional del Trabajo. La denuncia no surtirá efecto hasta un año después de la fecha en que se haya registrado.

2. Todo Miembro que haya ratificado este Convenio y que, en el plazo de un año después de la expiración del período de diez años mencionado en el párrafo precedente, no haga uso del derecho de denuncia previsto en este artículo quedará obligado durante un nuevo período de diez años, y en lo sucesivo podrá denunciar este Convenio a la expiración de cada período de diez **años, en las condiciones previstas en este artículo**. (Versión oficial en español)

V – decorrido esse prazo, sem que o respectivo Estado use da faculdade de oferecer denúncia, verificar-se-á a renovação tácita da ratificação, por mais dez anos. Nesta hipótese, a faculdade de denúncia só se configurará após o decurso do segundo período de validade da ratificação, aplicando-se a mesma norma em reação ao terceiro ou ao quarto período, e assim sucessivamente.[71]

Assim sendo, a análise da denúncia da Convenção n. 158 da OIT, feita pelo Governo brasileiro, deve ser feita à luz dessas regras. Como se mencionou, o governo brasileiro entendeu que o prazo de dez anos, mencionado no § 1º do art. 17 da Convenção em estudo, contava-se a partir da vigência da Convenção no plano internacional. Contudo, esse entendimento não encontra apoio, nem na doutrina a respeito, nem na exegese das aludidas regras.

Da doutrina cita-se Souto Maior que assim ressaltou: "[...] não é sequer correta esta interpretação de que o prazo de dez anos de vigência, para se efetuar a denúncia, conta-se a partir da vigência da Convenção no âmbito internacional".[72] Essa compreensão encontra guarida em Süssekind, para quem o aludido prazo de dez anos conta-se "de cada ratificação" e não do prazo da vigência da Convenção na esfera internacional.[73]

A interpretação do governo brasileiro não resiste a uma exegese, mesmo que superficial, das regras apresentadas. Pontua-se que uma exegese, para ser correta, não pode ser feita de texto isolado, devendo-se observar o princípio da correlação, isto é, comparar expressões semelhantes ocorridas dentro do texto em exame. Seguindo essa orientação, procede-se à análise das aludidas normas.

Observa-se que o item III refere-se a "cada ratificação" acrescentando que "é de dez anos". Nada menciona sobre o *dies a quo*, isto é, o dia do início do prazo de dez anos, mesmo porque não tem necessidade, haja vista estar claro que é o dia em que o pedido foi ratificado na RIT, pois, como exsurge do citado item III, o "prazo de validade de cada ratificação é de dez anos".

Aplicando-se o mesmo raciocínio à interpretação da expressão "no ano em que completar o decênio", mencionada no item IV, esse decênio só pode ser entendido como aquele referente à ratificação da Convenção. Suponha-se que um país ratificasse essa Convenção quinze anos após sua entrada em vigor na esfera internacional, certamente outra não seria a interpretação.

Tal entendimento é corroborado também pelo disposto no item V, o qual determina que "decorrido esse prazo" (o prazo de doze meses após o registro da Convenção), "sem que o respectivo Estado use da faculdade de oferecer denúncia, verificar-se-á a renovação tácita da ratificação **por mais dez anos. Nesta hipótese,**

---

(71) MAIOR, Jorge Luiz Souto. *Convenção n. 158 da OIT.* Dispositivo que veda a dispensa arbitrária é autoaplicável, p. 8. Disponível em: <http://jus2.uol.com.br/doutrina/imprimir.asp?id=5820> Acesso em: 19 jun. 2010.
(72) *Idem.*
(73) SÜSSEKIND, Arnaldo. *Convenções da OIT.* São Paulo: LTr, 1994. p. 39.

a faculdade de denunciar só se configurará após o decurso do segundo período de validade da ratificação, aplicando-se a mesma norma em relação ao terceiro ou ao quarto período, e assim sucessivamente". (grifo nosso)

De todo o exposto, pode-se afirmar que o *dies a quo* para a contagem do prazo de validade da Convenção é o da sua ratificação pelo país signatário, e não da entrada em vigor da Convenção no âmbito internacional. Portanto, sem razão o governo brasileiro nesse aspecto.

Aduz-se a tudo o que foi dito a falta de base constitucional do Decreto n. 2.100/1996 que retirou a Convenção n. 158 da OIT do ordenamento jurídico brasileiro. Nesse sentido, observou Souto Maior que:

> [...] a previsão do art. 84, da Constituição Federal, que dispõe sobre a competência privativa do Presidente da República, autorizando-lhe a dispor, mediante decreto, apenas sobre 'organização e funcionamento da administração federal, quando não implicar aumento de despesa nem criação ou extinção de órgãos públicos; e extinção de funções ou cargos públicos, quando vagos" (inciso VI, alíneas "a" e "b") ou expedir decretos para sancionar, promulgar, fazer publicar leis e seus regulamentos (inciso IV do mesmo artigo).[74]

A inconstitucionalidade da denúncia da Convenção em referência é defendida também por Viana[75] ao destacar que o chefe do Executivo brasileiro exorbitou-se de sua competência. E arremata: se é da competência do Congresso aprovar os tratados internacionais, "como pode o presidente, por ato isolado, denunciá-los?."

Observação interessante foi feita por Souto Maior sobre a forma como foi materializado o Decreto que retirou de vigência, no Brasil, a Convenção n. 158 da OIT. Esse autor chama a atenção de que "[...] todo o Decreto do presidente da República inicia-se com os termos 'O Presidente da República no uso da atribuição que lhe confere o inciso IV, do art. 84, da Constituição Federal' ou 'no uso da atribuição que confere o inciso VI, (alínea 'a' ou 'b') do art. 84 da Constituição Federal', decreta...". E aduz:

> Mas no caso do Decreto n. 2.100/96, apenas se disse de forma um tanto quanto marota que O PRESIDENTE DA REPÚBLICA tornava público que deixará de vigorar para o Brasil, a partir de 20 de novembro de 1997, a Convenção da OIT n. 158, relativa ao Término da Relação de Trabalho por Iniciativa do Empregador, adotada em Genebra, em 22 de junho de 1982, visto haver sido denunciada por Nota do Governo brasileiro à Organização Internacional do Trabalho, tendo sido a denúncia registrada por esta última, a 20 de novembro de 1996.[76]

---

(74) MAIOR, Jorge Luiz Souto. *Op. cit.*
(75) VIANA, Márcio Túlio. *O que há de novo em Direito do Trabalho.* São Paulo: LTr, 1997. p. 128-129.
(76) MAIOR, Jorge Luiz Souto. *Op. cit.*, p. 8-9.

O citado autor conclui: "A denúncia, portanto, fora ato inconstitucional que, portanto, não pode surtir o efeito de extrair do ordenamento jurídico a Convenção em exame".[77]

3.6.2. A postura do presidente da República Federativa do Brasil, senhor Luiz Inácio Lula da Silva, em relação à Convenção n. 158 da OIT

Em fevereiro de 2008, quase dez anos depois de sua suspensão, o presidente da República Federativa do Brasil, senhor Luiz Inácio Lula da Silva (presidente Lula), enviou ao Congresso Nacional pedido de ratificação das Convenções ns. 151 e 158 da OIT e simultaneamente solicitou à Câmara dos Deputados a retirada do PL n. 4.302/98 sobre a terceirização. Ao examinar o comportamento do presidente Lula em relação à Convenção n. 158 da OIT, Coutinho pontua:

> A mensagem enviada pelo presidente Lula ao Congresso, sugerindo a ratificação da Convenção n. 158, da OIT, que impede o rompimento imotivado do contrato de trabalho, significa muito pouco. O presidente Lula, a base governista e os empresários sabem disso. O presidente Lula teve a oportunidade, cinco anos antes, de simplesmente cancelar a denúncia feita por FHC ao arrepio do processo legislativo normal. Se assim tivesse feito, conforme sugestão que lhe foi enviada pela Anamatra no mês de junho de 2003, no mínimo estabeleceria um debate jurídico sobre tema tão importante no Supremo Tribunal Federal. É que no Congresso Nacional, bem sabe Lula, não há chance nenhuma de a medida vingar, nem ele se esforçará para tanto. São outras as prioridades de seu governo. Jogo de cena puro. Fica bem com os sindicatos, mas também não se desgasta com o capital, que é capaz de interpretar os gestos do presidente de maneira correta.[78]

Durante o painel sobre a Convenção n. 158 da OIT, ocorrido no Fórum Internacional sobre Direitos Sociais, realizado no Tribunal Superior do Trabalho (TST), em Brasília, nos dias 12 e 13 de agosto de 2010, o ministro Luiz Phillippe Vieira de Melo Filho, do TST, avaliou a referida Convenção a partir do Princípio da Dignidade da Pessoa Humana, explicando que esse Princípio é o valor fundante da ordem jurídica legal por meio do qual se valoriza o ser humano nas relações contratuais. Trata-se de um princípio que preserva a dignidade da pessoa humana. O Fórum, realizado com a participação de juristas oriundos da Argentina, África do Sul, Brasil, Colômbia e Serra Leoa, revelou a preocupação com o conteúdo da Convenção n. 158 da OIT, o que mostra a atualidade de seu estudo.[79]

---

(77) *Ibidem*, p. 9.
(78) COUTINHO, Grijalbo Fernandes. *Op. cit.*, p. 154-155.
(79) Disponível em: <http://www.tst.jus.br/ASCS/forum/programacao.html> Acesso em: 16 ago. 2010.

3.7. A posição argentina em relação à Convenção n. 158 da OIT

Cabe lembrar aqui a informação de Las Heras, Tosca e Gigena no sentido de que: "Hasta la fecha este Convenio no ha sido ratificado por la Argentina aunque existen numerosos proyectos de ley tendientes a incorporar los preceptos del mismo a la legislación interna".[80, 81]

Desses projetos, reporta-se ao que foi elaborado pela Associação dos Advogados Trabalhistas Argentinos.

O trâmite do Projeto parlamentar corre por meio do Expediente n. 0822-D-2006, de 21.3.2006. Esse Projeto foi firmado por MAFFEI, Marta Olinda; BISUTTI, Délia Beatriz; DEPETRI, Edgar do Fernando; GIUDICI, Silvana Myriam; GODDOY, Juan Carlos Lucio; LOZANO, Claudio; MACALUSE, Eduardo Gabriel; PEREZ, Adrian e QUEIROZ, Elsa Siria. O Projeto de Lei em questão possui cinco artigos. Dispõe o art. 5:

> ARTÍCULO 5 – Aproébase el Convenio n. 158 de la OIT sobre la Terminación de la Relación de Trabajo.[82]

Nos "Fundamentos" apresentados, a Associação dos Advogados Trabalhistas argumenta que a ratificação da Convenção n. 158 da OIT atende a múltiplas razões. E acrescenta:

> Ello implicaría por su carácter vinculante que se aclararía finalmente los términos de un absurdo debate en la doctrina nacional, entre los que correctamente sostienen el carácter de ilicitud del despido sin justa causa (art. 14 bis C.N y art. 245 LCT) desde Justo López, Fernández Madrid y lo ha reafirmado siempre esta entidad de Abogados Laboralistas, frente a una expresión dogmática del paradigma empresarial más contrario a la protección del trabajador que considera al despido inmotivado como un acto potestativo del empresario, sólo que indemnizado.[83]

O que se busca, de acordo com a referida Associação, é introduzir no ordenamento jurídico argentino determinadas normas cuja finalidade é prevenir e sancionar a discriminação na esfera trabalhista. Assevera-se que, ao acolher-se a Convenção n. 158 da OIT, estar-se-ia regulamentando o art. 16 da Constituição Nacional, o qual

---

(80) LAS HERAS, Horacio; TOSCA, Diego; GIGENA, José Ignacio Dragan. Estabilidad en el Empleo. *Extinción de la relación laboral*, p. 65.

(81) Até a presente data, esta Convenção não tem sido ratificada pela Argentina embora existam numerosos projetos de lei tendentes a incorporar os preceitos do mesmo à legislação interna. (Tradução livre do autor)

(82) Aprova-se a Convenção n. 158 da OIT sobre o término da Relação de Trabalho. (Tradução livre do autor)

(83) Isso implicaria por seu caráter vinculante que se esclareceria finalmente o fim de um absurdo debate na doutrina nacional, entre os que corretamente sustentam o caráter de ilicitude da despedida sem justa causa (art. 14 bis C.N e art. 245 LCT) desde Justo López, Fernández Madrid e o tem reafirmado sempre esta entidade de Advogados Trabalhistas, frente a uma expressão dogmática do paradigma empresarial mais contrário à proteção do trabalhador que considera a demissão imotivada como um ato potestativo do empresário, só que indenizado. (Tradução livre do autor)

estabelece o princípio da igualdade, e "[...] se lograría la adecuación de nuestra legislación a las exigencias de diversos instrumentos internacionales — muchos de los cuales gozan de jerarquía constitucional —, que requieren la adopción concreta de medidas tendientes a garantizar el derecho a un trato igualitario y no discriminatorio".[84] Com efeito, a jurisprudência da Corte Suprema de Justiça da Nação historicamente tem determinado que:

> [...] la igualdad establecida por el art. 16 de la Constitción, no es otra cosa que el derecho a que no se establezcan excepciones o privilegios que excluyan a unos de lo que en iguales circunstancias se concede a otros; de donde se sigue que la verdadera igualdad consiste en aplicar la ley en los casos ocurrentes, según las diferencias constitutivas de ellos y que cualquier otra inteligencia o excepción de este derecho es contraria a su propia naturaleza y al interés social". (Fallos 105:273; 117:229; 153:67, entre otros)[85]

Segundo a Associação dos Advogados Juslaboristas Argentinos, após a reforma constitucional de 1994, a igualdade assegurada na lei não se trata de igualdade formal, mas de igualdade real. Essa igualdade real refere-se à igualdade de oportunidades e de tratamento, por meio da qual o Estado não apenas deve criar as normas para consolidá-la, mas também intervir nas relações públicas e privadas para garanti-la. Não se pode olvidar de que a igualdade perante a lei esteja presente no texto de diversos tratados, os quais gozam de *status* constitucional, a partir da reforma constitucional de 1994, conforme está previsto no art. 75, inc. 22, Constitución Nacional (CN).

Na seara trabalhista, o Estado Argentino ratificou a Convenção n. 111 da OIT que orienta a respeito da discriminação referente ao emprego e à ocupação. Essa Convenção conceitua discriminação como sendo "[...] qualquer distinção, exclusão ou preferência baseada em motivos de raça, cor, sexo, religião, opinião política, ascendência nacional ou origem social que tenha por efeito anular ou alterar a igualdade de oportunidades ou de tratamento no emprego e na ocupação" (art. 1º, inciso "a").

Nessa mesma Convenção, os Estados-partes se obrigam a formular e a levar a bom termo uma política nacional que promova a igualdade de oportunidades e de tratamento em matéria de emprego e ocupação, com o objetivo de eliminar qualquer discriminação a esse respeito, devendo para isso promulgar as leis necessárias (arts. 2º e 3º, inciso "b").

Destaque-se que a Argentina ratificou também a Convenção n. 156 da OIT, sobre a igualdade de oportunidades e de tratamento entre trabalhadores e trabalhadoras.

---

(84) "[...] se lograria a adequação de nossa legislação às exigências de diversos instrumentos internacionais — muitos dos quais gozam de hierarquia constitucional —, que requerem a adoção concreta de medidas tendentes a garantir o direito a um trato igualitário e não discriminatório." (Tradução livre do autor)

(85) "[...] a igualdade estabelecida pelo art. 16 da Constituição não é outra coisa que o direito de não estabelecer exceções aos privilégios que excluam os que, em iguais circunstâncias, se concede a outros; de onde se segue que a verdadeira igualdade consiste em aplicar a lei nos casos ocorrentes, segundo as diferenças constitutivas deles e que qualquer outra inteligência ou exceção desse direito é contrária à sua própria natureza e ao interesse social." (Sentenças 105:273; 117:229; 153:67, entre outras) (Tradução livre do autor)

Com base nessas Convenções, subscritas pela Nação Argentina, a Associação dos Advogados do Trabalho defende a ratificação da Convenção n. 158 da OIT, ponderando que:

> El Poder Legislativo, como poder del Estado, tiene el deber de adecuar las disposiciones internas a estas normativas para así garantizar el cumplimiento por parte del Estado Argentino del pacto suscripto y, en consecuencia, dejar a salvo su responsabilidad internacional (conforme art. 2 de la Convención Americana sobre Derechos Humanos; art. 2 del Pacto Internacional de Derechos Económicos, Sociales y Culturales; art. 2 del Pacto Internacional de Derechos Civiles y Políticos, Preámbulo de la Declaración Universal de Derechos Humanos).[86]

Assinala a citada Associação que a enumeração dos critérios de diferenciação proibidos que figura nos tratados não pode ser considerada taxativa. Aduz que não há nada no texto da Constituição ou desses mesmos pactos internacionais que impeça ao Estado Argentino a ampliação de tais critérios. Lembre-se de que os critérios previstos nas aludidas Convenções são: raça, cor, sexo, religião, opinião política, ascendência nacional ou origem social.

Seguindo essa linha de raciocínio, certamente esses critérios podem ser acrescidos de outros, a exemplo da discriminação em matéria de emprego e ocupação. Nesse aspecto, vem à tona a discriminação de tratamento entre o trabalhador público (servidor público) e o trabalhador de empresa privada. Por isso, arremata a "Fundamentação" apresentada pela Associação dos Advogados Trabalhistas que defende a ratificação da Convenção n. 158 da OIT "[...] a fin de dar acabado cumplimiento a la exigencia constitucional de garantizar la igualdad de trato, es preciso atender a la realidad nacional y brindar una respuesta adecuada a las circunstancias sociales y culturales propias".[87]

3.8. A dispensa do trabalhador no contexto da Convenção n. 158 da OIT

O art. 4º da Convenção n. 158 da OIT, na versão espanhola, dispõe:

> Art. 4º – Não se porá fim à relação de trabalho de um trabalhador, a menos que exista para isto uma causa justificada relacionada com a sua capacidade ou sua conduta ou baseada nas necessidades de funcionamento da empresa, estabelecimento ou serviço.

O Informe VIII da OIT agrupou em quatro tipos as razões válidas para a demissão dos empregados:

---

(86) O Poder Legislativo, como poder do Estado, tem o dever de adequar as disposições internas a essas normativas para assim garantir o cumprimento por parte do Estado Argentino do pacto subscrito e, em consequência, deixar a salvo sua responsabilidade internacional (conforme art. 2 da Convenção Americana sobre Direitos Humanos; art. 2 do Pacto Internacional de Direitos Econômicos, Sociais e Culturais; art. 2 do Pacto Internacional de Direitos Civis e Políticos, Preâmbulo da Declaração Universal de Direitos Humanos). (Tradução livre do autor)

(87) [...] a fim de dar completo cumprimento à exigência constitucional de garantir a igualdade de tratamento, é necessário considerar a realidade nacional e brindar uma resposta adequada às circunstâncias sociais e culturais próprias. (Tradução livre do autor)

a) conduta do trabalhador que configure uma justa causa;

b) capacidade do trabalhador que enseje carência de qualificações ou de capacidade para desenvolver o trabalho para o qual foi contratado, ou prestação insatisfatória do trabalho;

c) ausência ao trabalho ou incapacidade resultante de enfermidade ou acidente;

d) motivos de origem econômica, tecnológica, estrutural ou similar.[88]

3.9. O cotejo do Informe VIII da OIT com a legislação laboral brasileira

Passa-se a comparar as razões preconizadas no Informe VIII da OIT para a demissão de empregados com aquelas contempladas na legislação brasileira.

3.9.1. A conduta do trabalhador brasileiro que configure uma justa causa

A conduta do trabalhador brasileiro que configure uma justa causa está prevista, dentre outros dispositivos, no art. 482 da Consolidação das Leis do Trabalho (CLT). Registra esse artigo que:

Art. 482. Constituem justa causa para a rescisão do contrato de trabalho pelo empregador:

a) ato de improbidade;

b) incontinência de conduta ou mau procedimento;

c) negociação habitual por conta própria ou alheia sem permissão do empregador, e quando constituir ato de concorrência à empresa para a qual trabalha o empregado, ou for prejudicial ao serviço;

d) condenação criminal do empregado, passado em julgado, caso não tenha havido suspensão da execução da pena;

e) desídia no desempenho das respectivas funções;

f) embriaguez habitual ou em serviço;

g) violação de segredo da empresa;

h) ato de indisciplina ou de insubordinação;

i) abandono de emprego;

j) ato lesivo da honra ou da boa fama praticado no serviço contra qualquer pessoa, ou ofensas físicas, nas mesmas condições, salvo em caso de legítima defesa, própria ou de outrem;

k) ato lesivo da honra ou da boa fama ou ofensas físicas praticadas contra o empregador e superiores hierárquicos, salvo em caso de legítima defesa, própria ou de outrem;

l) prática constante de jogos de azar.

---

(88) Informe VIII, *apud* SÜSSEKIND, Arnaldo; MARANHÃO, Délio; VIANNA, Segadas. *Instituições de Direito do Trabalho*. 12. ed. v. 1. São Paulo: LTr, 1991. p. 620.

Parágrafo único. Constitui igualmente justa causa para a dispensa de empregado a prática devidamente comprovada, em inquérito administrativo, de atos atentatórios contra a segurança nacional.

Há ainda outras previsões celetistas de justas causas. A não observância por parte do empregado das normas de Segurança e Medicina do Trabalho e o não uso injustificado dos equipamentos de proteção individual constituem justa causa para a sua demissão (CLT, art. 158 e parágrafo único). A falta contumaz, isto é, reiterada, de pagamento de dívidas legalmente exigíveis configura justa causa para demissão do empregado bancário (CLT, art. 508). A recusa injustificada do empregado em estrada de ferro de executar serviço em sobrejornada, nos casos de urgência ou de acidente, caracteriza falta grave suscetível de demissão por justa causa (CLT, art. 540, parágrafo único). Verifica-se, assim, que a legislação brasileira atende ao Informe VIII da OIT, quanto à "conduta do trabalhador que configure uma justa causa", como uma das razões válidas para a demissão de empregado.

3.9.2. A carência de qualificações ou de capacidade do trabalhador brasileiro para desenvolver o trabalho para o qual foi contratado, ou sua prestação insatisfatória

A capacidade e as qualificações do empregado brasileiro para desempenhar as tarefas para as quais é contratado geralmente são averiguadas antes da contratação ou durante o período de experiência. Esse período não poderá exceder de 90 dias (CLT, art. 445, parágrafo único). Ultrapassado esse prazo, o empregador estará concordando com que o obreiro possui a capacidade e as qualificações para desempenhar as tarefas de seu cargo. E, se possui tais competências, o empregador apenas deverá oferecer oportunidades de treinamento para que o seu empregado mantenha-se atualizado.

Por outro lado, oferecida ao empregado a oportunidade de treinamento para que ele se mantenha atualizado e/ou adquira novas competências para atender às novas necessidades da empresa, fica essa no direito de dispensá-lo se não se submeter ao treinamento. Outra não seria a alternativa quando o empregado apresentar uma insatisfatória prestação do trabalho. Nessa hipótese, restaria configurada a justa causa para dispensa do empregado, na modalidade de desídia, prevista na letra "e", do art. 482, da CLT. Esse entendimento é corroborado pelo seguinte aresto jurisprudencial:

> Ementa: Dispensa por justa causa — Aplicação da alínea "e" do art. 482 da CLT — Desídia — Recurso do autor pleiteando nulidade da justa causa. O empregado tem o dever de trabalhar bem no cumprimento de suas obrigações contratuais, primando sempre por executá-las dentro do princípio da boa-fé. Quando viola essa obrigação surge a figura da desídia, justa causa que implica na prestação insatisfatória das funções do obreiro, com consequentes prejuízos ao empregador. No caso dos autos, a reiteração específica da ausência injustificada restou cabalmente comprovada tipificando a gravidade suficiente a ensejar o rompimento do vínculo de forma motivada, ressaltando-se que, inobstante as advertências e a suspensão aplicadas ao obreiro,

este voltou a incidir na mesma falta injustificada. Tendo, portanto, o reclamante insistido na reiteração de má conduta, correto o procedimento adotado pela empresa em lhe aplicar a pena máxima, qual seja, a despedida por justa causa. Inteligência do art. 482, alínea *"e"*, da CLT. Recurso do autor conhecido e não provido. (ROPS 1176-2005-006-15-00-8)

Fonte: Tribunal Regional do Trabalho (TRT) – 15ª Região – 13.4.2007.

3.9.3. *A ausência ao trabalho ou incapacidade resultante de enfermidade ou acidente*

O item pode ser desmembrado em dois: 1º) a ausência ao trabalho; e 2º) a incapacidade resultante de enfermidade ou acidente. No contexto brasileiro, o primeiro caso configura justa causa por abandono de emprego, prevista na alínea *"i"* do art. 482 da CLT.

A incapacidade resultante de enfermidade ou acidente não enseja demissão por qualquer uma de suas modalidades. Nos primeiros quinze dias de incapacidade resultante de enfermidade ou acidente, o trabalhador tem o salário pago pelo empregador. A partir do 16º dia, o empregado passa a receber um benefício do INSS, ficando suspenso o contrato de trabalho. Por estar suspenso o contrato de trabalho, o trabalhador sequer pode ser demitido. Percebe-se, portanto, que, neste caso específico, a legislação brasileira foi além da orientação da OIT sobre a matéria, por vedar a dispensa do empregado.

3.9.4. *Os motivos de origem econômica, tecnológica, estrutural ou similar*

Estas são outras causas para a demissão do empregado, permitidas pela Convenção n. 158 da OIT. O art. 13 dessa Convenção estabelece disposições complementares sobre a terminação da relação de trabalho por motivos econômicos, tecnológicos, estruturais ou análogos. Dispõe o referido artigo que:

> Artículo 13
>
> 1. Cuando el empleador prevea terminaciones por motivos económicos, tecnológicos, estructurales o análogos:
>
> a) proporcionará a los representantes de los trabajadores interesados, en tiempo oportuno, la información pertinente, incluidos los motivos de las terminaciones previstas, el número y categorías de los trabajadores que puedan ser afectados por ellas y el período durante el cual habrían de llevarse a cabo dichas terminaciones;
>
> b) de conformidad con la legislación y la práctica nacionales, ofrecerá a los representantes de los trabajadores interesados, lo antes posible, una oportunidad para entablar consultas sobre las medidas que deban adoptarse para evitar o limitar las terminaciones y las medidas para atenuar las consecuencias adversas de todas las terminaciones para los trabajadores afectados, por ejemplo, encontrándoles otros empleos.
>
> 2. La aplicación del párrafo 1 del presente artículo se podrá limitar, mediante los métodos de aplicación mencionados en el artículo 1 del presente Convenio, a los casos en

que el número de trabajadores cuya relación de trabajo se prevea dar por terminada sea por lo menos igual a una cifra o a un porcentaje determinados del personal. [...].[89]

Os motivos de origem econômica, tecnológica, estrutural ou similar estão previstos no art. 165 da CLT, o qual dispõe:

> Art. 165. Os titulares da representação dos empregados nas CIPAs[90] não poderão sofrer despedida arbitrária, entendendo-se como tal a que não se fundar em motivo disciplinar, técnico, econômico ou financeiro.

Martins ensina que: "Motivo técnico diz respeito normalmente à atividade de produção da empresa. Não estará adstrito à área administrativa da empresa. Diz respeito à modernização da empresa, como utilização de novos equipamentos, tecnologia etc.". Já o motivo financeiro, esse autor ressalta que "decorre das receitas e despesas da empresa, de acordo com o seu balanço. O motivo econômico é o proveniente do custo da produção das atividades da empresa, da conjuntura, da inflação, de recessão".[91] O ônus de provar tais motivos é do empregador. Assim, não basta alegá-los para a demissão do empregado cipeiro, que goza de estabilidade provisória, consoante determina o inciso II, do art. 10, do Ato das Disposições Constitucionais Transitórias (ADCT). Deve comprovar a existência dos aludidos motivos, segundo preceitua o parágrafo único do artigo transcrito.

No caso do Brasil, a CLT insere as situações relativas aos "motivos de origem econômica, tecnológica, estrutural ou similar" no instituto da força maior. O art. 501 desse diploma legal conceitua a força maior como sendo "todo o acontecimento inevitável, em relação à vontade do empregador, e para a realização do qual este não concorreu, direta ou indiretamente". Dispõe o § 2º desse artigo que: "À ocorrência do motivo de força maior que não afetar substancialmente, nem for suscetível de afetar, em tais condições, a situação econômica e financeira da empresa, não se aplicam as restrições desta Lei referente ao disposto neste capítulo". No caso de ocorrência de força maior, permite-se a demissão do empregado, mas nos termos preconizados pelo disposto no art. 502, *verbis*:

---

(89) Art. 13

1. Quando o empregador preveja terminações por motivos econômicos, tecnológicos, estruturais ou análogos:

a) proporcionará aos representantes dos trabalhadores interessados, em tempo oportuno, a informação pertinente, incluídos os motivos das terminações previstas, o número e categorias dos trabalhadores que podem ser afetados por elas e o período durante o qual ocorreriam essas terminações;

b) de conformidade com a legislação e a prática nacionais, oferecerá aos representantes dos trabalhadores interessados, o quanto antes, uma oportunidade para entabular consultas sobre as medidas que devam adotar-se para evitar ou limitar as terminações e as medidas para atenuar as consequências adversas de todas as terminações para os trabalhadores afetados, por exemplo, encontrando-lhes outros empregos.

2. A aplicação do § 1º do presente artigo poderá limitar, mediante os métodos de aplicação mencionados no art. 1º da presente Convenção, aos casos em que o número de trabalhadores cuja relação de trabalho se preveja dar por terminada seja pelo menos igual a uma cifra ou a um percentual determinado do pessoal. [...]. (Tradução livre do autor)

(90) CIPA = Comissão Interna de Prevenção de Acidentes, criada pela Lei n. 6.514 de 22.12.1977. Essa lei acrescentou os arts. 162 a 165 da CLT.

(91) MARTINS, Sergio Pinto. *Comentário à CLT*. 11. ed. São Paulo: Atlas, 2007. p. 190.

Art. 502. Ocorrendo motivo de força maior que determine a extinção da empresa, ou de um dos estabelecimentos em que trabalhe o empregado, é assegurado a este, quando despedido, uma indenização na forma seguinte:

I – sendo estável, nos termos dos arts. 477 e 478;

II – não tendo direito à estabilidade, metade do que seria devida em caso de rescisão sem justa causa;

III – havendo contrato por prazo determinado, aquela que se refere o art. 479 desta Lei, reduzida igualmente à metade.

Estável ou não, contratado a prazo certo ou por tempo indeterminado e ocorrendo força maior, a indenização a ser paga ao empregado consistirá na metade dos valores devidos se a rescisão do contrato de trabalho operasse sem justa causa (art. 478 c/c art. 497/CLT). Ainda sobre os motivos de origem técnica, financeira e econômica, Medrado explica que:

> Por motivos técnicos, devem ser entendidas as necessidades prementes de a empresa atualizar seus maquinários ou seus processos de produção, ou ainda, o próprio estabelecimento, como ocorre com a aquisição de modernos equipamentos que faz com que haja a diminuição de mão de obra, extinção de seções ou departamentos, mudança de local do estabelecimento para onde o empregado não puder deslocar-se etc. Os motivos financeiros e econômicos estão intimamente ligados e se reservam a situações de manutenção da própria empresa para dar continuidade ao empreendimento e, com isso, manter os contratos de trabalho com os demais empregados. Não basta considerar-se a situação econômica do país, mas apenas a da própria empresa que sofre em decorrência dessa mesma situação coletiva, que deverá ser cabalmente provada em juízo. Não se aceita, todavia, o que for consequência do próprio risco da atividade que somente pode e deve ser assumida pelo empregador.[92]

3.10. O cotejo do Informe VIII da OIT com a legislação laboral argentina

A seguir, faz-se um cotejo das razões preconizadas no Informe VIII da OIT para a demissão de empregados com aquelas contempladas na legislação argentina.

3.10.1. A conduta do trabalhador argentino que configure uma justa causa

Diferente do Brasil, que adota o sistema taxativo ou enumerativo das justas causas, a Argentina adota o sistema aberto ou exemplificativo das justas causas para a dispensa do empregado, como se verificará, com mais pormenores, no Capítulo 4 (4.4.4) deste trabalho. Isso significa que a Lei Argentina não aponta qualquer situação específica que configure uma justa causa, apenas apresenta-a de forma altamente genérica. É o que se observa do conteúdo do art. 242 da Lei n. 12.744 — LCT:

---

(92) MEDRADO, Gézio Duarte. *Despedidas não arbitrárias — hipótese de não cabimento da indenização compensatória*. Disponível em: <http://www.ambito-juridico.com.br/site/index.php?n_link=revista_artigos_leitura&artigo_id=2508> Acesso em: 20 jul. 2010.

Artículo 242 – Una de las partes podrá hacer denuncia del contrato de trabajo en caso de inobservancia por parte de la otra de las obligaciones resultantes del mismo que configuren injuria y que, por su gravedad, no consienta la prosecución de la relación. La valoración deberá ser hecha prudencialmente por los jueces, teniendo en consideración el carácter de las relaciones que resulta de un contrato de trabajo, según lo dispuesto en la presente ley, y las modalidades y circunstancias personales en cada caso.[93]

López bem observou que a norma não define exatamente o que se entende por justa causa para dispensa do empregado.[94] Percebe-se, também, que o legislador argentino não definiu o que configura injúria, deixando para o Judiciário a valoração das modalidades e circunstâncias pessoais em cada caso.

Contudo, entende-se da leitura de Grisolia que a justa causa para a demissão do empregado é o não cumprimento do que foi acordado no contrato de trabalho. Ressalta ele que: "En el contrato de trabajo, ambas partes tienen derechos e obligaciones que surgen dela LCT, los convenios colectivos, los estatutos especiales y del contrato individual. El incumplimiento de lo pactado permite responsabilizar al "deudor" — sea el trabajador o el empleador — por las consecuencias del hecho".[95, 96]

No que se refere à injúria, Grisolia aponta as seguintes situações que a configuram, por parte do trabalhador:

[...] inasistencias y falta de puntualidad, agresión a compañeros, riñas e insultos, estado de ebridad y consumo de drogas, iniciación de juícios contra el empleador, pérdida de confianza, comisión de un delito contra la empresa, disminución del rendimiento, participación en una huelga, uso indebido del correo eletrónico e internet, acto de concurrencia desleal, violación de los controles de salida, daño involuntario y injurias respecto de las enfermedades.[97, 98]

Explica o aludido autor que "agresión a compañeros, riñas e insultos debe haber ocurrido en el lugar de trabajo o en ocasión del trabajo, es decir, mientras

---

(93) Art. 242 – Uma das partes poderá fazer denúncia do contrato de trabalho em caso de inobservância por parte da outra das obrigações resultantes do mesmo que configurem injúria e que, por sua gravidade, não consinta na persecução da relação. A valoração deverá ser feita prudentemente pelos juízes, tendo em consideração o caráter das relações que resulta de um contrato de trabalho, segundo o disposto na presente lei, e as modalidades e circunstâncias pessoais em cada caso. (Tradução livre do autor)

(94) LÓPEZ, Justo. *Ley de contrato de trabajo comentada*. 1º. ed., p. 1.211 y ss.

(95) GRISOLIA, Julio Armando. *Manual del derecho laboral*. 5. ed. Buenos Aires: Abeledo Perrot, 2009. p. 408.

(96) No contrato de trabalho, ambas as partes têm direitos e obrigações que surgem da Lei do Contrato de Trabalho (LCT), das convenções coletivas, dos estatutos especiais e do contrato individual. O não cumprimento do acordado permite responsabilizar o "devedor". — seja o trabalhador ou o empregador — pelas consequências do ato. (Tradução livre do autor)

(97) *Ibidem*, p. 411-417.

(98) [...] falta de assiduidade e de pontualidade, agressão a colegas de trabalho, brigas e insultos, estado de embriaguez e consumo de drogas, ajuizamento de ação contra o empregador, perda de confiança, prática de delito contra a empresa, diminuição de rendimento, participação em uma greve, uso indevido do correio eletrônico e *internet*, concorrência desleal, violação dos controles de saída, dano involuntário e injúrias a respeito das enfermidades. (Tradução livre do autor)

el dependiente está sujeto al poder disciplinario del empleador".[99, 100] (Destaque no original)

No caso de estado de *ebriedad y consumo de drogas*, Grisolia explica que: "El alcoholismo y el consumo de drogas psicotrópicas y estupefacientes representa grave problema de la sociedad que se proyecta en el ámbito laboral; por ejemplo, al aumentar la producción de accidentes de trabajo, el ausentismo y la rotación de personal y al disminuir la cantidad y calidad del trabajo".[101] Relata que na Argentina, o consumo de drogas alcança, estimativamente, 7% dos assalariados. Ao valorar o caso de injúria nesta modalidade, o aludido autor aconselha a "valorar los antecedentes del trabajador – especialmente sí se trata de um hecho circunstancial – y La función desempeñada".[102, 103]

No que diz respeito à "iniciación de juícios contra el empleador"[104], pontua Grisolia que:

> En principio, efectuar una demanda judicial contra el empleador, buscando el reconocimiento de un derecho, no constituye injuria que justifique un despido. Pero *se la acción interpuesta contiene una invocación de hechos absolutamente falsos y graves imputaciones contra el empleador y una sentencia firme los desestimó*, podría constituir causa de despido basada en pérdida de confianza.[105] (Destaque no original)[106]

O citado autor afirma que, em se tratando de "disminución del rendimiento" esse tipo de injúria "debe ser significativa en su cuantía, extenderse en su duración y ser intencional; la demonstración fehaciente de estas circunstancias la debe efectuar el empleador mediante un análisis comparativo del trabajador en el tiempo."[107, 108]

---

(99) *Ibidem*, p. 412.

(100) A agressão a colegas de trabalho, brigas e insultos "devem ter ocorrido no lugar de trabalho ou por ocasião do trabalho, quer dizer, enquanto o empregado está sujeito ao poder disciplinar do empregador. (Tradução livre do autor)

(101) O alcoolismo e o consumo de drogas psicotrópicas e estupefacientes representam grave problema da sociedade que se projeta no âmbito laboral; por exemplo, ao aumentar a produção de acidentes de trabalho, o absenteísmo e a rotação de pessoal e ao diminuir a quantidade e a qualidade do trabalho. (Tradução livre do autor)

(102) GRISOLIA, Julio Armando. *Op cit.* p. 412.

(103) "Valorar os antecedentes do trabalhador — especialmente se se trata de um fato circunstancial — e a função desempenhada". (Tradução livre do autor)

(104) "Ajuizamento de ação contra o empregador". (Tradução livre do autor)

(105) *Ibidem*, p. 413.

(106) Em princípio, efetuar uma demanda judicial contra o empregador, buscando o reconhecimento de um direito, não constitui injúria que justifique uma demissão. Mas se a ação ajuizada contiver uma invocação de fatos absolutamente falsos e graves imputações contra o empregador e uma sentença lhe for desfavorável, poderá constituir causa de demissão baseada em perda de confiança. (Tradução livre do autor)

(107) GRISOLIA, *Ibidem*, p. 414.

(108) "Deve ser significativa em sua quantia, estender-se em sua duração e ser intencional; a demonstração fidedigna destas circunstâncias deve ser feita pelo empregador mediante uma análise comparativa do trabalhador no tempo em que lhe prestou serviços". (Tradução livre do autor)

Quanto à "participación en una huelga" (greve), o autor em tela leciona:

"La Justicia del Trabajo puede considerar arbitrario el despido motivado por una huelga cuando fue declarada legal expresamente en sede judicial (haya o no declaración administrativa). Los jueces no pueden prescindir de la declaración referente a la legalidad de la huelga, invocando como única circunstancias la actitud del empleador de reincorporar un sector de los trabajadores que participan en ella".[109]

E aponta o seguinte julgamento: Corte Nacional del Trabajo, fallo plenario 93, 29.11.1963, "Navarro v. Cervecería y Maltería Quilmes SA".[110, 111]

3.10.2. A carência de qualificações ou de capacidade do trabalhador argentino para desenvolver o trabalho para o qual foi contratado, ou sua prestação insatisfatória

Na Argentina, o contrato de trabalho tem sua orientação no art. 37 da LCT. Dispõe esse dispositivo que:

> ARTÍCULO 37 – El contrato de trabajo tendrá por objeto la prestación de una actividad personal e infungible, indeterminada o determinada. En este último caso, será conforme a la categoría profesional del trabajador si se la hubiese tenido en consideración al tiempo de celebrar el contrato o en el curso de la relación, de acuerdo a lo que prevean los estatutos profesionales y convenciones colectivas de trabajo.

A carência de capacidade do empregado para desenvolver o trabalho para o qual foi contratado, provocada por acidente ou enfermidade, está normatizada pelo art. 212 da LCT, *verbis*:

> ARTÍCULO 212 Vigente el plazo de conservación del empleo, si del accidente o enfermedad resultase una disminución definitiva en la capacidad laboral del trabajador y éste no estuviere en condiciones de realizar las tareas que anteriormente cumplía, el empleador deberá asignarle otras que pueda ejecutar sin disminución de su remuneración.
>
> Si el empleador no pudiera dar cumplimiento a esta obligación por causa que no le fuere imputable, deberá abonar al trabajador una indemnización igual a la prevista en el artículo 247 de esta ley.
>
> Si estando en condiciones de hacerlo no le asignare tareas compatibles con la aptitud física o psíquica del trabajador, estará obligado a abonarle una indemnización igual a la establecida en el artículo 245 de esta ley.

---

(109) "A Justiça do Trabalho pode considerar arbitrária a demissão motivada por uma greve quando foi declarada legal expressamente em sede judicial (haja ou não declaração administrativa). Os juízes não podem prescindir da declaração referente à legalidade da greve, invocando como única circunstância a atitude do empregador de reincorporar um setor dos trabalhadores que participam dela". (Tradução livre do autor)
(110) *Idem.*
(111) Corte Nacional do Trabalho, Acórdão Plenário n. 93, 29.11.1963, "Navarro v. Cervejaria e Malteria Quilmes SA". (Tradução livre do autor)

> Cuando de la enfermedad o accidente se derivara incapacidad absoluta para el trabajador, el empleador deberá abonarle una indemnización de monto igual a la expresada en el artículo 245 de esta ley.
>
> Este beneficio no es incompatible y se acumula con los que los estatutos especiales o convenios colectivos puedan disponer para tal supuesto.(112)

Veja-se que, se o trabalhador não puder realizar as tarefas para as quais foi contratado, o empregador deverá, primeiro, entregar-lhe outras tarefas que possa executar, "sem diminuição de sua remuneração". Caso o empregado não tenha condições de executar essas outras tarefas, deverá pagar-lhe uma indenização igual à prevista no art. 247 da aludida lei. Esse artigo determina que:

> ARTÍCULO 247 – En los casos en que el despido fuese dispuesto por causa de fuerza mayor o por falta o disminución de trabajo no imputable al empleador fehacientemente justificada, el trabajador tendrá derecho a percibir una **indemnización equivalente a la mitad de la prevista en el artículo 245**(113) de esta ley.
>
> En tales casos el despido deberá comenzar por el personal menos antiguo dentro de cada especialidad.

---

(112) Art. 212 – Vigente o prazo de conservação do emprego, se do acidente ou enfermidade resultar uma diminuição definitiva da capacidade laboral do trabalhador e este não estiver em condições de realizar as tarefas que anteriormente cumpria, o empregador deverá atribuir-lhe outras que possa executar sem diminuição de sua remuneração.

Se o empregador não puder dar cumprimento a essa obrigação por uma causa que não lhe foi imputada, deverá pagar ao trabalhador uma indenização igual à prevista no art. 247 desta lei.

Se estando em condições de fazê-lo e não lhe atribuir tarefas compatíveis com a aptidão física ou psíquica do trabalhador, estará obrigado a pagar-lhe uma indenização igual à estabelecida no art. 245 desta lei.

Quando da enfermidade ou de acidente se derivar incapacidade absoluta para o trabalhador, o empregador deverá pagar-lhe uma indenização de valor igual à expressada no art. 245 desta lei.

Este benefício não é incompatível e se acumula com o que os estatutos especiais ou convenções coletivas preverem. (Tradução livre do autor)

(113) Art. 245 – Indemnización por antiguedad o despido. En los casos de despido dispuesto por el empleador sin justa causa, habiendo o no mediado preaviso, éste deberá abonar al trabajador una indemnización equivalente a un (1) mes de sueldo por cada año de servicio o fracción mayor de tres (3) meses, tomando como base la mejor remuneración mensual, normal y habitual, percibida durante el último año o durante el tiempo de prestación de servicios si éste fuera menor.

Dicha base no podrá exceder el equivalente de tres (3) veces el importe mensual de la suma que resulta del promedio de todas las remuneraciones previstas en el convenio colectivo de trabajo aplicable al trabajador al momento del despido por la jornada legal o convencional, excluida la antiguedad. Al Ministerio de Trabajo y Seguridad Social le corresponderá fijar y publicar el monto que corresponda juntamente con las escalas salariales de cada Convenio Colectivo del Trabajo.

Para aquellos trabajadores no amparados por Convenios Colectivos de Trabajo el tope establecido en el párrafo anterior será el que corresponda al Convenio de Actividad aplicable al establecimiento donde preste servicio o el convenio más favorable, en el caso de que hubiera más de uno.

Para aquellos trabajadores remunerados a comisión o con remuneraciones variables, será de aplicación el Convenio de la actividad a la que pertenezcan o aquel que se aplique en la empresa o establecimiento donde preste servicios, si éste fuere más favorable.

El importe de esta indemnización en ningún caso podrá ser inferior a dos (2) meses del sueldo calculados en base al sistema del primer párrafo.

Respecto del personal ingresado en un mismo semestre, deberá comenzarse por el que tuviere menos cargas de familia, aunque con ello se alterara el orden de antiguedad. (Sem destaque no original)[114]

3.10.3. A incapacidade resultante de enfermidade ou acidente

A matéria concernente à incapacidade resultante de enfermidade ou acidente está regulamentada pelo art. 254 da LCT, da seguinte forma:

> ARTÍCULO 254 – Cuando el trabajador fuese despedido por incapacidad física o mental para cumplir con sus obligaciones, y la misma fuese sobreviniente a la iniciación de la prestación de los servicios, la situación estará regida por lo dispuesto en el artículo 212 de esta ley.
>
> Tratándose de un trabajador que contare con la habilitación especial que se requiera para prestar los servicios objeto del contrato, y fuese sobrevinientemente inhabilitado, en caso de despido será acreedor a la indemnización prevista en el artículo 247, salvo que la inhabilitación provenga de dolo o culpa grave e inexcusable de su parte.[115]

Verifica-se, portanto, que ressalvados os casos provenientes de dolo ou culpa, a dispensa em virtude de inabilitação conferirá ao empregado o direito a uma indenização equivalente ao salário de um mês para cada ano de serviço prestado ou fração maior de três meses. Esta é a inteligência do art. 247 c/c o art. 245 da LCT.

Lembra Grisolia que: "Si la incapacidad hubiera sido conocida o manifiesta al momento de celebrar el contrato, se trata de un despido sin causa justificada que — igualmente — da derecho a la indemnización correspondiente".[116, 117]

3.11. Conclusão

Pela análise feita neste Capítulo, percebe-se que a Convenção n. 158 da OIT admite a demissão quando a conduta do trabalhador configurar uma justa causa.

---

(114) Art. 247 – Nos casos em que a demissão tenha ocorrido por causa de força maior ou por falta ou diminuição de trabalho não imputável ao empregador devidamente justificada, o trabalhador terá direito a perceber uma indenização equivalente à metade da prevista no art. 245 desta lei.
Em tais casos, a demissão deverá começar pelo pessoal menos antigo dentro de cada especialidade.
A respeito do pessoal admitido no mesmo semestre, deverá começar por aqueles que tiverem menos responsabilidade familiar, ainda que altere a ordem de antiguidade. (Tradução livre do autor)

(115) Art. 254 – Quando o trabalhador for despedido por incapacidade física ou mental para cumprir com suas obrigações, e ela for sobreveniente ao início da prestação dos serviços, a situação será regida pelo disposto no art. 212 desta lei.
Tratando-se de um trabalhador que possua habilitação especial que se requer para prestar os serviços objeto do contrato, e for sobrevenientemente inabilitado, em caso de demissão será credor da indenização prevista no art. 247, salvo que a inabilitação provenha de dolo ou culpa grave e inexcusável de sua parte. (Tradução livre do autor)

(116) GRISOLIA, Julio Armando. *Op cit.*, p. 466.

(117) Se a incapacidade houvera sido conhecida ou manifesta no momento de celebrar o contrato, trata-se de uma despedida sem justa causa que — igualmente — dá direito à indenização correspondente. (Tradução livre do autor)

As hipóteses permitidas são: a ausência ao trabalho, a incapacidade resultante de enfermidade ou acidente, quando o trabalhador revelar carência de qualificações ou de capacidade para desenvolver o trabalho para o qual foi contratado, ou prestar de forma insatisfatória o trabalho, ou, no caso de restarem presentes motivos de origem econômica, tecnológica, estrutural ou similar.

Até o presente momento, nem o Brasil, tampouco a Argentina, integraram aos seus ordenamentos jurídicos internos o conteúdo da Convenção n. 158 da OIT. Contudo, na Argentina "existen numerosos proyectos de ley tendientes a incorporar los preceptos del mismo a la legislación interna".[118]

---

(118) LAS HERAS, Horacio; TOSCA, Diego; GIGENA, José Ignacio Dragan. Estabilidad en el Empleo. In: SUDERA, José Alejandro (Coord). ACKERMAN, Mario Eduardo (Dir.). *Extinción de la relación laboral.* Santa Fé: Rubinzal-Culzoni Editores, 2008. p. 65.

Capítulo 4
A justa causa e a extinção do contrato de trabalho

4.1. Introdução

Além do conceito de justa causa, estuda-se nesta unidade os sistemas legais, os requisitos, a prova e a punição da justa causa. Examina-se, ainda, a justa causa como elemento ensejador de extinção do contrato de trabalho.

4.2. O conceito de justa causa

Muitos têm sido os conceitos construídos sobre a justa causa. Desses, destacam-se apenas quatro. Observa-se que os três primeiros tratam de conceitos abertos, referindo-se a todo e qualquer tipo de contrato, o que não enfraquece o valor e a beleza de cada um, e a aplicabilidade de suas linhas gerais ao contrato de trabalho. Contudo, apenas o quarto é direcionado especificamente ao contrato de trabalho. Silva leciona que justa causa:

> Exprime, em sentido amplo, toda a razão que pode ser avocada, para que se justifique qualquer coisa, mostrando-se sua legitimidade ou sua procedência.
>
> É assim o motivo que possa ser alegado, porque está amparado em lei ou procede de fato justo. Mas, a rigor, segundo o sentido de *justa*, que significa o que convém ou o que de direito, e causa, motivo, razão, origem, é necessário que o que se alega ou se avoca, para mostrar a justa causa, seja amparado na lei ou no Direito, ou, não contravindo a este, se funde na razão, na equidade. A justa causa, pois, identifica-se com o justo impedimento, a impossibilidade comprovada, enfim, com tudo o que possa justamente servir de motivo ou dar origem a um fato jurídico [...].[119]

Moraes Filho conceitua justa causa asseverando que "é todo ato doloso ou culposamente grave, que faça desaparecer a confiança e boa-fé existentes entre as partes, tornando, assim, impossível o prosseguimento da relação".[120] Para Giglio, a "Justa causa poderia ser conceituada como todo ato faltoso grave, praticado por uma das partes, que autorize a outra a rescindir o contrato, sem ônus para o

---
(119) SILVA, De Plácido. *Vocabulário jurídico*. 27. ed. Rio de Janeiro: Forense, 2006. p. 810.
(120) MORAES FILHO, Evaristo. *A justa causa na rescisão do contrato de trabalho*. 3. ed. São Paulo: LTr, 1996. p. 105.

denunciante".[121] Segundo Martins, justa causa "é a forma de dispensa decorrente de ato grave praticado pelo empregado, implicando a cessação do contrato de trabalho por motivo devidamente evidenciado, de acordo com as hipóteses previstas na lei."[122]

Percebe-se, portanto, que justa causa, no contexto do contrato do trabalho, é a prática de um ato grave previsto em lei, praticado por uma das partes, conferindo à outra o direito de pôr termo ao contrato, sem prejuízo de possíveis direitos adquiridos.

4.3. A justa causa e a falta grave

A CLT ora utiliza o termo justa causa, ora falta grave. Trata-se de aspecto controvertido qual dessas terminologias é a mais correta. O próprio Giglio entende que a expressão "justa causa" é imperfeita. Explica ele que a "justa causa sempre nos pareceu uma expressão infeliz, porque causa não tem nela sentido jurídico, mas popular, e justa (ou injusta) poderá vir a ser a consequência do motivo determinante da rescisão, nunca o próprio motivo da causa. Assim, a justa causa não seria nem justa, nem causa, e melhor andaríamos se a ela nos referíssemos, seguindo o exemplo da lei, como motivo da rescisão".[123]

Quanto à falta grave, manifesta o citado autor que:

Não menos infeliz é a expressão falta grave, onde o primeiro termo não significa ausência, carência ou escassez e sim engano, falha, defeito ou infração. E grave, no sentido de importante, intensa ou grande, deve ser toda e qualquer infração, pois as veniais não caracterizam sequer justa causa, como se verá. Via de consequência, afirmar-se que ninguém cometeu uma falta grave não teria, a rigor, o sentido técnico pretendido, ensejando dúvidas.[124]

O termo "justa causa" é utilizado pelo diploma consolidado brasileiro nos arts. 479, 480 e 482 e na Súmula n. 73 do TST. O art. 479 ressalta que: "Nos contratos que tenham termo estipulado, o empregador que, sem *justa causa*, despedir o empregado será obrigado a pagar-lhe, a título de indenização, e por metade, a remuneração a que teria direito até o termo do contrato". O art. 480 diz: "Havendo termo estipulado, o empregado não se poderá desligar do contrato, sem *justa causa*, sob pena de ser obrigado a indenizar o empregador dos prejuízos que desse fato lhe resultarem". Acentua o art. 482: "Constituem *justa causa* para rescisão do contrato de trabalho pelo empregador: [...]".

Aduz a Súmula n. 73 do TST: "Despedida. *Justa Causa*. A ocorrência de *Justa Causa*, salvo a de abandono de emprego, no decurso do prazo do aviso prévio, dado pelo empregador, retira do empregado qualquer direito às verbas rescisórias de natureza indenizatória". (Destacou-se)

---

(121) GIGLIO, Wagner D. *Justa causa*. São Paulo: Saraiva, 2000. p. 12.
(122) MARTINS, Sergio Pinto. *Manual da justa causa*. 3. ed. São Paulo: Atlas, 2008. p. 289.
(123) *Op. cit.*, p. 12.
(124) *Idem*.

De outro ângulo, o termo "falta grave" é empregado no parágrafo único do art. 240 e nos arts. 492, 493, 495, § 3º do art. 543 da CLT e na Súmula n. 403 do Supremo Tribunal Federal (STF). O parágrafo único do art. 240 estabelece que: "os casos previstos neste artigo, a recusa, sem causa justificada, por parte de qualquer empregado, à execução de serviço extraordinário será considerada *falta grave*".

Já o art. 492 dispõe que o "Empregado que contar mais de 10 (dez) anos de serviço na mesma empresa não poderá ser despedido senão por motivo de *falta grave* ou circunstância de força maior, devidamente comprovadas". O art. 493 registra que:"Constitui *falta grave* a prática de qualquer dos fatos a que se refere o art. 482, quando por sua repetição ou natureza representem séria violação dos deveres e obrigações do empregado".

Por sua vez, o art. 495 pontua: "Reconhecida a inexistência de *falta grave* praticada pelo empregado, fica o empregador obrigado a readmiti-lo no serviço e a pagar-lhe os salários a que teria direito no período da suspensão". O § 3º do art. 543 assim orienta: "Fica vedada a dispensa do empregado sindicalizado ou associado, a partir do momento do registro de sua candidatura a cargo de direção ou representação de entidade sindical ou de associação profissional, até 1 (um) ano após o final do seu mandato, caso seja eleito inclusive como suplente, salvo se cometer *falta grave* devidamente apurada nos termos desta Consolidação".

A Súmula n. 403 do STF destaca: "É de decadência o prazo de 30 (trinta) dias para a instauração do inquérito judicial, a contar da suspensão, por *falta grave*, de empregado estável". (Sem destaque no original)

Outros termos semelhantes são também utilizados pelo legislador celetista. O art. 158 menciona "ato faltoso"; os arts. 391 e 487 registram "justo motivo"; no art. 491 consta "faltas justas" e o art. 474 emprega "rescisão injusta". Martins entende que falta grave refere-se ao ato grave praticado pelo empregado estável, enquanto a justa causa "seriam as hipóteses arroladas no art. 482 da CLT para a dispensa do trabalhador".[125]

4.4. Os sistemas legais da justa causa

Procura-se dar aqui apenas uma visão geral dos sistemas legais da justa causa. Três são os sistemas legais da justa causa: o sistema genérico, o sistema exemplificativo e o sistema taxativo ou enumerativo.

4.4.1. O sistema genérico

O sistema defende que a lei deve estabelecer as justas causas tão somente de forma ampla, genérica e abstrata, sem exemplificar ou limitar suas hipóteses. Deixa para o magistrado a tarefa de detectar os casos concretos que se encaixem nas hipóteses

---

(125) MARTINS, Sergio Pinto. *Manual da justa causa*. 3. ed. São Paulo: Atlas, 2008 *a*, p. 28.

abertas da lei. O sistema genérico é adotado, dentre outros, pela França, Grã--Bretanha e Suíça.

4.4.2. O sistema taxativo ou enumerativo

Em contraposição ao sistema genérico, criou-se o sistema taxativo ou enumerativo. Segundo esse sistema, justa causa é somente aquela cuja previsão esteja expressa em lei. Em outras palavras, a relação das justas é *numerus clausus*, isto é, enumeração fachada ou exaustiva. Assim, as justas causas são apenas as nomeadas pela lei, não se aceitando qualquer outra, por mais que seja extrema sua gravidade aos olhos do ofendido (empregado ou empregador). Além do Brasil, esse sistema é adotado pela Áustria, Bulgária, China, Finlândia e Rússia.

4.4.3. O sistema exemplificativo

Esse sistema é um meio-termo entre as duas posições anteriores. Defende que as justas causas indicadas na lei são apenas exemplificativas, podendo existir outras, que devem ser percebidas pelo juiz, em seu mister de julgar os casos concretos. Adotam o sistema exemplificativo a Holanda, Lichtenstein e a Dinamarca, dentre outros.

Sobre esses sistemas legais de justas causas, Moraes Filho leciona que:

Tais são os três sistemas fundamentais da propositura legal da justa causa na rescisão do contrato de trabalho: genérico, taxativo e exemplificativo. Na prática acabam por se confundir, eis que em qualquer deles amplos são os poderes do juiz, na busca da verdade essencial quanto ao fato imputável a qualquer das partes; além de se constituir uma sólida jurisprudência casuística, em torno do assunto, supletiva da ausência de formulação enumerativa legal. Por outro lado, as convenções coletivas de trabalho e os regulamentos de empresa acabam legalmente por suprir essa ausência, especificando as hipóteses de justo rompimento do pacto, por motivo contratual ou disciplinar.[126]

4.4.4. O sistema misto

Denomina-se de misto, nesta obra, o sistema que adota simultaneamente dois ou os três dos sistemas anteriores. Por exemplo, um país que adota em uma lei o sistema taxativo ou enumerativo e, em outra, o sistema exemplificativo. Como exemplo desse modelo, aponta-se a Argentina quando, na Lei n. 12.637, a qual regulamentava a relação de trabalho dos empregados em bancos particulares e de companhias de seguros, empregava-se o modelo taxativo das justas causas para dispensa desses trabalhadores. Por outro lado, a Lei n. 12.744 — Lei do Contrato de Trabalho, cujo texto foi ordenado pelo Decreto n. 390/76 em 13 de maio de 1976, adotou o sistema aberto, isto é, apenas exemplificativo. É o que se verifica na leitura do art. 242 dessa Lei:

---

(126) MORAES FILHO, Evaristo. *Op. cit.*, p. 292.

Artículo 242 — Una de las partes podrá hacer denuncia del contrato de trabajo en caso de inobservancia por parte de la otra de las obligaciones resultantes del mismo que configuren injuria y que, por su gravedad, no consienta la prosecución de la relación. La valoración deberá ser hecha prudencialmente por los jueces, teniendo en consideración el carácter de las relaciones que resulta de un contrato de trabajo, según lo dispuesto en la presente ley, y las modalidades y circunstancias personales en cada caso.[127]

O art. 3 da LCT excetuava da aplicação de seus dispositivos apenas três tipos de trabalhadores. Dispõe esse artigo que:

Artículo 3 – La LCT se aplica a todos los trabajadores con excepción de:

a) los dependientes de la Administración Pública Nacional, Provincial o Municipal, excepto que por acto expreso se los incluya en la misma o en el régimen de las convenciones colectivas de trabajo.

b) los trabajadores domésticos.

c) los trabajadores agrarios.[128]

Dessa forma, pode-se entender que a LCT já se aplicava aos empregados em bancos particulares e de companhias de seguros. Contudo, foi a Lei n. 22.245 que derrogou a Lei n. 12.637, estabelecendo expressamente que o pessoal de bancos particulares se regerá pela LCT.

4.5. Os requisitos da justa causa

Russomano aponta três requisitos para a configuração da justa causa: a gravidade, a atualidade e a imediação entre a falta e a rescisão.[129] Lacerda indica sete requisitos da justa causa: previsão legal, prejuízo ao denunciante, veracidade, atualidade, gravidade, vínculo etiológico e conexidade com o serviço.[130] Giglio entende que a justa causa possui apenas um requisito: a gravidade. Diz que "todos os demais são fatores externos, importantes, mas estranhos à infração em si mesma".[131]

4.5.1. A previsão legal

A previsão legal é requisito essencial apenas para o sistema taxativo ou enumerativo de justas causas. Não faz sentido, portanto, para os demais sistemas analisados.

---

(127) Vide tradução na nota n. 93.

(128) Art. 3 – A LCT se aplica a todos os trabalhadores com exceção:

a) dos servidores da Administração Pública Nacional, Provincial ou Municipal, exceto que por ato expresso os inclua na mesma ou no regime das convenções coletivas de trabalho.

b) dos trabalhadores domésticos.

c) dos trabalhadores rurais. (Tradução livre do autor)

(129) RUSSOMANO, Mozart Victor. *Comentários à Consolidação das Leis do Trabalho*. 3. ed., v. 2. Rio de Janeiro: Konfino, 1955. p. 678.

(130) LACERDA, Dorval de. *A falta grave no Direito do Trabalho*. 2. ed. Rio de Janeiro: Edições Trabalhistas, 1960. p. 19-20.

(131) GIGLIO, Wagner D. *Op. cit.*, p. 15.

No Brasil, a previsão legal é requisito indispensável para a configuração de justa causa, pois aqui se adota o modelo taxativo. Assim, as justas causas ensejadoras de demissão do empregado estão relacionadas nos seguintes dispositivos legais, dentre outros. Da CLT destacam-se: o art. 158, parágrafo único, quando o empregado deixa de observar as normas de segurança adotadas pela empresa e pela Medicina do Trabalho; o art. 240 e parágrafo único apresentam as situações de falta grave a ensejar a extinção do contrato de trabalho por justa causa dos ferroviários; o art. 482 enumera várias hipóteses que cabe demissão por justa causa; o art. 508 prevê "a falta contumaz de pagamento de dívida legalmente exigíveis", como justa causa para o dispensa do bancário.

4.5.2. A atualidade ou imediatidade

A atualidade ou imediatidade são requisitos não para a configuração da justa causa, mas para a aplicação de penalidade. Se o empregador não aplicar a penalidade de imediato, caracteriza-se perdão tácito, não podendo aplicá-la depois.

4.5.3. A relação com o ato praticado pelo empregado

A demissão por justa causa deve guardar uma relação com o ato praticado pelo empregado. A doutrina tem denominado essa relação de "causa e efeito"[132] e "vínculo etiológico", ou "determinância".[133] Nesse sentido, Giglio[134] leciona que "A prática faltosa deve ser, realmente, a causa efetiva do despedimento, e este deve ser, efetivamente, a consequência do ato faltoso. E isso porque é vedado ao empregador valer-se de uma infração qualquer para se livrar do empregado que seria despedido, por outros motivos, mesmo que nenhuma falta houvesse praticado". Moraes Filho lembra que:

> A jurisprudência nacional e estrangeira manifesta-se neste sentido: a de que a conduta privada do empregado fora do local de trabalho não pode ficar sujeita à censura do empregador, a não ser nos casos em que venha a ter reflexos, diretos ou indiretos, mas sempre inequívocos, no ambiente de trabalho, no próprio contrato de trabalho ou no patrimônio imaterial da empresa (sic).[135]

4.5.4. A conexidade com o trabalho do empregado

Outra situação que merece ser examinada é se o ato ensejador da dispensa por justa causa foi praticado em conexidade com o trabalho do empregado ou não. No caso brasileiro, a CLT nomeia atos praticados pelo empregado, tanto dentro quanto

---

(132) MORAES FILHO, Evaristo. *Op. cit.*, p. 25.
(133) *Idem.*
(134) GIGLIO, Wagner. *Op. cit.*, p. 25.
(135) MORAES FILHO, Evaristo. *Op. cit.*, p. 159.

fora da empresa, que justificam a demissão por justa causa. Os atos praticados dentro da empresa que dão ensejo à demissão por justa causa são, dentre outros: a desídia, a embriaguez em serviço, a indisciplina ou insubordinação e a lesão à honra ou ofensas físicas no serviço (CLT, art. 482, letras "e", "f", "h" e "j"). Já os atos praticados fora do âmbito do serviço e que podem ocasionar a demissão por justa causa são: a negociação habitual, a condenação criminal com sentença transitada em julgado, a embriaguez habitual, a violação de segredo da empresa, a lesão à honra ou ofensas físicas contra o empregador ou superior hierárquico e a prática de jogos de azar (CLT, art. 482, letras "c", "d", "f", "g", "k" e "l").

Ao tecer comentário sobre essa classificação de atos praticados pelo empregado, dentro e fora da empresa, que respaldam a demissão por justa causa, Giglio assinala que:

> Mesmo afastado das instalações da empresa, o trabalhador que faltar a esses deveres de respeito, cooperação e fidelidade poderá ser punido, vez que a lei protegeu os interesses do empregador, agasalhando entre as justas causas, ao lado daquelas derivadas de atos faltosos praticados em serviço, outras decorrentes de infrações que ocorrem, normalmente, fora da empresa. Algumas dessas últimas só poderiam ser relacionadas com o serviço por vias indiretas e, assim mesmo, forçando um pouco a interpretação do conceito de "conexão indireta", ampliando-o.[136]

4.6. A prova da justa causa

Antes de se examinar o ônus da prova da justa causa, é de bom alvitre ter-se o conceito de prova. Para Leite, a prova "é o meio para demonstrar a veracidade ou não de determinado fato com a finalidade de convencer o juiz acerca da sua existência ou inexistência".[137]

4.6.1. O ônus da prova

No Brasil, o ônus da prova está normatizado no art. 818 da CLT. Contudo, esse dispositivo é por demais simplificado, como se pode constatar:

> Art. 818. A prova das alegações incumbe à parte que as fizer.

Por isso, aplica-se de forma subsidiária o disposto no art. 333 do CPC, segundo o qual o ônus da prova incumbe ao autor, quando se tratar de fato constitutivo do seu direito, e, ao réu, quando disser respeito à existência de fato impeditivo, modificativo ou extintivo do direito do autor. Resta saber o que é fato impeditivo, modificativo e extintivo do direito do autor.

---

(136) GIGLIO, Wagner D. *Op. cit.*, p. 31-32.
(137) LEITE, Carlos Henrique Bezerra. *Curso de direito processual do trabalho.* 5. ed. São Paulo: LTr, 2007. p. 525.

4.6.1.1. O fato impeditivo do direito do autor

Ocorre fato impeditivo do direito do autor quando o réu ou reclamado concorda com o fato alegado pelo reclamante, mas apresenta outro que impede os seus efeitos. Ex.: o reclamante alega não ter recebido o salário do último mês de trabalho. O reclamado concorda, mas assevera ter retido o salário em razão de o empregado ter-lhe subtraído determinada quantia. O ônus da prova, neste caso é, do réu ou reclamado.[138]

4.6.1.2. O fato modificativo do direito do autor

Marques fornece a seguinte explicação para o fato modificativo:

[...] fatos modificativos são aqueles que, sem negar os fatos alegados pelo autor, inserem modificações capazes de obstar os efeitos desejados pelo autor. É o caso, por exemplo, de a reclamada alegar que o reclamante trabalhava aos domingos no estabelecimento empresário, mas que nesses dias o trabalho era voluntário, com fins de benemerência, já que a empresa cedia os equipamentos e material para produzir alimentos para serem distribuídos para a comunidade e que não havia obrigatoriedade de comparecimento. Compete à reclamada a sua demonstração.[139]

4.6.1.3. O fato extintivo do direito do autor

É o oposto ao direito postulado, tornando-o inexigível. Ex.: o reclamante concorda não ter pago o salário do último mês de trabalho do reclamante, ao argumento de que o empregado recebera adiantamento no valor do salário. O ônus da prova, neste caso, é, também, do reclamado.

4.6.2. Os meios de prova

A justa causa, tanto do empregado, quanto do empregador, pode ser provada por todos os meios admitidos em direito. Ressalte-se que não só os meios de prova devem ser revestidos da legalidade, mas, também, a sua coleta, sob pena de nulidade. Analisam-se, a seguir, os principais meios de prova admitidos pelo sistema jurídico brasileiro, aceitos também pela maioria dos países.

4.6.2.1. A prova documental

Santos ensina que o termo "documento" origina-se do latim *documentum*, do verbo *doceo* que significa ensinar, mostrar, indicar. Ressalta que documento "[...]

---

(138) Em lugar de se utilizar os termos "autor" e "réu", o Direito Processual Trabalhista brasileiro emprega "Reclamante" e "Reclamado".

(139) MARQUES, Heloísa Pinto. A prova no processo do trabalho. *Revista Ciência Jurídica*, n. 14, p. 19 e ss., mar./abr. 1999.

significa uma coisa que tem em si a virtude de fazer conhecer outra coisa. Num sentido amplo é a coisa que representa e presta-se a reproduzir uma manifestação do pensamento. Ou seja, uma coisa representativa de ideias ou fatos". Explica ainda que essa conceituação transportada "para o campo da prova judiciária, cujo objeto são os fatos, e em relação à qual também as ideias se encaram como fatos, dir-se-á que documento é uma coisa representativa de um fato". E aduz:

> O documento visa a fazer conhecer o fato representado de modo duradouro, de forma que ele esteja representado no futuro. É, pois, a coisa representativa de um fato, de modo permanente.
>
> Mas essa coisa deve ser não só destinada como também idônea a reproduzir o fato. [...] Essa coisa deve ser suscetível de servir de prova, isto é, deve ser tal que por si mesma represente o fato. Deve ser uma coisa que consiga, por si mesma, tornar presente ao juiz o fato representado.[140]

No mesmo diapasão, Silva leciona que documento na técnica jurídica se refere ao "papel escrito, em que se mostra ou se indica a existência de um ato, de um fato, ou de um negócio". E acrescenta:

> Dessa maneira, numa acepção geral de papel escrito, em que se demonstra a existência de alguma coisa, o documento toma, na terminologia jurídica, uma infinidade de denominações segundo a forma porque se apresenta, ou relativa à espécie em que se constitui. Em sentido próprio à linguagem forense, documento se diz a prova escrita oferecida em juízo para a demonstração do fato ou do direito alegado. Nesta razão, para a prova que consta de documentos, diz-se prova documental, em oposição à prova testemunhal. Assim se diz então, que o documento é uma representação material destinada a reproduzir, com idoneidade, certa manifestação do pensamento, como se fosse uma voz fixada permanentemente no papel escrito, que o indica.[141]

É nesse sentido que o art. 830 da CLT dispõe:

> Art. 830 – O documento oferecido para prova só será aceito se estiver no original ou em certidão autêntica, ou quando conferida a respectiva pública-forma ou cópia perante o juiz ou Tribunal.

Essa rigidez, expressa no citado dispositivo, foi mitigada com edição da Orientação Jurisprudencial (OJ) n. 36 da SDI-1 do TST:

> O instrumento normativo em cópia não autenticada possui valor probante, desde que não haja impugnação ao seu conteúdo, eis que se trata de documento comum às partes.

---

(140) SANTOS, Moacyr Amaral. *Primeiras linhas de direito processual civil.* v. 2, 10. ed. São Paulo: Saraiva, 1990. p. 386-387.
(141) SILVA, De Plácido e. *Op. cit.*, p. 493.

Assim, tanto uma parte quanto a outra poderão se utilizar de documentos que comprovem suas alegações em juízo. Quanto às anotações na CTPS, orienta a Súmula n. 12 do TST:

> As anotações apostas pelo empregador na Carteira Profissional do empregado não gera presunção *júris et de jure*, mas apenas *juris tantum*.

Acentue-se que todos os documentos possuem presunção apenas *iuris tantum* de validade, podendo ser elidida por prova em contrário ou combatidos pelo chamado "incidente de falsidade documental". É o que orienta o art. 390 e seguintes do CPC:

> Art. 390. O incidente de falsidade tem lugar em qualquer tempo e grau de jurisdição, incumbindo à parte, contra quem foi produzido o documento, suscitá-lo na contestação ou no prazo de 10 (dez) dias, contados da intimação da sua juntada aos autos.
>
> Art. 391. Quando o documento for oferecido antes de encerrada a instrução, a parte o arguirá de falso, em petição dirigida ao juiz da causa, expondo os motivos em que funda a sua pretensão e os meios com que provará o alegado.
>
> Art. 392. Intimada a parte, que produziu o documento, a responder no prazo de 10 (dez) dias, o juiz ordenará o exame pericial.
>
> Parágrafo único. Não se procederá ao exame pericial, se a parte, que produziu o documento, concordar em retirá-lo e a parte contrária não se opuser ao desentranhamento.
>
> Art. 393. Depois de encerrada a instrução, o incidente de falsidade correrá em apenso aos autos principais; no tribunal processar-se-á perante o relator, observando-se o disposto no artigo antecedente.
>
> Art. 394. Logo que for suscitado o incidente de falsidade, o juiz suspenderá o processo principal.
>
> Art. 395. A sentença, que resolver o incidente, declarará a falsidade ou a autenticidade do documento.

4.6.2.2. O depoimento pessoal e o interrogatório das partes

Registra-se também neste item o magistério de Santos. Pontua ele que:

Consiste o depoimento pessoal no testemunho da parte em juízo. Por meio do interrogatório, a que é submetida, sobre os fatos alegados pela parte contrária, e mesmo sobre os fatos por ela deduzidos sem seus articulados, visa-se, por um lado, aclará-los, e, por outro, provocar a sua confissão. Esta segunda finalidade é a que caracteriza o depoimento pessoal que, em verdade, é instituto destinado a provocar a confissão da parte, ou mesmo a proporcionar-lhe ocasião para fazê-la.[142]

Explica o aludido autor que o depoimento pessoal varia nas diversas legislações, tanto na denominação quanto no procedimento, e indica as seguintes: "Chame-lhe depoimento pessoal, como no direito pátrio e no português; interrogatório como

---

(142) SANTOS, Moacyr Amaral. *Op. cit.*, p. 441.

no direito italiano, alemão ou inglês; confissão por absolvição deposições, como no direito espanhol e nos povos que o acompanham". Porém, assevera Santos que a finalidade desse instituto, em todas as legislações, é o esclarecimento dos fatos controvertidos, por meio da confissão da parte.[143]

Na seara trabalhista, o depoimento pessoal está previsto nos arts. 820 e 848 da CLT:

> Art. 820 – As partes e testemunhas **serão inquiridas pelo juiz ou presidente**, podendo ser reinquiridas, por seu intermédio, a requerimento dos vogais, das partes, seus representantes ou advogados.
>
> Art. 848 – Terminada a defesa, seguir-se-á a instrução do processo, **podendo o presidente**, *ex officio* ou a requerimento de qualquer juiz temporário, **interrogar os litigantes**. (Sem destaque no original).

O indeferimento do pedido de depoimento pessoal do reclamante não configura cerceamento de defesa, se fundamentada a decisão, conforme caudalosa jurisprudência.

> TRT 2ª R. – RO 41845200290202000 – (20020780030) – 8ª T. CERCEAMENTO DE DEFESA – INDEFERIMENTO DO PEDIDO DE DEPOIMENTO PESSOAL DO RECLAMANTE – Nos termos do art. 848 da CLT, no processo do trabalho, a realização ou não do interrogatório dos Litigantes é apenas uma faculdade do julgador, ante a incidência do princípio do livre convencimento. Se o Juiz ou o colegiado já se satisfez com as provas produzidas e firmou seu convencimento, não só pode como deve, fundamentadamente, em respeito à celeridade processual, dispensar quaisquer outras provas, que a seu arbítrio nada acrescentarão. Portanto, não configurado o alegado cerceio de defesa por indeferimento motivado do pedido de depoimento pessoal do Reclamante. Embargos conhecidos e não providos. (TST – ERR n. 319.239 – SBDI I – Rel. Min. Rider Nogueira de Brito – DJU 7.4.2000 – p. 20)
>
> TRT 6ª R. PROC. N. 00452-2002-141-06-00-2 - PROC. N. TRT- RO -951/03 – 1ª Turma – DISPENSA DE DEPOIMENTO PESSOAL DO RECLAMANTE. CERCEAMENTO DE DEFESA. INOCORRÊNCIA. Ao contrário do sistema adotado pelo CPC, onde é adotado o sistema do interrogatório das partes combinado com o depoimento pessoal (arts. 342 e 343), no sistema judiciário do trabalho vige o princípio inquisitório, no qual o Juiz tem acentuado destaque na condução e direção do processo. Em decorrência, é concedida faculdade ao magistrado de, ouvindo as partes, esclarecer fatos inerentes à causa. Logo, o interrogatório das partes é de iniciativa exclusiva do Juiz do Trabalho. Juíza Relatora Ana Maria Schuler Gomes. Publicado no DOE em 27.6.2003.

4.6.2.3. A prova testemunhal

É a prova produzida por uma testemunha. Do grego μαρτυς (martis), o termo testemunha tem a mesma raiz de mártir e é empregado para se referir a uma experiência de laboratório, no sentido de verificar ou validar algo.

---

(143) *Idem.*

Segundo Santos, "A testemunha é uma pessoa distinta dos sujeitos processuais que, convidada na forma da lei, por ter conhecimento do fato ou ato controvertido entre as partes, depõe sobre esse em juízo, para atestar a sua existência". Diz mais esse autor: "Suas declarações, que devem ser feitas com a consciência de dizer a verdade, versam sobre fatos cujo conhecimento adquiriu por seus próprios sentidos. Assim, por um lado tem a obrigação de depor e dizer com a verdade quanto aos fatos do seu conhecimento; e, de outro, somente a pessoa física pode testemunhar".[144]

Exsurge-se desse conceito que a testemunha há de ser pessoa física, com capacidade para depor, estranha ao processo, que possua conhecimento do fato apresentado em juízo e que é chamada perante esse para depor.

O número de testemunhas apresentadas na audiência é regulamentado pelo art. 821 da CLT:

> Art. 821 – Cada uma das partes não poderá indicar mais de 3 (três) testemunhas, salvo quando se tratar de inquérito, caso em que esse número poderá ser elevado a 6 (seis).

Não se aplica ao direito contemporâneo o brocardo latino: *testis unus testis nullus*[145], pois não é a quantidade, mas a qualidade da testemunha que deve ser sopesada. Não poderão ser ouvidas como testemunhas as pessoas indicadas no art. 829 da CLT:

> Art. 829 – A testemunha que for parente até o terceiro grau civil, amigo íntimo ou inimigo de qualquer das partes, não prestará compromisso, e seu depoimento valerá como simples informação.

As testemunhas devem comparecer à audiência independentemente de notificação ou intimação. É o que orienta o art. 825 da CLT:

> Art. 825 – As testemunhas comparecerão à audiência independentemente de notificação ou intimação.

Às testemunhas que não comparecerem, aplica-se-lhes o disposto no parágrafo único, do art. 825, do citado diploma legal:

> Parágrafo único – As que não comparecerem serão intimadas, *ex officio* ou a requerimento da parte, ficando sujeitas à condução coercitiva, além das penalidades do art. 730, caso, sem motivo justificado, não atendam à intimação.

O comparecimento das testemunhas nas causas submetidas ao procedimento sumaríssimo está regulamentado no art. 852-H, §§ 2º e 3º, da CLT:

> Art. 852-H. Todas as provas serão produzidas na audiência de instrução e julgamento, ainda que não requeridas previamente.
>
> [...]

---

(144) *Ibidem*, p. 451-452.
(145) É nulo o testemunho de uma única testemunha. (Tradução livre do autor)

§ 2º As testemunhas, até o máximo de duas para cada parte, comparecerão à audiência de instrução e julgamento independentemente de intimação.

§ 3º Só será deferida intimação de testemunha que, comprovadamente convidada, deixar de comparecer. Não comparecendo a testemunha intimada, o juiz poderá determinar sua imediata condução coercitiva.

4.6.2.4. A prova pericial

Perícia provém do termo latino *peritia*, que significa "saber", "habilidade". Segundo o magistério de Silva, perícia significa "a pesquisa, o exame, a verificação, acerca da verdade ou da realidade de certos fatos, por pessoas que tenham reconhecida habilidade ou experiência na matéria de que se trata". Pontua ainda que, segundo o princípio da lei processual, perícia é "a medida que vem mostrar o fato, quando não haja meio de prova documental para mostrá-lo, ou quando se quer esclarecer circunstâncias a respeito dele, que não se acham perfeitamente definidas".[146]

A perícia é instituto genérico que engloba as avaliações, os exames e as vistorias. Exige que seja realizada por pessoas altamente qualificadas, com conhecimento específico na matéria a ser periciada. O resultado da perícia será apresentado à autoridade competente que, na esfera processual, é o juiz, por meio de um parecer conclusivo.

No processo do trabalho, a perícia é regulamentada pelo art. 3º e parágrafo único da Lei n. 5.584/70, que revogou tacitamente o art. 826 da CLT:

> Art 3º Os exames periciais serão realizados por perito único designado pelo Juiz, que fixará o prazo para entrega do laudo.
>
> Parágrafo único. Permitir-se-á a cada parte a indicação de um assistente, cujo laudo terá que ser apresentado no mesmo prazo assinado para o perito, sob pena de ser desentranhado dos autos.

Há determinadas situações que somente podem ser provadas por meio de prova pericial. É o caso do trabalho em condições insalubres e perigosas. Sobre esse assunto dispõe o art. 195 da CLT:

> Art. 195 - A caracterização e a classificação da insalubridade e da periculosidade, segundo as normas do Ministério do Trabalho, far-se-ão através de perícia a cargo de Médico do Trabalho ou Engenheiro do Trabalho, registrados no Ministério do Trabalho. (*sic*).

A autenticidade ou falsidade de documento são, também, comprovadas por prova pericial, em exame grafotécnico. Como exemplo, menciona-se uma nota fiscal da empresa B, com a assinatura de empregado da empresa A. O diretor dessa última, sob alegação de restar configurada a justa causa por prática de concorrência desleal, prevista na letra *"c"* do art. 482 da CLT, demite o obreiro. Por outro lado, o empregado alega que, embora conste seu nome na mencionada nota fiscal, a assinatura não é sua. Está aí uma controvérsia que poderá ser dirimida por exame grafotécnico.

---

(146) SILVA, De Plácido. *Op. cit.*, p. 1.029-1.030.

4.6.2.5. Inspeção judicial

Com base em Rosenberg, Santos construiu o seguinte conceito de inspeção judicial. Para ele, "inspeção judicial é a percepção sensorial direta do juiz, a fim de se esclarecer quanto a fato, sobre qualidades ou circunstâncias corpóreas de pessoas ou coisa".[147]

Em face da omissão da CLT, aplica-se subsidiariamente o CPC. A matéria está prevista nos arts. 440 a 443:

> Art. 440. O juiz, de ofício ou a requerimento da parte, pode, em qualquer fase do processo, inspecionar pessoas ou coisas, a fim de se esclarecer sobre fato, que interesse à decisão da causa.

O art. 441 permite ao juiz, ao realizar a inspeção direta, ser assistido de um ou mais peritos. O art. 442 assim dispõe:

> Art. 442. O juiz irá ao local, onde se encontre a pessoa ou coisa, quando:
>
> I - julgar necessário para a melhor verificação ou interpretação dos fatos que deva observar;
>
> II - a coisa não puder ser apresentada em juízo, sem consideráveis despesas ou graves dificuldades;
>
> III - determinar a reconstituição dos fatos.
>
> Parágrafo único. As partes têm sempre direito a assistir à inspeção, prestando esclarecimentos e fazendo observações que reputem de interesse para a causa.

Orienta o art. 443 que, após a conclusão da diligência, "o juiz mandará lavrar auto circunstanciado, mencionando nele tudo quanto for útil ao julgamento da causa". E o parágrafo único aduz que se poderá instruir o auto com desenho, gráfico ou fotografia.

Exemplo de inspeção judicial aplicada ao deslinde de justa causa: determinar a reconstituição dos fatos na hipótese de acusação de agressões físicas, praticadas contra colegas de trabalho, no âmbito da empresa.

4.6.3. *A prova da justa causa deve ser robusta*

Em razão de ser um gravame contra a pessoa do empregado ou do empregador, a justa causa deve ser devidamente provada. Em se tratando de demissão do empregado, a justa causa constitui-se na maior punição a ele atribuída, motivo pelo qual deve ser robustamente provada. Esse é o entendimento dos tribunais brasileiros, consoante jurisprudência que ora se colaciona:

> ACÓRDÃO: 6ª Turma/TST – NÚMERO ÚNICO PROC: AIRR – 1239/2000-027-04-40 GMMGD/csf/ed/jr – AGRAVO DE INSTRUMENTO. RECURSO DE REVISTA.

---

(147) SANTOS, Moacyr Amaral. *Op. cit.*, p. 491.

RESOLUÇÃO CONTRATUAL. DISPENSA POR JUSTA CAUSA. INCONTINÊNCIA DE CONDUTA. SÚMULA N. 126/TST. HONORÁRIOS ADVOCATÍCIOS. SÚMULA N. 219, I e OJ N. 304/SBDI-1 DO TST. DECISÃO DENEGATÓRIA. MANUTENÇÃO. Justa causa, para o Direito brasileiro, é o motivo relevante, previsto legalmente, que autoriza a resolução do contrato de trabalho por culpa do sujeito comitente da infração, no caso, o empregado. Tendo o Regional, ao sopesar todos os elementos probatórios colhidos minuciosamente nos autos, chegado à conclusão de que não houve provas suficientes e relevantes capazes de demonstrar que o Reclamante teve um comportamento prejudicial ao cumprimento de suas obrigações trabalhistas ou que tenha causado prejuízos no ambiente laborativo, mostra-se inviável o processamento do recurso de revista, ante o óbice da Súmula n. 126/TST. Inviável o processamento recurso de revista se a parte não logra infirmar os fundamentos contidos na decisão denegatória, que, assim, subsiste por seus próprios fundamentos. Agravo de instrumento desprovido. ACORDAM os Ministros da Egrégia Sexta Turma do Tribunal Superior do Trabalho, por unanimidade, negar provimento ao agravo de instrumento. Brasília, 22 de abril de 2009. Ministro Relator: Mauricio Godinho Delgado. Publicação: DJ 30.4.2009.

TRT 23. RO – 00641.2006.051.23.00-5 – DISPENSA POR JUSTA CAUSA. ATO DE IMPROBIDADE. NÃO CARACTERIZACÃO. A prova apta a ensejar a justa causa por ato de improbidade deve ser firme e indene de qualquer dúvida, porquanto esta representa, no ordenamento juslaboral, a mais severa pena imputada ao empregado. Assim, não comprovando o empregador, de forma insofismável, a prática pelo empregado de procedimento desonesto, tem-se por não atendido o encargo patronal, devendo ser mantida a decisão de primeira instância que converteu a rescisão por justa causa em dispensa imotivada, vez que não provada a autoria do fato imputado ao Reclamante. (Publicado em: 26.5.2008. 1ª Turma. Relator: Desembargador Tarcísio Valente)

4.6.4. A punição da justa causa

Configurada a justa causa, quem a cometeu poderá ser punido. A punição é uma faculdade concedida pela lei à parte que sofreu o gravame, não uma obrigação. Dessa forma, tanto o empregado quanto o empregador poderão optar pelo perdão. Nesse caso, não haverá rescisão do contrato de trabalho, permanecendo o *status quo ante*.

Caso o empregador opte pela punição do empregado, deverá atentar para não violar alguns princípios como o da proporcionalidade entre a falta cometida e a punição e o *non bis in eadem*. Embora o empregador possua o poder disciplinar, esse poder é legalmente limitado, podendo responder pelo abuso de autoridade que porventura cometer. Infringe a proporcionalidade na aplicação da pena o empregador que demite o empregado por justa causa que chegou duas ou três vezes atrasado no serviço, sem ter sido advertido por isso. Direito é, sobretudo, bom-senso. O cometimento de faltas leves não autoriza a aplicação da pena de demissão. É bom lembrar que o Judiciário não dosa as penalidades aplicadas pelo empregador: ou ele as mantém se julgar justas; ou as afasta, determinando, neste caso, o pagamento de todas as verbas rescisórias, inclusive o da multa de 40% (quarenta por cento) sobre os depósitos do FGTS e o seu levantamento, como se o empregado tivesse sido demitido sem justa causa.

Afronta o *non bis in eadem* o empregador que aplica ao empregado duas penalidades pela mesma falta. Exemplo que se dá é quando o empregador aplica a pena de advertência ao empregado e depois o demite pela mesma falta, alegando justa causa. Se restar configurada a dupla aplicação pela mesma falta, e o obreiro levar o caso à apreciação do Judiciário, a última penalidade será afastada e o empregador pagará os direitos que o empregado deixou de auferir em virtude do *bis in eadem*.

4.7. O percentual de desligamentos por demissão com justa causa no Brasil, no ano de 2007

Para a análise do percentual de desligamentos por demissão por justa causa no Brasil, toma-se por base o ano de 2007. Faz-se ainda uma comparação com outras categorias de desligamentos de trabalhadores nesse ano.

Em 2007, 14,3 milhões de trabalhadores foram admitidos e 12,7 milhões foram desligados das empresas. Do total de empregados desligados, 59,4%, o que equivale a 7,6 milhões, foram dispensados por meio de demissões sem justa causa ou imotivada. O percentual de trabalhadores que foram demitidos por justa causa foi de 1,17%. Embora pareça um percentual baixo, representa **148.684 demissões, em um ano!** (Tabela 1).

Tabela 1 — Desligamentos de Trabalhadores
no Brasil por Categorias no ano de 2007

Trabalhadores Desligados	Valores		
	Números Absolutos	Percentuais	Médias Salariais
Desligamento por aposentadoria	21.705	0,17%	1.471,23
Desligamento por demissão com justa causa	148.684	1,17%	622,57
Desligamento por demissão sem justa causa	7.560.676	59,42%	742,24
Desligamento por morte	38.432	0,30%	950,46
Desligamento por término de contrato	1.993.427	15,67%	570,92
Término de contrato de trabalho por prazo determinado	260.970	2,05%	603,37
Desligamento a pedido	2.700.003	21,22%	715,72
Total Geral	**12.723.897**	**100,00%**	**810,93**

Fonte: MTE. Caged
Elaboração: o autor

Apresenta-se, no Gráfico 1, os números absolutos e os percentuais relativos aos trabalhadores desligados e, no Gráfico 2, as médias salariais por trabalhadores desligados.

Gráfico 1 — Números absolutos e percentuais por trabalhadores desligados no Brasil no ano de 2007

- 260.970 — 2,05% — Desligamento a pedido
- 2.700.003 — 21,22% — Desligamento por aposentadoria
- 1.993.427 — 15,67%
- 38.432 — 0,30%
- 21.705 — 0,17% — Desligamento por demissão com justa causa
- 148.684 — 1,17% — Desligamento por demissão sem justa causa
- Desligamento por morte
- 7.560.676 — 59,42% — Desligamento por término de contrato
- Término de contrato de trabalho por prazo determinado

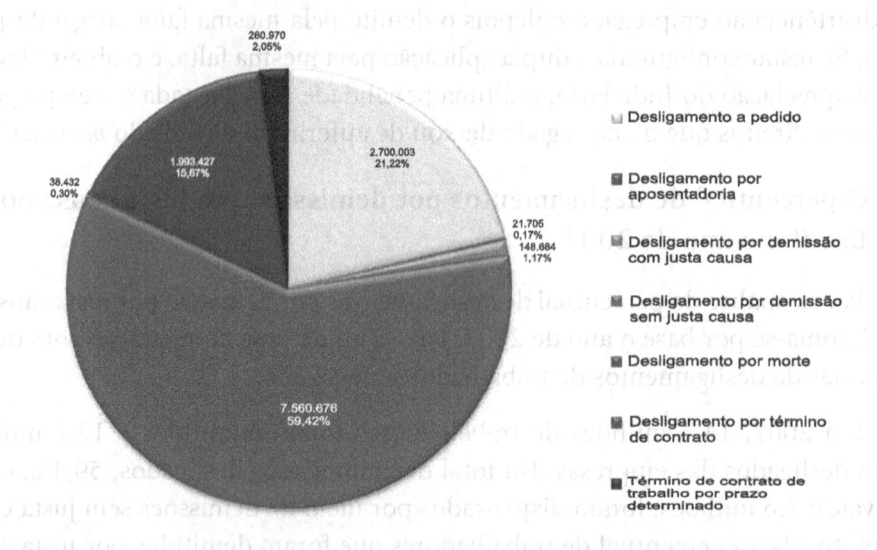

Gráfico 2 — Médias salariais por trabalhadores desligados no Brasil no ano de 2007

- 715,72 — 12% — Desligamento a pedido
- 603,37 — 11% — Desligamento por aposentadoria
- 570,92 — 10% — Desligamento por demissão com justa causa
- 1.471,23 — 26% — Desligamento por demissão sem justa causa
- 950,46 — 17% — Desligamento por morte
- 742,24 — 13% — Desligamento por término de contrato
- 622,57 — 11% — Término de contrato de trabalho por prazo determinado

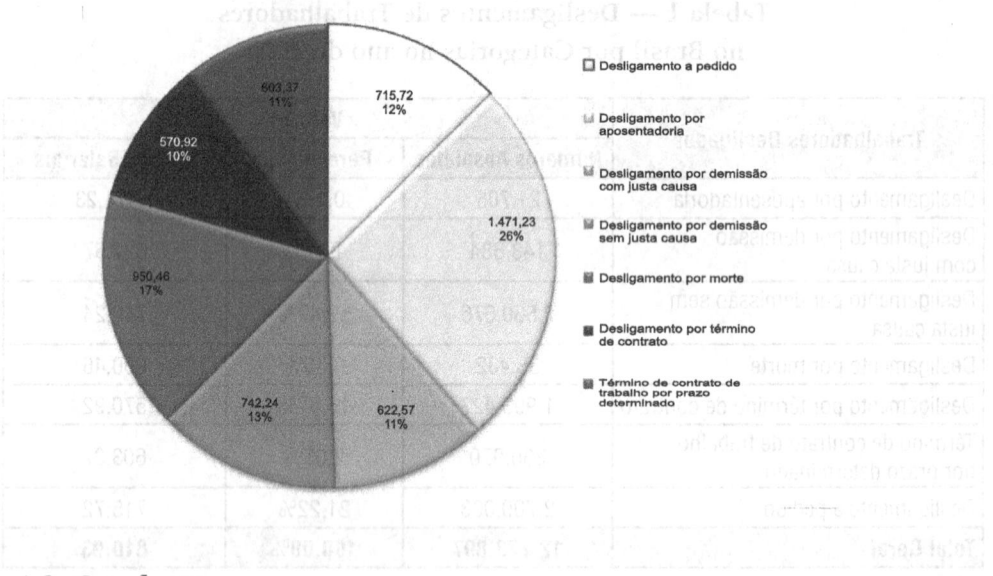

4.8. Conclusão

Demonstrada *quantum satis* a justa causa cometida pelo empregado, o empregador poderá rescindir o contrato de trabalho. A rescisão, além de encontrar apoio na legislação trabalhista e no entendimento jurisprudencial brasileiros, está, também, em consonância com a Convenção n. 158 da OIT, a qual exige uma causa justificadora para a rescisão do contrato de trabalho, como se verificou no Capítulo 3 deste trabalho.

Capítulo 5

A condenação criminal do empregado, transitada em julgado, como justa causa para a rescisão contratual

5.1. Introdução

Uma das previsões legais de demissão por justa causa no Brasil é a condenação criminal do empregado, transitada em julgado, sem suspensão da execução da pena. Tal modalidade de dispensa do empregado encontra amparo na letra "d", do art. 482, da CLT:

> Art. 482. Constituem justa causa para a rescisão do contrato de trabalho pelo empregador:
>
> [...]
>
> d) condenação criminal do empregado, passado em julgado, caso não tenha havido suspensão da execução da pena.

Além de analisar a condenação criminal do empregado, devidamente transitada em julgado e sem suspensão da execução da pena, este Capítulo propõe, também, examinar alguns institutos que podem afastar a justa causa na referida condenação criminal, evitando-se, assim, a rescisão do contrato de trabalho, comparando-os com outros que não a afastam.

5.2. A condenação criminal e a justa causa

De início, deve-se observar que a hipótese em análise refere-se a um crime comum, *e. g.* homicídio, furto ou roubo, praticado pelo empregado, sem qualquer nexo com o vínculo de emprego e contra pessoa diversa da do empregador ou de algum superior hierárquico. É diverso, portanto, de um furto praticado pelo empregado, subtraindo bens materiais de valor econômico de seu empregador, frise-se, durante a vigência do contrato de trabalho, ou de alguma lesão ou homicídio praticado contra a pessoa do empregador, ou superior hierárquico, por vingança, em virtude de pagamento de salário efetuado a menor. Nesses casos, o ato de subtração, ou o homicídio, além de se constituírem crimes, por se tratarem de fatos típicos e antijurídicos, previstos no art. 155, *caput*, e 121, *caput*, ambos do Código Penal Brasileiro (CPB), são, também, configurados de justa causa, ao teor do disposto na Consolidação das Leis do Trabalho (CLT), art, 482, letras "a" e "k". O primeiro caso reveste-se do *nomen iuris* de improbidade. Silva leciona que improbidade:

Derivado do latim *improbitas* (má qualidade, imoralidade, malícia), juridicamente se liga ao sentido de desonestidade, má fama, incorreção, má conduta, má índole, mau caráter. Desse modo, improbidade revela a qualidade do homem que não procede bem, por não ser honesto, que age indignamente, por não ter caráter, que não atua com decência, por ser amoral. Improbidade é a qualidade do ímprobo. E ímprobo é o mau moralmente, é o incorreto, o transgressor das regras e da moral.

Para os romanos, a improbidade impunha a ausência de *existimatio*, que atribui aos homens o bom conceito. E sem a *existimatio*, os homens se convertem em *hominis intestabilies*, tornando-se inábeis, portanto, sem capacidade ou idoneidade para a prática de certos atos.[148]

No âmbito da legislação trabalhista, ensina esse autor que: "[...] a improbidade é a desonestidade, a falta de retidão, o procedimento malicioso, a atuação perniciosa. [...] A improbidade demonstrada é, pois, justa causa para a dispensa do empregado, sem direito, portanto, a qualquer indenização".[149]

Percebe-se, assim, que a improbidade é uma categoria aberta, que abrange diversos atos revestidos de desonestidade, dentre eles, a subtração de parcela do patrimônio material do empregador, isto é, o furto ou o roubo, nesse último caso se a subtração for efetuada "mediante grave ameaça ou violência à pessoa" (CPB, art. 157, *caput*). Nesses casos, o empregado, além de ser punido na esfera trabalhista (demissão por justa causa, com o perdimento do direito de receber as verbas rescisórias), poderá, também, ser condenado criminalmente, pois seu ato de improbidade, no exemplo dado, configura, também, crime. De lembrar, contudo, que, embora o furto e o roubo constituam-se atos de improbidade, nem todo ato de improbidade se constitui crime, por se tratar, como mencionado em linhas pretéritas, de uma categoria aberta.

A ofensa física contra a pessoa do empregador ou superior hierárquico, salvo em caso de legítima defesa, própria ou de outrem, não se restringe aos limites da localidade da prestação dos serviços. Giglio explica que "[...] hoje não padece dúvida de que as ofensas físicas contra superiores hierárquicos (inclusive contra o titular da empresa, que nem por sê-lo perde a qualidade de superior) constituem justa causa, seja qual for o local da prática, em serviço ou fora dele".[150]

Ressalte-se que a situação sob análise trata-se de um crime comum, praticado pelo empregado, sem qualquer nexo com o vínculo de emprego. Indaga-se: qualquer condenação criminal configuraria justa causa para dispensa do empregado?

De início, deve ser ressaltado que nem toda condenação criminal configura justa causa para dispensa do empregado. O próprio dispositivo que agasalha a possibilidade

---
(148) SILVA, De Plácido. *Op. cit.*, p. 714-715.
(149) *Ibidem*, p. 715.
(150) GIGLIO, Wagner. *Op. cit.*, p. 271

de demissão por justa causa qualifica a condenação criminal do empregado: deve ela ter sido transitada em julgado, e não ter havido suspensão da execução da pena.

Dessa forma, uma condenação criminal, praticada pelo empregado fora do contexto do vínculo de emprego, que ainda não transitou em julgado, não enseja a demissão do empregado por justa causa.

5.3. Os institutos que podem afastar ou não a justa causa na condenação criminal do empregado, transitada em julgado, para a rescisão contratual

Embora o empregado seja condenado por sentença criminal transitada em julgado, poderá ter afastada a justa causa para sua demissão do emprego. Existem alguns institutos que, se restarem configurados, ou se forem aplicados à situação, o empregado não poderá ser dispensado por justa causa. Passa-se ao exame desses institutos.

Determina o art. 107 do Código Penal Brasileiro que:

> Art, 107. Extingue-se a punibilidade:
>
> [...]
>
> II – pela anistia, graça ou indulto;
>
> III – pela retroatividade de lei que não mais considera o fato como criminoso;
>
> [...]
>
> IX – pelo perdão judicial, nos casos previstos em lei.

Examinam-se, em seguida, esses institutos para verificar a possibilidade de aplicá-los no afastamento da justa causa na condenação criminal do empregado, transitada em julgado, para a rescisão contratual. Mas para estudar os institutos previstos no dispositivo transcrito, inicia-se analisando-se o *sursis*.

5.3.1. O sursis

De origem francesa, como seu próprio nome indica, *sursis* significa suspensão. É a suspensão condicional da execução da pena. Segundo o magistério de Jesus, o termo *sursis* é "derivado de *surseoir*, que significa suspender. Permite que o condenado não se sujeite à execução de pena privativa de liberdade de pequena duração".[151] Esse autor explica ainda que:

> O instituto, na reforma penal de 1984, não constitui mais incidente da execução nem direito público subjetivo de liberdade do condenado. É medida penal de natureza restritiva da liberdade de cunho repressivo e preventivo. Não é um

---

(151) JESUS, Damásio E. de. *Direito penal*. 19. ed. v.1. – Parte Geral. São Paulo: Saraiva, 1995. p. 533.

benefício. O juiz não tem a faculdade de aplicar ou não o *sursis*: se presentes os seus pressupostos a aplicação é obrigatória. (152)

No direito brasileiro, o instituto está previsto no Código Penal, arts. 77 a 82. Assim, em uma condenação criminal já transitada em julgado, na qual o empregado recebeu uma pena privativa de liberdade, não superior a dois anos, e por preencher os requisitos estabelecidos nos incisos I, II e III (153) do art. 77 do CP, fará jus à suspensão condicional da pena – *SURSIS*, de 2 (dois) a 4 (quatro) anos, ao fim dos quais se considerará extinta a aludida pena. Inteligência materializada no art. 82 do referido Código(154).

5.3.2. A anistia

Anistia significa o perdão concedido aos culpados por delitos coletivos, especialmente aqueles de caráter político, para fazer cessar as sanções penais contra eles, colocando em perpétuo silêncio o acontecimento apontado como criminoso. É o ato de clemência decorrente do poder público e somente pode ser concedido pela União, a quem compete legislar sobre esse tema.(155) Anistiar significa esquecer, "passar uma esponja" no passado.

Embora a anistia se aplique, em regra, aos crimes políticos, sendo essa denominada de "anistia especial", Jesus entende que nada impede que ela "incida sobre delitos comuns (anistia comum).(156)

No Brasil, cabe ao Congresso Nacional a concessão de anistia, que se materializa por meio de uma lei, discutida e aprovada no Legislativo Federal, recebendo, finalmente, a sanção do presidente da República (art. 21, XVII c/c art. 48, VIII, da CF). Trata-se de lei penal com efeito retroativo, não podendo ser revogada. Observa Vieira que essa lei "é irrevogável —, e, se o for, não elimina a anistia concedida, pois a nova lei seria irretroativa por trazer dispositivo desfavorável ao réu (art. 5º, XL, da CF). Como toda lei penal, a que concede anistia é interpretada e aplicada pelo Poder Judiciário, podendo o interessado recorrer a ele quando é mal executada pelos órgãos da administração".(157)

Dispõe o art. 187, da LEP, que "Concedida anistia, o juiz, de ofício, a requerimento do interessado ou do Ministério Público, por proposta da autoridade administrativa ou do Conselho Penitenciário, declarará extinta a punibilidade".

---

(152) *Idem.*
(153) CP, art. 77. I – o condenado não seja reincidente em crime doloso; II – a culpabilidade, os antecedentes, a conduta social e personalidade do agente, bem como os motivos e as circunstâncias autorizem a concessão do benefícios; III – não seja indicada ou cabível a substituição prevista no art. 44 deste Código.
(154) CP, art. 82. Expirado o prazo sem que tenha havido revogação, considera-se extinta a pena privativa de liberdade.
(155) SILVA, De Plácido e. *Op. cit.*, p. 109.
(156) JESUS, Damásio E. de. *Op. cit.*, p. 603.
(157) VIEIRA, Vanderson Roberto. *Anistia no direito penal.* Disponível em: <www.faimi.edu.br/v8/.../ANISTIA%20-%20vanderson.pdf> Acesso em: 12 ago. 2010.

Um ponto que resta pacificado é o caso de empregados públicos poderem ser beneficiários de anistia. Empregados públicos são aqueles que prestam serviços para empresas públicas, como a Empresa de Correios e Telégrafos e às Sociedades de Economia Mista, como é o caso do Banco do Brasil. Exemplo foi o dos dirigentes e representantes sindicais que foram demitidos pela Petrobras entre 1994 e 1996, em razão de terem participado em movimento paredista. No dia 28 de novembro de 2003, o Excelentíssimo Senhor Presidente da República Federativa do Brasil, Luiz Inácio Lula da Silva, sancionou a Lei n. 10.790, a qual "concede anistia a dirigentes ou representantes sindicais e trabalhadores punidos por participação em movimento reivindicatório no período compreendido entre 10 de setembro de 1994 e 1º de setembro de 1996".

Indaga-se, contudo, se os empregados da iniciativa privada podem ser beneficiários da anistia. Se houver prisão, deixando os empregados sem condições físicas de comparecerem ao trabalho, em tese, poderão eles ser beneficiários de anistia, contanto que a lei que a concede seja publicada antes de completar 30 dias de ausência ao trabalho, para não configurar abandono de serviço.

5.3.3. A graça

A língua hebraica possui duas palavras que contêm o significado de graça em português. A primeira dessas palavras é *hesedh*, que tem sido traduzida por amor, por graça ou por misericórdia. A segunda palavra é *hen*, que se refere a uma ação de um superior, humano ou divino, direcionada a um subalterno. Nesse sentido, contém a ideia de um favor não merecido.[158]

Exemplo de *hesedh* humano é o contido no capítulo 6, versículo 6, do Livro do Profeta Oseias:

> 6 — Porque é amor (*hesedh*) que eu quero e não sacrifício, conhecimento de Deus mais do que holocaustos.

No capítulo 3, versículo 22, do Livro de Lamentações do Profeta Jeremias encontra-se o *hesedh* de Deus:

> 22 — Os favores (*hesedh*) de Iahweh não terminaram, suas compaixões (*hesedh*) não se esgotaram.

Exemplo de *hen* humano registrado no Antigo Testamento (AT) é o conteúdo inscrito no Livro de Gênesis, capítulo 33, versículos 8 a 10:

> 8 — Esaú perguntou: "Que queres fazer de todo esse grupo que encontrei?" — "É para encontrar **graça** (**hen**) aos olhos de meu senhor", respondeu ele.
>
> 9 — Esaú retomou: "Eu tenho o suficiente, meu irmão, guarda o que é teu".

---

(158) DOUGLAS, J. D. (Editor Org.). *O novo dicionário da Bíblia*. v. II. Trad. de: João Bentes. São Paulo: Vida Nova, 1978. p. 681.

> 10 — Mas Jacó disse: "Não, eu te peço! Se encontrei **graça (hen)** aos teus olhos, recebe o presente de minha mão. Pois afrontou a tua presença como se afronta a presença de Deus, e tu me recebeste bem."[159] (Destacou-se)

Por outro lado, o *hen* divino encontra-se no Livro do Profeta Jeremias, capítulo 31, v. 2:

> 2 — Assim disse Iahweh: Encontrou **graça (hen)** no deserto, o povo escapou à espada. Israel caminha para o seu descanso.[160] (Sem destaque no original)

O termo graça latino é *gratia*, que significa dom, favor, benefício. No sentido jurídico, é uma clemência individual. Percebe-se do exposto que graça abrange as ideias de compaixão, misericórdia, favor imerecido e benefício. Esses conceitos estão presentes no instituto *sub examen*.

A graça é benefício individual e deve ser solicitada. Podem solicitá-la o próprio condenado, qualquer um do povo, o Conselho Penitenciário ou o Ministério Público. Na concessão da graça dever ser ouvido o Conselho Penitenciário, salvo se o presidente da República dispensar o parecer.

5.3.4. O indulto

Mais uma vez, Silva contribui para a compreensão desse termo. Diz ele que indulto:

> Derivado do latim *indultus*, de *indulgere* (perdoar, favorecer), é compreendido, na linguagem jurídica, sem fugir a seu sentido etimológico, como o perdão que se concede ao condenado, seja para que se lhe diminua a pena, ou para que se isente totalmente dela. Possui, nesse particular, sentido equivalente à indulgência, originada também no verbo *indulgere*. O instituto pode ser parcial ou total, segundo o condenado se livra ou se isenta do cumprimento da pena imposta, por sua totalidade ou somente em parte.[161]

É da competência privativa do presidente da República "conceder indulto e comutar penas, com audiência, se necessário, dos órgãos instituídos em lei" (CF, art. 84, inciso XII). Tal competência pode ser delegada ao ministro de Estado, ao procurador-geral da República ou ao advogado geral da União.

O indulto não afasta a justa causa porque o condenado fará jus à sua concessão após ter cumprido uma parte da pena. Nesse caso, haverá concretizado a justa causa para a demissão do empregado. Esse é o entendimento do Tribunal Superior do Trabalho, como se verifica no seguinte aresto jurisprudencial:

> RESOLUÇÃO CONTRATUAL. CONDENAÇÃO CRIMINAL DE SENTENÇA TRANSITADA EM JULGADO. Empregado para o qual houve resolução contratual, por

---

(159) BÍBLIA DE JERUSALÉM. Tradução do texto em língua portuguesa diretamente dos originais. São Paulo: Paulus, 2002.
(160) *Idem.*
(161) SILVA, De Plácido. *Op. cit.*, p. 734.

condenação criminal de sentença transitada em julgado, **que cumpre parte da pena e libertado por indulto**, não pode alegar despedida sem justa causa pelo empregador, se impossibilitado fisicamente da prestação de serviços por condenação criminal, não socorrendo *in casu*, o alegado descumprimento do art. 482 da CLT. (TST, RR n. 4.180/72, Rel. Ministro Lima Teixeira, Ac. 1ª T., 827/73, DJU 13.8.73, p. 5.693) (Destacou-se)

5.3.5. A abolitio criminis

Este instituto está previsto no art. 107, inciso III, do CPB. Diz esse dispositivo que se extingue a punibilidade "pela retroatividade de lei que não mais considera o fato como criminoso". A *abolitio criminis* é também denominada de *novatio legis*. Fica configurada a *abolitio criminis* quando uma lei nova deixar de considerar o crime tipificado em lei anterior. Nesse sentido, dispõe o *caput* do art. 2º do CP: "Ninguém pode ser punido por fato que lei posterior deixa de considerar crime, cessando em virtude dela a execução e os efeitos penais da sentença condenatória".

Antolisei explica que "el criterio de la valoración actual de los hechos humanos, no pareciendo equitativo que se imponga o continúe ejecutando-se una pena por un hecho que en el momento del juicio o en el lapso en que la sanción se cumpre no aparece ya reprobado por el ordenamiento jurídico".[162, 163]

Essa seria a hipótese de um empregado que, condenado por uma sentença transitada em julgado a seis anos de reclusão, logo nos primeiros dias de cumprimento da pena viesse ao lume nova lei desconsiderando o fato por ele praticado como criminoso. Assim, não chegando a trinta dias de ausência ao trabalho, não poderá ser despedido por justa causa, pois essa não chegou a ser configurada.

5.3.6. A comutação da pena

Enquanto no indulto a punibilidade é completamente extinta, na comutação da pena somente é extinta uma parcela do cumprimento da pena ou a sanção é substituída por outra mais favorável. Originária dos termos latinos *commutatio* e *commutare*, a palavra comutação significa permuta, troca ou substituição.

O Decreto n. 6.706, de 22 de dezembro de 2008, em seus arts. 1º e 2º estabelece a distinção entre o indulto e a comutação da pena, conforme explicitado.

O preâmbulo desse Decreto informa que:

> O Presidente da República, no uso da atribuição que lhe confere o art. 84, inciso XII, da Constituição, tendo em vista a manifestação do Conselho Nacional de Política Criminal e Penitenciária, acolhida pelo Ministro de Estado da Justiça, e considerando

---

(162) ANTOLISEI, Francesco. *Manual de derecho penal*. Trad. de: Juan del Rosal e Angel Tório. Buenos Aires: Uteha, 1960. p. 86.

(163) "O critério da valoração atual dos atos humanos, não parecendo equitativo que se imponha ou continue executando-se uma pena por um ato que, no momento do julgamento ou no período em que se cumpre a sanção, não aparece já reprovado pelo ordenamento jurídico". (Tradução livre do autor)

a tradição de conceder perdão ao condenado em condições de merecê-lo, por ocasião das festividades comemorativas do Natal, proporcionando-lhe oportunidades para sua harmônica integração social, objetivo maior da sanção penal, decreta:

> Art. 1º É concedido indulto:
>
> I – ao condenado à pena privativa de liberdade **não superior a oito anos**, não substituída por restritivas de direitos ou multa e não beneficiado com a suspensão condicional da pena, que, até 25 de dezembro de 2008, **tenha cumprido um terço da pena**, se não reincidente, ou metade, se reincidente;
>
> [...]
>
> IV – à condenada à pena privativa de liberdade superior a oito anos que, até 25 de dezembro de 2008, tenha cumprido, em regime fechado ou semiaberto, um terço da pena, se não reincidente, ou metade, se reincidente, e seja mãe de filho com deficiência mental ou física ou menor de dezesseis anos, cujos cuidados dela necessite;
>
> V – ao condenado à pena privativa de liberdade superior a seis anos e não superior a doze anos, desde **que já tenha cumprido dois quintos da pena**, se primário, ou três quintos, se reincidente, encontre-se cumprindo pena no regime semiaberto e já tenha usufruído, até 25 de dezembro de 2008, no mínimo, de cinco saídas temporárias previstas no art. 122, inciso I, combinado com o art. 124, *caput*, da Lei n. 7.210, de 11 de julho de 1984; (Sem destaque no original)
>
> [...]

O art. 2º normatiza a comutação de penas, estabelecendo que:

> Art. 2º O condenado à pena privativa de liberdade, não beneficiado com a suspensão condicional da pena, que, até 25 de dezembro de 2008, **tenha cumprido um quarto da pena**, se não reincidente, ou um terço, se reincidente, e não preencha os requisitos deste Decreto para receber indulto, **terá comutada a pena remanescente de um quarto**, se não reincidente, e de um quinto, se reincidente, aferida na data acima mencionada. (Destacou-se)

Esclarece De Plácido que, na técnica do Direito Penal, a comutação indica a substituição ou a mudança de uma pena mais grave e aflitiva por outra mais benigna. Esse autor chama a atenção para não se confundir a comutação da pena com os institutos do perdão e da graça, porque "estes indicam a libertação de toda a pena, isto é, não cumprimento dela. A comutação é, apenas, a atenuação ou diminuição da pena."[164]

5.3.7. *O perdão judicial*

Esse instituto está previsto no Código Penal Brasileiro (CPB), art. 107, inciso IX, que dispõe:

> Art. 107. Extingue-se a punibilidade:
>
> [...]

---

(164) SILVA, De Plácido. *Op. cit.*, p. 327.

IX – pelo perdão judicial, nos casos previstos em lei.

Jesus conceitua perdão judicial como sendo "o instituto pelo qual o juiz, não obstante comprovada a prática da infração penal pelo sujeito culpado, deixa de aplicar a pena em face de justificadas circunstâncias".[165]

Percebe-se que o perdão judicial tem aplicabilidade restrita: somente aos casos previstos em lei. Isso quer dizer que o instituto não se aplica a todas as infrações penais, mas somente àquelas indicadas expressamente na lei.

A título de exemplo, citam-se algumas hipóteses de aplicação do perdão judicial. O § 5º do art. 121 do CPB estabelece que:

> Art. 121. Matar alguém:
>
> Pena — reclusão de 6 (seis) a 20 (vinte) anos.
>
> [...]
>
> § 5º Na hipótese de homicídio culposo, o juiz poderá deixar de aplicar a pena, se as consequências da infração atingirem o próprio agente de forma tão grave que a sanção penal torne desnecessária.

Outra é a hipótese prevista no art. 140 e § 1º do CPB:

> Art. 140. Injuriar alguém, ofendendo-lhe a dignidade ou o decoro:
>
> Pena – detenção, de 1 (um) a 6 (seis) meses, ou multa.
>
> § 1º O juiz poderá deixar de aplicar a pena:
>
> I – quando o ofendido, de forma reprovável, provocou diretamente a injúria;
>
> II – no caso de retorsão imediata, que consista em outra injúria.

Pontua-se que, no caso do inciso II, retorsão é o revide do ofendido na mesma ou maior proporção da ofensa recebida. Por isso, nos casos indicados nos dois incisos mencionados, o juiz poderá também deixar de aplicar pena, concedendo o perdão judicial.

Menciona-se, ainda, a situação capitulada no art. 249, §§ 1º e 2º, do CPB:

> Art. 249. Subtrair menor de 18 (dezoito) anos ou interdito ao poder de quem o tem sob sua guarda em virtude de lei ou de ordem judicial:
>
> Pena: detenção, de 2 (dois) meses a 2 (dois) anos, se o fato não constituir elemento de outro crime.
>
> § 1º O fato de ser pai ou tutor do menor ou curador do interdito não o exime de pena, se destituído ou temporariamente privado do pátrio poder, tutela, curatela ou guarda.
>
> § 2º No caso de restituição do menor ou do interdito, se este não sofreu maus tratos ou privações, o juiz pode deixar de aplicar a pena.

---

(165) JESUS, Damásio E. de. *Op. cit.*, p. 597.

5.3.8. A substituição da pena privativa de liberdade ao réu semi-imputável

A internação do condenado em estabelecimento psiquiátrico, pelo prazo de um a três anos, nos termos do disposto no parágrafo único do art. 26 c/c o art. 98 do CPB[166], enseja a demissão por justa causa, vez que permanece a impossibilidade de seu comparecimento ao trabalho.

De ressaltar que se a substituição da pena for para tratamento ambulatorial, não há que se falar na aplicação da justa causa, pois, neste caso, o condenado não estará impossibilitado de trabalhar.

Para se ter uma visão abrangente dos institutos examinados, com exceção do comentado neste item, apresenta-se Quadro número 1:

---

(166) CP, parágrafo único do art. 26: "A pena pode ser reduzida de um a dois terços, se o agente, em virtude de perturbação de saúde mental ou por desenvolvimento mental incompleto ou retardado, não era inteiramente capaz de entender o caráter ilícito do fato ou de determinar-se de acordo com esse entendimento."

Art. 98: "Na hipótese do parágrafo único do art. 26 deste Código e necessitando o condenado de especial tratamento curativo, a pena privativa de liberdade pode ser substituída pela internação, ou tratamento ambulatorial, pelo prazo mínimo de 1 (um) a 3 (três) anos, nos termos do artigo anterior e respectivos §§ 1º a 4º."

Quadro 1 — Comparativo de institutos jurídicos que podem afastar ou não a justa causa

Características	Sursis	Anistia	Graça	Indulto	Abolitio criminis	Comutação da pena	Perdão judicial
Forma de obtenção	Requerimento	Concessão do Congresso Nacional, por lei	Requerimento	Concessão do presidente da República (CF, art. 84, XII)	Concessão por lei	Concessão do presidente da República (CF, art. 84, XII)	Requerimento ou Ex officio pelo juiz
Extinção da punibilidade	Total	Total	Total	Parcial ou total	Total	Parcial	Total
Efeito	Ex nunc	Ex tunc	Ex nunc	Ex nunc	Ex nunc	Ex nunc	Ex nunc
Abrangência	Individual	Coletiva	Individual	Coletiva e individual	Coletiva	Individual	Individual
Natureza jurídica	É medida penal de natureza restritiva da liberdade de cunho repressivo e preventivo	É legal, por tratar-se de lei penal com efeito retroativo, não podendo ser revogada	É benefício individual dirigido ao próprio condenado	É o perdão que se concede ao condenado para lhe diminuir ou afastar totalmente a pena	Lei nova deixa de considerar o crime tipificado em lei anterior	É a extinção de parcela do cumprimento da pena ou a substituição da sanção por outra mais favorável	Perdão judicial de aplicabilidade restrita aos casos previstos em lei
Momento da concessão	Após o trânsito em julgado de sentença penal condenatória	Após o trânsito em julgado de sentença penal condenatória	Após o trânsito em julgado de sentença penal condenatória	Após ter cumprido, no mínimo, um terço da pena	A qualquer momento, antes ou após o trânsito em julgado de sentença penal condenatória	Após ter cumprido, no mínimo, de um quarto a um quarto da pena	Na própria sentença ou no acórdão que a reformar

Quadro construído pelo autor.

5.4. Conclusão

Do exposto, pode-se chegar a algumas conclusões quanto ao afastamento ou não da justa causa para a demissão do empregado, por prática de crime.

O *sursis*, por se tratar de suspensão condicional da execução da pena, de 2 (dois) a 4 (quatro) anos, ao fim dos quais se considerará extinta a aludida pena, não cabe dispensa por justa causa.

A anistia e a graça não permitem seja configurada a justa causa para a dispensa do empregado, se forem concedidas antes de completar 30 dias de prisão do condenado, o que seria muito difícil de ocorrer na prática. Neste caso, o empregado poderá retornar ao trabalho. Contudo, se forem concedidas, após esse prazo, haverá caracterizado a justa causa para a dispensa do empregado.

O indulto não afasta a justa causa porque, como se pode observar no Quadro n. 1, o condenado fará jus à sua concessão após ter cumprido, no mínimo, um terço da pena. Neste caso, haverá concretizada a justa causa para a demissão do empregado.

A *abolitio criminis* impede a configuração da justa causa para a dispensa do empregado, se a lei nova for promulgada antes de completar 30 dias de prisão do condenado e deixar de considerar o crime praticado pelo empregado, tipificado em lei anterior. Essa hipótese também seria muito difícil de ocorrer na prática.

A comutação da pena poderá ser concedida após o cumprimento, no mínimo, de um terço a um quarto da pena. Dessa forma, com o cumprimento dessa pena mínima, haverá configurada a justa causa para a dispensa do empregado.

Em se tratando de perdão judicial concedido na própria sentença ou no acórdão que a reformar, não há que se falar em justa causa para a despedida do empregado. É que, neste caso, a sentença ainda não transitou em julgado.

Capítulo 6

A jurisprudência brasileira relacionada à rescisão do contrato de trabalho por condenação criminal do empregado, transitada em julgado, sem suspensão da execução da pena

6.1. Introdução

Deve ser lembrado que a Justiça Trabalhista brasileira é constituída de três instâncias: a primeira composta das Varas do Trabalho; a segunda, pelos Tribunais Regionais dos Trabalhos (TRTs) e, a terceira, pela Corte Suprema Trabalhista, o Tribunal Superior do Trabalho (TST). Os casos jurisprudenciais que se apresentam neste Capítulo foram colhidos do TST e de alguns Tribunais Regionais dos Trabalhos (TRTs).

Não se pretendeu neste trabalho esgotar os casos sobre a rescisão do contrato de trabalho por condenação criminal do empregado, transitada em julgado, sem suspensão da execução da pena, registrados pela jurisprudência brasileira. Selecionaram-se apenas alguns para mostrar como os tribunais trabalhistas tratam do assunto.

6.2. O indulto não afasta a justa causa

O indulto não afasta a justa causa se o empregado cumpre parte da pena. Esse é o entendimento do TST consoante o seguinte aresto jurisprudencial:

> RESOLUÇÃO CONTRATUAL. CONDENAÇÃO CRIMINAL DE SENTENÇA TRAN-SITADA EM JULGADO. Empregado para o qual houve resolução contratual, por condenação criminal de sentença transitada em julgado, que cumpre parte da pena e libertado por indulto, não pode alegar despedida sem justa causa pelo empregador, se impossibilitado fisicamente da prestação de serviços por condenação criminal, não socorrendo *in casu*, o alegado descumprimento do art. 482 da CLT. (TST, RR 4.180/72, Relator Ministro Lima Teixeira, Ac. 1ª Turma, 827/73, DJU 13.8.1973, p. 5.693)

6.3. O *sursis* por si só não afasta a justa causa

O fato de o empregado, que foi condenado, ter recebido o benefício do *sursis*, não impede sua demissão por justa causa se essa restar configurada independentemente da condenação. É o posicionamento do TRT da 24ª Região:

> JUSTA CAUSA — IMPROBIDADE. Caracteriza justa causa quando esta se dá em virtude de restar caracterizada a improbidade do Reclamante, e não por sua condenação criminal. O fato de ter o empregado sido beneficiado pela concessão do 'sursis' não

interfere na configuração da improbidade, pois o que se discute é a perda de confiança do Reclamado em relação ao Reclamante, por este manter conduta desonesta. Recurso provido por unanimidade. (TRT da 24ª Região. Acórdão n. 264/1996. Tribunal Pleno. Fonte: DJMS n. 004380, p. 00058, de 2.10.1996. Relatora Juíza Geralda Pedroso)

O entendimento do TST caminha nessa mesma direção, como se verifica na seguinte ementa:

> JUSTA CAUSA — CONDENAÇÃO CRIMINAL — SUSPENSÃO DA PENA. A suspensão da execução da pena criminal, por si só, não afasta a possibilidade de caracterização da justa causa para a dispensa se, residualmente, foi alegado e demonstrado o mau procedimento do empregado, cuja conduta culminou com a condenação criminal. Recurso de Revista desprovido. (TST, Acórdão n. 4808. Processo RR n. 40.462/1991, da 2ª Região. 3ª Turma. Fonte: DJ de 27.8.1993, p. 17.155. Relator Ministro Manoel Mendes de Freitas)

6.4. A substituição da pena privativa de liberdade pela prestação de serviços afasta a justa causa e promove a ressocialização do condenado

Além de afastar a justa causa para demissão do empregado, a substituição da pena privativa de liberdade pela prestação de serviços promove, também, a ressocialização do condenado. Esse é o entendimento da 10ª Turma do TRT da 2ª Região (SP), de acordo a jurisprudência que se transcreve:

> JUSTA CAUSA. INOCORRÊNCIA. SENTENÇA CRIMINAL TRANSITADA EM JULGADO. Pena privativa de liberdade substituída pela prestação de serviços. Ausência do motivo ensejador da dispensa. A ficha de inscrição preenchida pelo autor apresenta uma situação objetiva, no que tange aos antecedentes criminais, o que torna a declaração assinada verdadeira, até porque o recorrente não tinha mesmo qualquer antecedente criminal. Inexiste dever legal de se levar ao conhecimento do empregador fatos que estão *sub judice*. Sob este aspecto, o autor não tinha qualquer obrigação legal de dizer para a reclamada que sobre si pendia uma ação criminal. Por outro lado, a substituição da pena privativa de liberdade pela de prestação de serviço é uma forma de suspender a execução da pena, e como tal, deve ser subentendida como sendo inclusa na exceção prevista na parte final da alínea "d" do art. 482 da CLT. Por fim, a peça defensiva foi firme em exteriorizar que a justa causa aplicada decorreu do fato de o autor ter faltado com a verdade quando perguntado sobre a existência ou não de portar registros (antecedentes) criminais e, sobre esse enfoque, a situação demonstra que o autor nem faltou com a verdade e nem mesmo omitiu fatos de sua vida à reclamada. Por último, não se pode perder de vista que a ressocialização do cidadão deve começar pelo Estado. (TRT da 2ª Região. Acórdão n. 20090295131. Julgado em: 23/04/2009. Número único: Processo: RO 1-02036-2005-463-02-00-5. Turma: 10ª. Fonte: DOE SP, PJ, TRT 2ª Região. Data: 19.5.2009. Relatora Marta Casadei Momezzo)

6.5. Quando a condenação vincula ou não o juízo trabalhista e o reconhecimento da justa causa

A condenação criminal vincula o Juízo Trabalhista e o conhecimento da justa causa quando o autor é condenado em sentença criminal transitada em julgado, nos termos do disposto na letra "d" do art. 482 da CLT. É o que revela a jurisprudência a seguir transcrita:

> JUSTA CAUSA. ESTABILIDADE CONVENCIONAL. Tendo o autor praticado ato de improbidade — falta delituosa — condenado em sentença criminal transitada em julgado, caracterizou a hipótese da letra "d" do art. 482 da CLT, com efeitos graves no contrato de trabalho. A condenação vincula o Juízo Trabalhista e o reconhecimento da justa causa.(TRT da 2ª Região. Acórdão n. 20000343077. Decisão: 4.7.2000. Tipo: RO01. N.: 02990043297. Ano: 1999. Número único. Proc: RO01. Recurso Ordinário. Turma: 10. Órgão Julgador – Décima Turma. DOE SP, PJ, TRT 2ª, data: 28.7.2000. Relatora Rita Maria Silvestre. Provimento ao Recurso do Recorrente Rede Ferroviária Federal S/A)

Não é outro o entendimento da Suprema Corte Trabalhista, conforme o seguinte aresto:

> JUSTA CAUSA — IMPROBIDADE — CRIME — AÇÃO PENAL. Se o ato cometido pelo Reclamante, que determinou a sua despedida por justa causa, é o mesmo ato comprovado como crime na esfera penal, em decisão transitada em julgado, não se pode mais questionar se o Reclamante praticou ou não falta grave por improbidade. É o que dispunha o art. 1.525 do CCB em sua redação anterior: — *A responsabilidade civil é independente da criminal; não se poderá, porém, questionar mais sobre a existência do fato, ou quem seja o seu autor, quando estas questões se acharem decididas no crime* —. Embargos não conhecidos. (TST – Processo: E-RR – 79968/1993.2 Data de Julgamento: 14.4.2003, Relator Ministro: Rider de Brito, Subseção I Especializada em Dissídios Individuais, Data de Publicação: DJ 9.5.2003)

A contrario sensu do entendimento esposado no item anterior, a condenação criminal não vincula o Juízo Trabalhista e o conhecimento da justa causa quando a sentença penal condenatória ainda não transitou em julgado. Por outro lado, mesmo absolvido no processo criminal, ainda assim o empregado poderá sofrer a demissão por justa causa. É o que orienta a jurisprudência do TRT da 3ª Região:

> JUSTA CAUSA — ATO DE IMPROBIDADE — SENTENÇA CRIMINAL. A absolvição do empregado no processo criminal, onde a culpa ou dolo, em conformidade com o tipo penal, deve restar sobejamente provada para fins de condenação do réu, não implica em não caracterizar a falta praticada como grave, capaz de ensejar a rescisão contratual pelo rompimento da fidúcia que rege a relação de emprego, em discussão aqui, na Justiça do Trabalho, onde se cogita a legitimidade da rescisão por justa causa. Lembre-se de que a palavra improbidade, de que trata a alínea "a" do art. 482/ CLT, significa má qualidade, imoralidade, malícia; ímproba é uma pessoa que não é honrada, que transgride as regras da lei e da moral. Assim sendo, nem sempre esse ato de improbidade corresponde a um tipo penal, embora ilícito. Portanto, mesmo que o empregado seja absolvido no processo criminal, no processo laboral, pode ser reconhecida a gravidade de sua falta em torno do mesmo fato para fins de rescisão do contrato de trabalho, de forma a caracterizar a justa causa. Nessas circunstâncias, não há que se falar em ofensa à coisa julgada. Por óbvio, situação em contrário (condenado o empregado na esfera penal pelo mesmo fato, viesse a ser afastada a dispensa motivada na Justiça do Trabalho) é que nos causaria grande surpresa. (Tribunal: 3ª Região. Número único – Processo: RO – 00061-1994-063-03-00. Sexta Turma. Fonte: DJMG 8.3.2002, p. 13. Relator Juiz Hegel de Brito Boson)

6.6. O cumprimento da pena configura justa causa

Configura justa causa o cumprimento da pena, em razão de o empregado preso estar impossibilitado de dispor de sua força de trabalho a favor do empregador. É a orientação dos TRTs da 2ª e da 15ª Região:

> Justa causa. Art. 482, "d", da CLT. Condenação criminal. Constitui-se no fato objetivo de que o empregado preso é impossibilitado de prestar serviços para o empregador. Além disso, se houve condenação criminal, está provado que o empregado deu causa à prisão. Trata-se de caso análogo ao abandono de emprego, só que decorrente de cumprimento de pena por ato a que deu causa o próprio empregado. O artigo não tem por fundamento o motivo da condenação nem transpõe a condenação criminal para o âmbito trabalhista. Para punição de falta cometida pelo empregado, a letra "a" do mesmo artigo trata da improbidade. (TRT 2ª R. Tipo: Recurso Ordinário. Data de julgamento: 11.12.2007. Relatora: Silvana Abramo Margherito Ariano. Acórdão n.: 20071107007. Processo n.: 02493-2004-262-02-00-6. Ano: 2005. Turma: 4ª. Data de publicação: 18.1.2008).

> JUSTA CAUSA. CONDENAÇÃO CRIMINAL. A condenação criminal só autoriza a dispensa por justa causa quando, privativa de liberdade, impossibilita que o empregado continue trabalhando. A regra do art. 482, letra "d", da CLT não se pauta pelo aspecto moral, mas apenas pela impossibilidade física de o empregado continuar trabalhando. EMENTA: JUSTA CAUSA. ATO DE IMPROBIDADE. O ato de improbidade praticado pelo empregado antes de sua admissão no emprego não autoriza a dispensa por justa causa. Como a lei refere-se a "ato", é preciso que a conduta irregular guarde concomitância com o contrato de trabalho. (TRT da 15ª Região. Acórdão n. 017.958/1996. RO n. 022866/1994. Terceira Turma. Relator José Ubirajara Peluso)

6.7. Não há justa causa se o condenado não for recolhido

De outro ângulo, não há que se falar em justa causa se o condenado não for recolhido ao presídio. Veja-se a seguinte jurisprudência:

> JUSTA CAUSA — CONDENAÇÃO CRIMINAL. Diante dos princípios constitucionais da dignidade da pessoa humana, valor social do trabalho, criação de uma sociedade justa e solidária com a erradicação da pobreza e da marginalidade, não caracteriza justa causa a condenação criminal transitada em julgado cujo ato criminoso não guarde direta relação com as atividades laborais, exceto se tornarem impossíveis de serem cumpridas, pelo recolhimento do preso, ou venham atingir, pela quebra do elo de confiança, as atividades laborais cujas características sejam a conduta moral e o comportamento ilibado. Recurso da empregada provido para afastar a justa causa. (TRT 2ª Região.Tipo: Recurso Ordinário em Rito Sumaríssimo. Data de julgamento: 10/03/2009. Relator: Jonas Santana de Brito. Acórdão n.: 20090204772. Processo n.: 01960-2008-053-02-00-7. Ano: 2009. Turma: 3ª. Data de publicação: 31.3.2009)

Dessa forma, não haverá configuração de justa causa para a demissão do empregado se a condenação for cumprida em regime aberto. Esse é também o entendimento do TRT da 2ª Região, como se colhe do seguinte aresto de jurisprudência:

> JUSTA CAUSA NÃO CONFIGURADA: CONDENAÇÃO CRIMINAL DO EMPREGADO, PASSADA EM JULGADO, A SER CUMPRIDA EM REGIME ABERTO (CLT, ART.

482, ALÍNEA "D"). Condenado o empregado na ação penal por ato tipificado como crime, porém a cumprir a pena em regime aberto, não há se falar em impossibilidade material da continuação do contrato de trabalho. Cumpre ao reclamado provar que, mesmo assim, essa impossibilidade estaria configurada. Justa causa não acolhida. (Tribunal: 2ª Região. Tipo: RO01. Número: 029401533595. Primeira Turma. Fonte: DOE SP, PJ, TRT 2ª. Data: 24.10.1995. Relator Juiz Floriano Vaz da Silva)

6.8. O recolhimento ao presídio caracteriza a justa causa

Contudo, em linha oposta ao item 6.2.4, se o condenado for recolhido ao presídio, a justa causa para sua demissão estará configurada. É a orientação da jurisprudência do TRT da 4ª Região:

> EMENTA: CONDENAÇÃO CRIMINAL TRANSITADA EM JULGADO. DEMISSÃO POR JUSTA CAUSA. INCIDÊNCIA DO DISPOSTO NA ALÍNEA "D" DO ART. 482 DA CLT. Comprovada a existência de condenação criminal do autor, devidamente transitada em julgado, cabível a demissão do mesmo (sic) por justa causa, com base no disposto na alínea "d" do art. 482 da CLT. O pedido de licença para tratamento de interesses particulares, quando já efetivado o recolhimento do reclamante ao presídio, traz ínsito o objetivo de evitar as ausências ao serviço e a incidência da lei que permite a rescisão contratual por justa causa.(Tribunal: 4ª Região. Decisão: 10.12.1997 – Fonte: 26.1.1998. Tipo: RONum: 96.022516-1 Ano: 1996. Número único. Proc: RO – Turma: 1ª Turma. Relator: Juiz Edir Inácio da Silva. Julgado improcedente a ação)

6.9. A preclusão lógica recursal decorrente da sentença criminal transitada em julgado

A sentença criminal transitada em julgado constitui-se preclusão lógica da negação do fato imputado ao reclamante no recurso trabalhista. Essa é a posição adotada pelo TRT da 23ª Região, materializada em sua jurisprudência, conforme se pode constatar no seguinte aresto:

> RECURSO DO AUTOR. RESCISÃO CONTRATUAL. JUSTA CAUSA. CONDENAÇÃO PENAL TRANSITADA EM JULGADO. PENA RESTRITIVA DE LIBERDADE. ART. 482, "D", DA CLT. PRECLUSÃO LÓGICA. Admitido pelo Autor que condenação criminal transitou em julgado, há preclusão lógica para negar tal fato no recurso. Além do mais, os documentos dos Autos comprovam o trânsito em julgado da condenação criminal. (TRT da 23ª Região. Julgado em: 20.5.2009.TIPO: RO NUM: 01177-2008-009-23-00-0. Número único: PROC: RO – 01177-2008-009-23-00. Fonte:DJ/MT. Data: 29.5.2009. Relator: Desembargador Osmair Couto)

6.10. O trânsito em julgado de decisão criminal é suficiente à prova da autoria e materialidade do crime

O entendimento do TRT da 2ª Região (SP) é no sentido de que o trânsito em julgado de decisão criminal é suficiente à prova da autoria e materialidade do crime. É o que orienta sua jurisprudência:

RECURSO DA RECLAMADA. Justa causa. Prova. Cabia à reclamada a prova das faltas imputadas ao reclamante, e desse ônus se desincumbiu. O trânsito em julgado de decisão criminal, no qual o reclamante foi condenado em definitivo por integrar esquema de furto e revenda a receptadores de medicamentos subtraídos da ré, é suficiente à prova da autoria e materialidade do crime. A conduta criminosa é também suficiente ao rompimento do liame trabalhista, por quebra da fidúcia necessária à manutenção do vínculo. Recurso a que se dá provimento. (TRT da 2ª Região. Acórdão n. 20090432767. Julgado em: 2.6.2009. Número único: Processo: RO01 – 01037-1995-501-02-00-1. Turma: 10ª. Fonte: DOE SP, PJ, TRT 2ª Região. Data: 16.6.2009. Relatora Marta Casadei Momezzo)

6.11. O julgamento da justa causa pela Justiça do Trabalho não depende do resultado da ação penal

Para que a Justiça do Trabalho conheça e julgue ação que envolva demissão por justa causa, por fato tipificado como crime, não é necessário sobrestar o feito até decisão final na esfera criminal. O julgamento da justa causa pela Justiça do Trabalho não depende do resultado da ação penal. Esse é o entendimento esposado pelo TRT da 20ª Região (SE), como se verifica da jurisprudência na seguir transcrita:

PRELIMINAR DE SUSPENSÃO PROCESSUAL — ILÍCITO PENAL — JUSTA CAUSA — IMPROCEDÊNCIA. Improcede a pretensão de sobrestamento do feito enquanto pendente ação penal movida em face do reclamante naquela jurisdição. A jurisdição trabalhista independe de possíveis soluções de controvérsias penais, em prol ou contra o empregado. O ilícito laboral não se confunde com o ilícito penal ou civil. A violação do contrato de trabalho, ainda que por fato que possa ser enquadrado na esfera criminal, deve ser constatada no Juízo especializado, competente para questões entre empregados e empregadores. A justa causa deve ser apurada na Justiça do Trabalho. O ato ensejador da despedida injusta deve estar elencado no art. 482 da CLT, não sendo necessário que se encontre tipificado como crime dentro da esfera criminal. Somente a condenação criminal, com trânsito em julgado, sem suspensão da execução da pena, constitui justa causa, até mesmo porque provoca a impossibilidade material da execução do contrato de trabalho, diante da ausência física do empregado. (Processo n. 01.04-1676/97 na Vara de origem. Acórdão n. 1.957/98. Julgado em: 4.8.1998. Tipo: RO n.: 1.178/1998. TP. Fonte: DJSE. Data: 31.8.1998. Relator Juiz Eduardo Prado de Oliveira)

6.12. Conclusão

Em linhas gerais, não há que se falar em justa causa se o condenado não for recolhido ao presídio. *A contrario sensu*, se for recolhido ao presídio, a justa causa restará configurada. É também jurisprudência pacífica no sentido de que o julgamento da justa causa pela Justiça do Trabalho não depende do resultado da ação penal.

Capítulo 7

O sistema prisional do Distrito Federal: o perfil de sua população carcerária e dos egressos

7.1. Introdução

O objetivo deste estudo é fornecer uma visão geral da situação do sistema prisional do Distrito Federal e de sua população carcerária, para se buscar descobrir o percentual, pelo menos aproximado, dos que perderam o emprego em decorrência do cumprimento de pena privativa de liberdade.

As informações relativas à situação do sistema prisional do Distrito Federal e de sua população carcerária foram colhidas no *site* do Ministério da Justiça do Governo Brasileiro,[167] em 31 de dezembro de 2009. Outra parte foi fornecida pela Subsecretaria do Sistema Penitenciário (SESIPE-DF) em 6 de abril de 2010.[168] Dessas informações constam a faixa etária, o grau de instrução, a nacionalidade o tempo total das penas e a classificação dos crimes praticados.

Este Capítulo consta, também, de pesquisa de campo, realizada com presidiários do sistema prisional do Distrito Federal, por meio de entrevistas, com a utilização de questionários e com o auxílio do CERAPE — Centro de Recuperação e Assistência ao Preso e Egresso. Diante da impossibilidade evidente de se proceder a uma pesquisa que abrangesse todo o universo dos presos do sistema prisional, no âmbito do Distrito Federal, no período de 1º a 30 de julho de 2010 realizou-se uma pesquisa por amostragem, o que não enfraquece a sua qualidade.

O formulário do questionário preenchido pelos presidiários considerou, principalmente, o estado civil, o tipo de relação de trabalho que mantinham antes do recolhimento ao presídio, isto é, se a relação trabalhista era formal, informal ou se estavam desempregados e, por fim, a modalidade do rompimento do vínculo empregatício, se houve pedido de demissão, se foram demitidos sem ou por justa causa, em decorrência de iniciar o cumprimento de pena privativa de liberdade.

7.2. A composição e a divisão da população carcerária do sistema prisional do Distrito Federal

O sistema prisional do Distrito Federal (Brasil) é composto das seguintes Unidades: Centro de Progressão Penitenciária (CPP), Centro Detenção Provisória

---

(167) <www.mj.gov.br/>.
(168) Fonte: SESIPE-DF, de 6.4.2010.

(CDP), Centro de Treinamento e Reeducação (CIR), Presídio do DF I (PDF I), Presídio do DF II (PDF II) e o Presídio Feminino.

A população carcerária do Distrito Federal está assim distribuída: no Centro de Progressão Penitenciária (CPP), 877 presos; no Centro Detenção Provisória (CDP), 1.772; no Centro de Treinamento e Reeducação (CIR), 1.030; no Presídio do DF I (PDF I), 2.243; no Presídio do DF II (PDF II), 2.000 e na Penitenciária Feminina do Distrito Federal (PFDF), 549 presidiárias. Ainda menciona-se a Divisão de Controle e Custódia de Presos do Departamento de Polícia Especializada (DCCP), onde se encontram 75 presos transitórios e de tratamento especial. O total de presos é de 8.546.

A Ala de Tratamento Psiquiátrico (ATP) está instalada dentro da Penitenciária Feminina do Distrito Federal (PFDF mas devidamente separado do espaço prisional, até que seja construída a Penitenciária III e o Núcleo de Saúde. Essa Ala atende, além das mulheres que cumprem pena, presos outros submetidos ao tratamento psiquiátrico. Trata-se de uma ala assistida por psiquiatras, psicólogos e terapeutas ocupacionais.

Faz, ainda, parte do Complexo Penitenciário do Distrito Federal o Núcleo de Custódia Militar da 3ª Companhia da Polícia Militar Independente (3ª CPMIND). Nesse Núcleo, recolhem-se os presos militares que aguardam eventual condenação com a perda de cargo. Uma vez condenados, eles são transferidos para a ala de ex-policiais, localizada dentro do Centro de Treinamento e Reeducação (CIR). A composição do Sistema Prisional do Distrito Federal e a quantidade de presos que cada Unidade abriga está representada na Tabela 2.

Tabela 2 — A composição e a população carcerária do sistema prisional do Distrito Federal (Brasil) em 6 de abril de 2010

Unidade Prisional	Sigla	Presos
Centro de Progressão Penitenciária	CPP	877
Centro Detenção Provisória	CDP	1.772
Centro de Treinamento e Reeducação	CIR	1.030
Presídio do DF I	PDF I	2.243
Presídio do DF II	PDF II	2.000
Penitenciária Feminina do Distrito Federal	PFDF	549
Divisão de Controle e Custódia de Presos do Departamento de Polícia	DCCP	75
Total de Presos		**8.546**

Tabela construída pelo autor, com base nas informações da SESIPE-DF.

Essa situação é mostrada de outro ângulo no Gráfico 3:

Gráfico 3 — População carcerária por unidade prisional do Distrito Federal

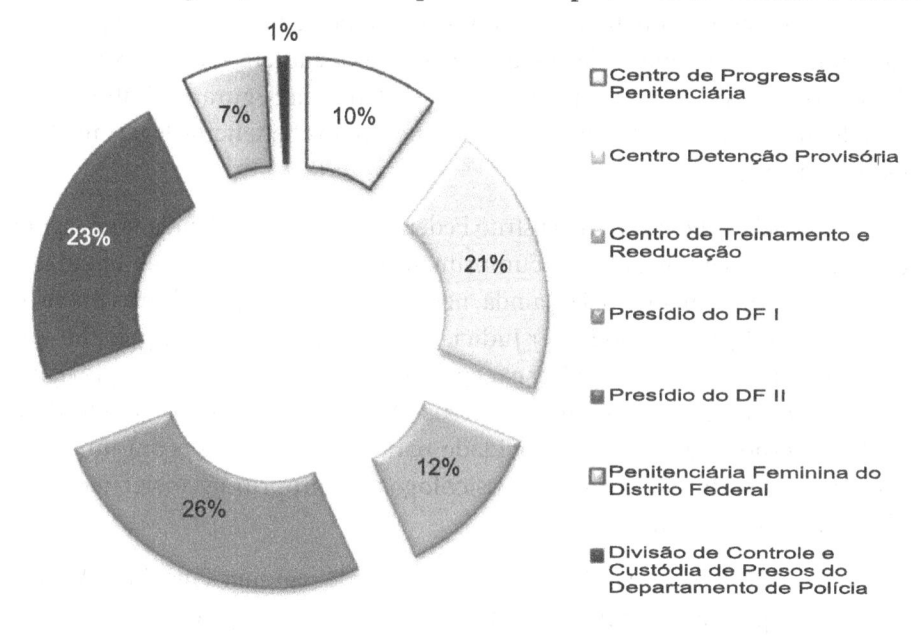

- Centro de Progressão Penitenciária: 1%
- Centro Detenção Provisória: 10%
- Centro de Treinamento e Reeducação: 21%
- Presídio do DF I: 12%
- Presídio do DF II: 26%
- Penitenciária Feminina do Distrito Federal: 23%
- Divisão de Controle e Custódia de Presos do Departamento de Polícia: 7%

7.3. A destinação das unidades do sistema prisional do Distrito Federal

Crê-se de bom alvitre compreender a destinação de cada uma dessas Unidades. A carceragem da Divisão de Controle e Custódia de Presos do Departamento de Polícia Especializada (DCCP) recebe os presos com prisão temporária decretada, de conformidade com a Lei n. 7.960/1989, presos por dívida civil (depositários infiéis e alimentos) e aqueles que foram presos em flagrante pelas Delegacias do Distrito Federal. Em razão de poderem permanecer nessa Unidade, esses presos são encaminhados ao Centro Detenção Provisória (CDP), às terças e às sextas-feiras.

O Centro Detenção Provisória (CDP) recebe os presos provisórios, os quais, no Distrito Federal, são rigorosamente separados dos presos condenados. É nesse estabelecimento que se dá a entrada dos presos e sua classificação para as demais Unidades do Sistema Penitenciário.

O Centro de Treinamento e Reeducação (CIR), em decorrência da reeducação do preso que para lá é enviado, está aparelhado de marcenaria, lanternagem e funilaria de autos, serigrafia, panificação, costura de bandeiras e bolas. O CIR possui, ainda, uma espécie de colônia agrícola e industrial com a finalidade de atender os presos com vocação agrícola ou que queiram trabalhar nessa área. No âmbito do CIR, há uma Ala Especial para ex-policiais e detentos com direito à prisão especial. Há também outra Ala Especial com sete celas reservadas a extraditandos com custódia assegurada por meio de cautelares e à disposição do Supremo Tribunal Federal (STF).

O Centro de Progressão Penitenciária (CPP) é uma das Unidades destinadas aos presos em regime semiaberto de cumprimento de pena. Exige que o preso tenha implementado os benefícios legais de trabalho externo em efetivo exercício e de saídas temporárias. Com a ajuda de outras Unidades da Segurança Pública do Distrito Federal, esse Centro fiscaliza o cumprimento dos benefícios legais usufruídos pelos sentenciados.

A Penitenciária Feminina do Distrito Federal (PFDF) é uma Unidade de segurança média. Acolhe as sentenciadas ao cumprimento de pena privativa de liberdade em regime fechado ou semiaberto. Há, ainda, no estabelecimento presidiárias provisórias, aguardando o julgamento do Poder Judiciário. Poderá haver, nesse presídio, presas provisórias federais, mas em caráter excepcional, cujas situações sejam previamente examinadas pela Vara de Execuções Penais (VEC). O presídio é dotado de uma unidade materno-infantil com capacidade para 24 presidiárias, com um berçário integrado e assistido por médicos e psicólogos do próprio estabelecimento e do sistema público de saúde.

Tanto o PDF I, quanto o PDF II, são Unidades de segurança máxima. A primeira recolhe presos que cumprem pena privativa de liberdade em regime fechado, e a segunda, abriga presos que cumprem pena privativa de liberdade em regime semiaberto. No Distrito Federal, não há presos em Delegacias Circunscricionais e/ou Especializadas. Todos devem ser conduzidos aos presídios mencionados.

A destinação de cada Unidade do Sistema Prisional do Distrito Federal poderá ser mais bem visualizada na Tabela 3.

Tabela 3 — A destinação de cada unidade prisional do Distrito Federal

Unidade Prisional	Destinação
Centro de Progressão Penitenciária	Presos em regime semiaberto de cumprimento de pena
Centro Detenção Provisória	Presos provisórios
Centro de Treinamento e Reeducação	Presos e processo de reeducação e ex-policiais condenados
Presídio do DF I	Presos que cumprem pena privativa de liberdade em regime fechado
Presídio do DF II	Presos que cumprem pena privativa de liberdade em regime semiaberto
Penitenciária Feminina do Distrito Federal	Presas que cumprem pena privativa de liberdade em regime fechado ou semiaberto, presidiárias provisórias e presas provisórias federais, em caráter excepcional
Divisão de Controle e Custódia de Presos do Departamento de Polícia	Presos temporários (Lei n. 7.960/89), presos por dívida civil e presos em flagrante pelas Delegacias do DF

Tabela construída pelo autor, com base nas informações do Ministério da Justiça (MJ) do Brasil.

7.4. O perfil da população carcerária do sistema penitenciário do Distrito Federal

Para que se tenha uma visão mais ampla do perfil da população carcerária do sistema prisional do Distrito Federal, serão utilizados tabelas e gráficos. O perfil foi construído com base em informações fornecidas pelo Ministério da Justiça (MJ) do Brasil. Contudo, essas informações foram colhidas em épocas diferentes, motivos pelos quais verificar-se-ão divergências de números de presos nas tabelas e nos gráficos a serem apresentados.

7.4.1. O perfil quanto à faixa etária

A faixa etária da população carcerária do Sistema Penitenciário do Distrito Federal é dividida de acordo com as informações contidas na Tabela 4 e no Gráfico 4.

Tabela 4 — A população carcerária do Distrito Federal (DF) quanto à faixa etária

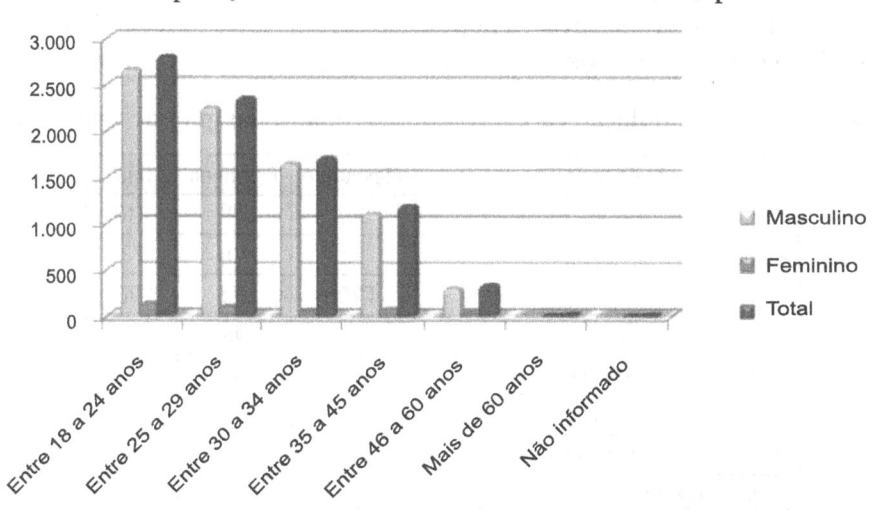

Presos por Faixa Etária	Masculino	Feminino	Total
Entre 18 a 24 anos	2.667	144	2.811
Entre 25 a 29 anos	2.252	109	2.361
Entre 30 a 34 anos	1.652	61	1.713
Entre 35 a 45 anos	1.109	84	1.193
Entre 46 a 60 anos	305	36	341
Mais de 60 anos	18	1	19
Não informado	11	0	11
Total	8.014	435	8.449

Tabela construída pelo autor, com base nas informações do Ministério da Justiça (MJ) do Brasil.

Gráfico 4 — População carcerária do Distrito Federal (DF) por faixa etária

7.4.2. O perfil quanto ao sexo

O perfil quanto ao sexo pode ser observado na Tabela 5 e no Gráfico 5.

Tabela 5 — A população carcerária do DF quanto ao sexo

Categoria	Total
Homens	7.997
Mulheres	549
Total	8.546

Tabela construída pelo autor, com base nas informações do Ministério da Justiça (MJ) do Brasil.

Gráfico 5 — Percentuais de presidiários do DF quanto ao sexo

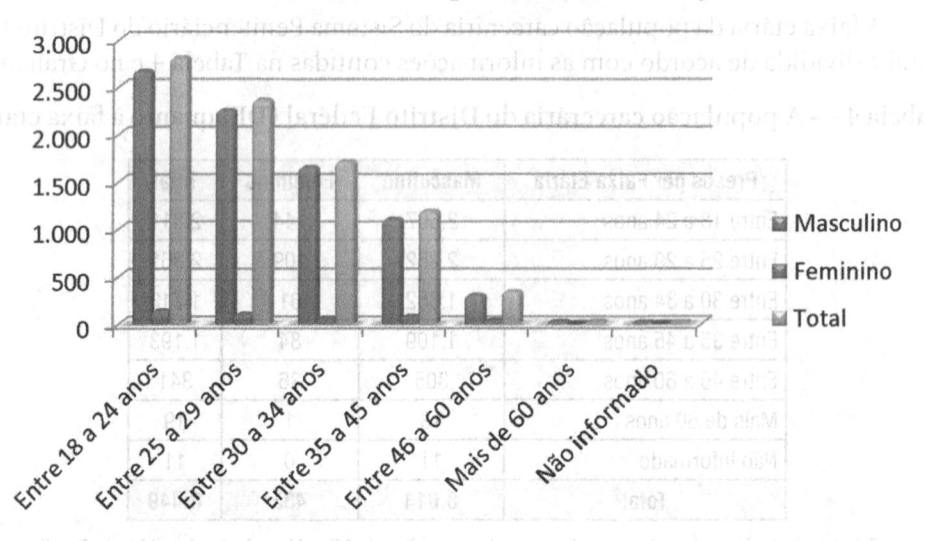

7.4.3. O perfil quanto ao grau de instrução

Segundo o grau de instrução, a população carcerária do Sistema Penitenciário do Distrito Federal está classificada conforme se apresenta na Tabela 6.

Tabela 6 — A população carcerária do DF quanto ao grau de instrução

Grau de Instrução	Masculino	Feminino	Total
Analfabeto	307	9	316
Alfabetizado	73	0	73
Ensino Fundamental Incompleto	4.708	258	4.966
Ensino Fundamental Completo	769	48	817
Ensino Médio Incompleto	843	58	901
Ensino Médio Completo	507	51	558
Ensino Superior Incompleto	132	5	137
Ensino Superior Completo	33	2	35

Grau de Instrução	Masculino	Feminino	Total
Acima do Ensino Superior Completo	1	0	1
Não Informado	361	4	365
Total	**7.734**	**435**	**8.169**

Tabela construída pelo autor, com base nas informações do Ministério da Justiça (MJ) do Brasil.

A realidade demonstrada na Tabela 6 pode ser vislumbrada, também, no Gráfico 6.

Gráfico 6 — População carcerária do DF por grau de instrução

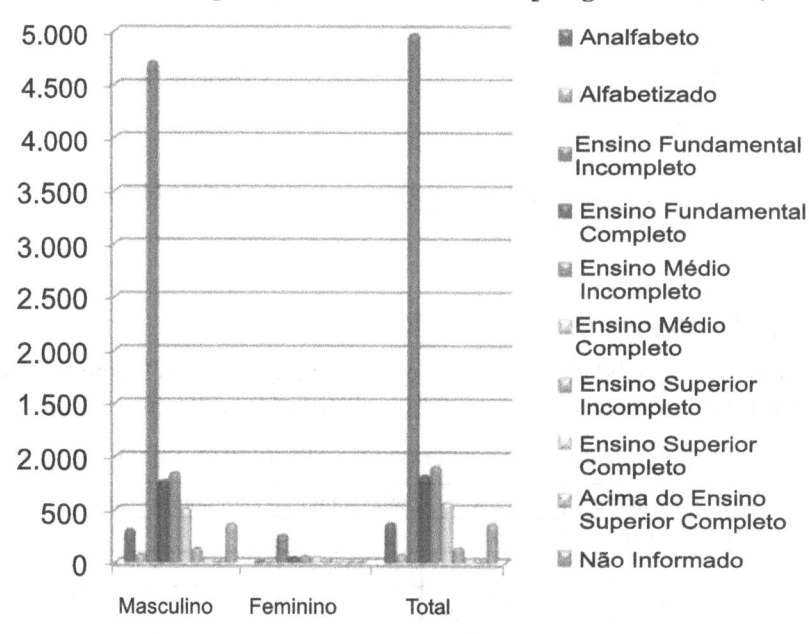

7.4.4. O perfil quanto ao regime de cumprimento de pena

A Tabela 7 e o Gráfico 7 revelam como a população carcerária do Distrito Federal era distribuída quanto ao regime de cumprimento de pena em 31 de dezembro de 2009.

Tabela 7 — A população carcerária do DF quanto ao regime de cumprimento de penas

Regime Prisional	Masculino	Feminino	Total
Presos Provisórios	1.429	109	1.538
Regime Fechado	3.291	192	3.483
Regime Semiaberto	2.944	133	3.077
Regime Aberto	0	0	0
Medida de Segurança — Internação			
Medida de Segurança — Tratamento Ambulatorial	0	0	0
Presos (Polícia Civil — SSP)	74	0	74
Total	**7.738**	**434**	**8.172**

Tabela construída pelo autor, com base nas informações do Ministério da Justiça (MJ) do Brasil.

O Gráfico 7 mostra a mesma situação por outro ângulo.

Gráfico 7 — População carcerária do DF quanto ao regime de cumprimento de penas

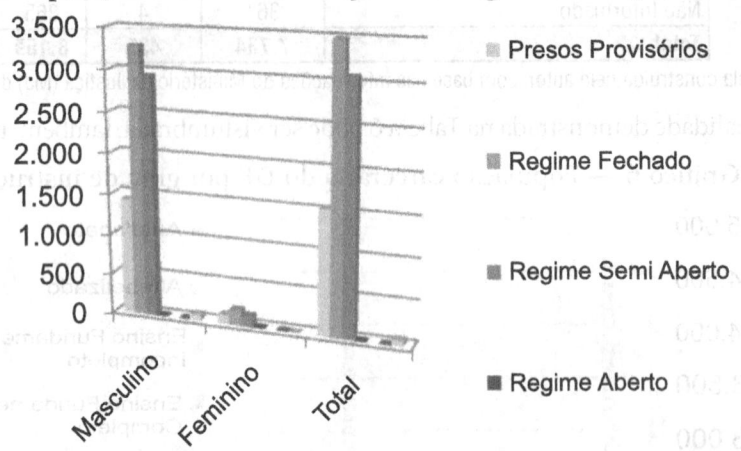

7.3.5. O perfil quanto à nacionalidade

Quanto à nacionalidade, a população carcerária do Sistema Penitenciário do Distrito Federal, em 31 de dezembro de 2009, era distribuída conforme consta na Tabela 8.

Tabela 8 — A População carcerária do DF quanto à nacionalidade

Continente	País	Masculino	Feminino	Total
Europeu	Holanda	2	1	3
Europeu	Itália	2	0	2
Africano	Guiné-Bissau	1	0	1
Africano	Nigéria	1	0	1
Americano	Bolívia	1	0	1
Americano	Paraguai	1	0	1
Americano	Peru	1	0	1
Total		9	1	10

Tabela construída pelo autor, com base nas informações do Ministério da Justiça (MJ) do Brasil.

Gráfico 8 — População carcerária do DF quanto ao continente

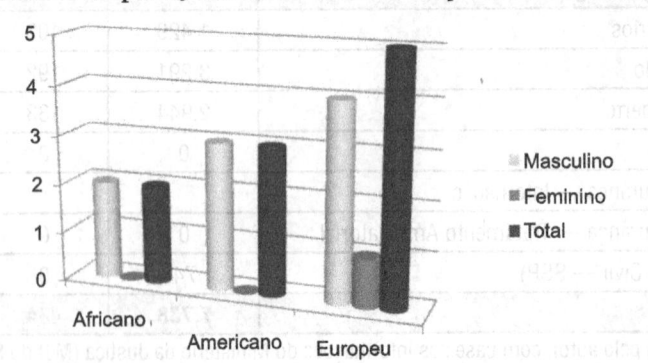

Gráfico 9 — População carcerária do DF quanto à nacionalidade

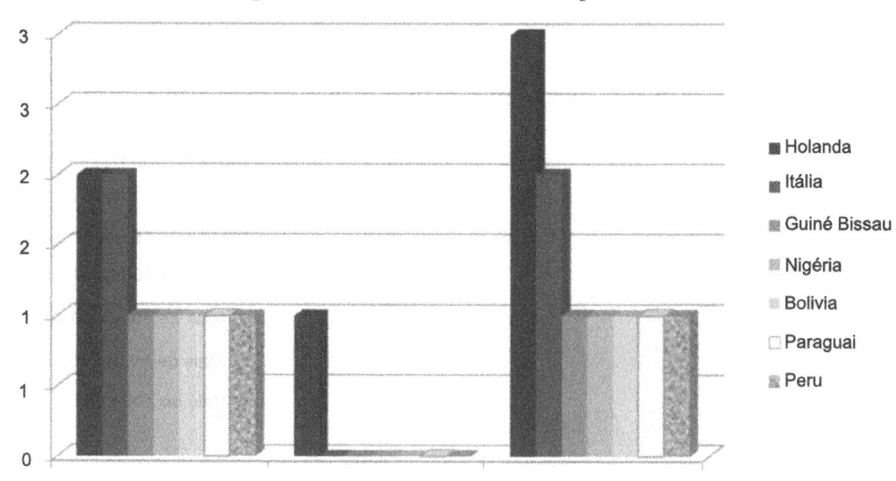

[Gráfico de barras mostrando distribuição por nacionalidade (Holanda, Itália, Guiné Bissau, Nigéria, Bolívia, Paraguai, Peru) nas categorias Masculino, Feminino e Total]

7.4.6. O perfil quanto ao tempo total das penas

A população carcerária do Sistema Penitenciário do Distrito Federal apresenta-se distribuída conforme o tempo de penas, segundo se registra na Tabela 9.

Tabela 9 — A população carcerária do DF quanto ao tempo total das penas

Tempo das Penas	Masculino	Feminino	Total
Até 4 anos	450	106	556
Mais de 4 até 8 anos	1.576	141	1.717
Mais de 8 até 15 anos	1.864	50	1.914
Mais de 15 até 20 anos	850	15	865
Mais de 20 até 30 anos	966	11	977
Mais de 30 até 50 anos	604	1	605
Mais de 50 até 100 anos	194	1	194
Mais de 100 anos	28	0	28
Total	6.532	325	6.856

Tabela construída pelo autor, com base nas informações do Ministério da Justiça (MJ) do Brasil.

O tempo total das penas cumprido pela população carcerária do Sistema Penitenciário do Distrito Federal pode ser observado de outra faceta, no Gráfico 10.

Gráfico 10 — População carcerária do DF quanto ao tempo total das penas

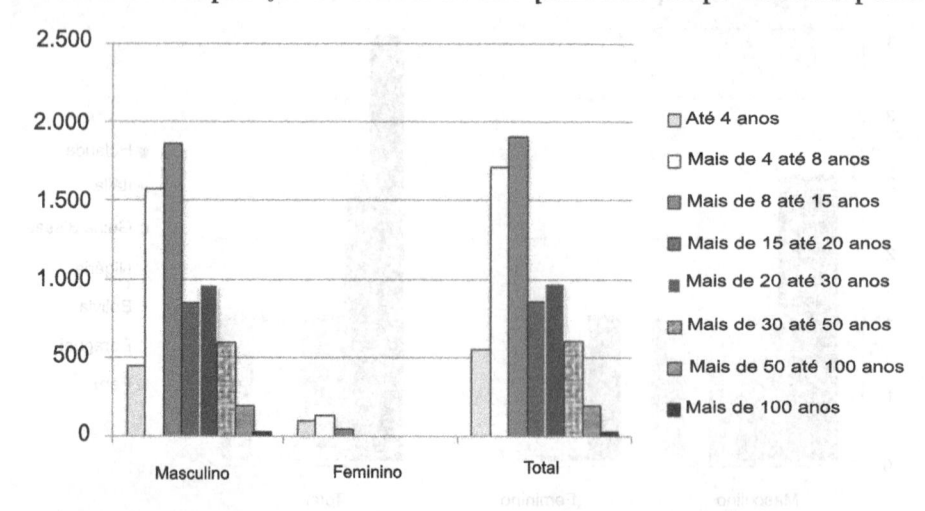

- Até 4 anos
- Mais de 4 até 8 anos
- Mais de 8 até 15 anos
- Mais de 15 até 20 anos
- Mais de 20 até 30 anos
- Mais de 30 até 50 anos
- Mais de 50 até 100 anos
- Mais de 100 anos

7.4.7. O perfil quanto à classificação dos crimes

De acordo com a classificação dos crimes, a população carcerária do Sistema Penitenciário do Distrito Federal estava constituída em 31 de dezembro de 2009 conforme a Tabela 10.

Tabela 10 — A População carcerária do DF quanto à classificação dos crimes

Classificação do crime	Masculino	Feminino	Total
Crimes contra a Pessoa	1.789	31	1.820
Crimes contra o Patrimônio	8.952	208	9.160
Crimes contra os Costumes	466	6	472
Crimes contra a Paz Pública	288	6	294
Crimes contra a Fé Pública	115	19	134
Crimes contra a Administração Pública	9	1	10
Crimes Praticados por Particular contra a Administração Pública	32	0	32
Total	11.651	271	11.922

Tabela construída pelo autor, com base nas informações do Ministério da Justiça (MJ) do Brasil

A classificação retratada na Tabela 10 é, também, mostrada no Gráfico 11.

Gráfico 11 — População carcerária do DF quanto à classificação dos crimes

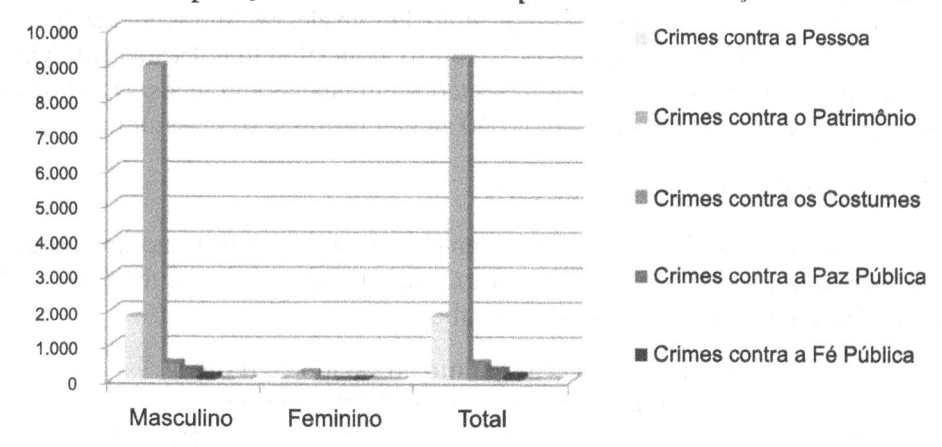

- Crimes contra a Pessoa
- Crimes contra o Patrimônio
- Crimes contra os Costumes
- Crimes contra a Paz Pública
- Crimes contra a Fé Pública

7.5. Perfis construídos por amostragem

Diante da ausência de informações relativas ao estado civil, ao tipo de vínculo de trabalho anterior ao recolhimento ao presídio e à modalidade do rompimento do contrato de trabalho, e somando-se às dificuldades de acesso aos presos de todas as unidades prisionais do Distrito Federal, com a finalidade de colher os dados para a construção desses perfis, optou-se por entrevistar os detentos do Centro de Progressão Penitenciária (CPP). Essa Unidade Prisional foi objeto de estudo no item 7.3.

Os objetivos da pesquisa em comento consistiram em detectar os elementos que estavam desempregados e os que mantinham relação formal ou informal de trabalho quando foram recolhidos ao presídio e aqueles que, em razão da prisão, foram demitidos por justa causa.

A pesquisa, por meio de questionário, foi realizada por amostragem aleatória. E, dos 883 presos existentes no dia 21 de julho de 2010, no CPP, foram convidados aleatoriamente 52, isto é, sem indicá-los ou chamá-los por seus nomes, para participarem da entrevista. Verifica-se, assim, tratar-se de população finita e previamente quantificada.

Utilizou-se a Amostragem Aleatória Simples, isto é, aquela em que cada elemento da população tem probabilidade conhecida, diferente de zero e idêntica à dos outros elementos, de ser selecionado para fazer parte da amostra. Assim sendo, no caso em estudo, a seleção de cada elemento foi feita aleatoriamente. Dessa forma, utilizou-se como critério de inclusão a possibilidade de cada elemento (presidiário) participar da pesquisa. Não foi utilizado o critério de exclusão *a priori*, isto é, com a finalidade de impedir algum elemento de participar da pesquisa.

Contudo, o critério de exclusão foi aplicado *a posteriori*, ou seja, após os dados colhidos. Na análise desses dados, percebeu-se a participação de dois elementos que não preenchiam alguns dos objetivos da pesquisa, quais sejam: descobrir os elementos que estavam desempregados e os que mantinham relação formal ou informal de trabalho quando foram recolhidos ao presídio. Foram eles excluídos em razão de um deles ser servidor público estatutário e, o outro, policial militar. Dessas entrevistas, construíram-se os perfis a seguir apresentados em tabelas e gráficos. Dessa forma, participaram efetivamente da pesquisa 50 elementos do sexo masculino.

7.5.1. O perfil quanto ao estado civil

Dos dados colhidos na pesquisa, percebeu-se a distribuição no que tange ao estado civil dos presidiários, recolhidos no Centro de Progressão Penitenciária (CPP) de Brasília, consoante a Tabela 11 e o Gráfico 12.

Tabela 11 — Perfil quanto ao estado civil dos presidiários recolhidos no CPP (Brasília)

Estado Civil	Quantidade
Solteiros	23
Casados	12
União Estável	9
Divorciados	4
Separados	2
Viúvos	0
Total	50

Tabela construída pelo autor, com base na pesquisa realizada no Centro de Progressão Penitenciária (CPP), em Brasília (DF).

Gráfico 12 — Percentuais da população carcerária do CPP, em Brasília, quanto ao estado civil

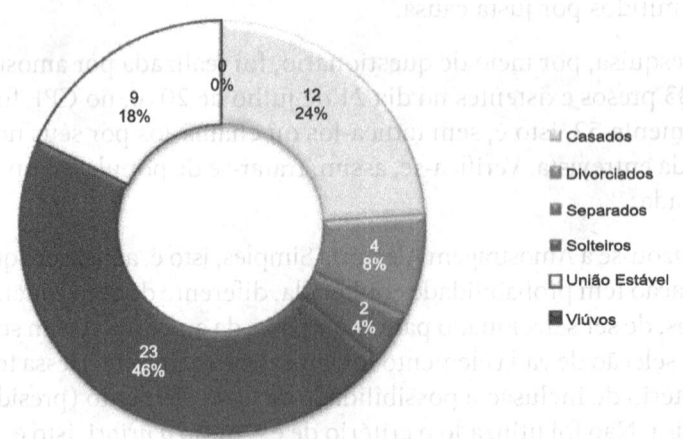

7.5.2. O perfil quanto à relação de trabalho anterior ao recolhimento ao presídio

Mostra-se na tabela 12 e no Gráfico 13 o tipo de relação de trabalho que os presidiários mantinham antes do recolhimento ao presídio.

Tabela 12 — Perfil quanto à relação de trabalho
mantida antes do recolhimento ao presídio

Relação de Trabalho	Quantidade
Formal	18
Informal	18
Desempregado	14
Total	**50**

Tabela construída pelo autor, com base na pesquisa realizada no Centro de Progressão Penitenciária (CPP), em Brasília (DF).

Gráfico 13 — Percentuais da população carcerária
do CPP, em Brasília, quanto à relação de trabalho

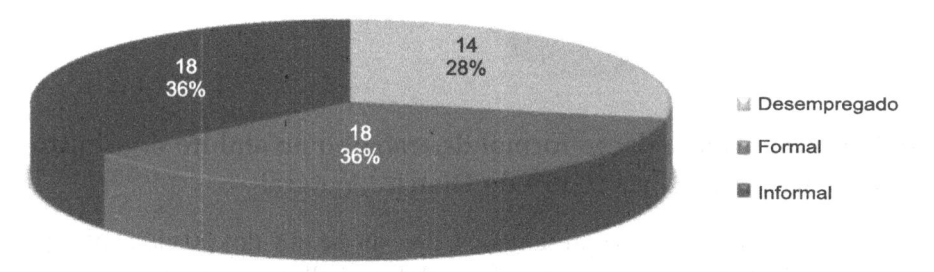

7.5.3. *O perfil quanto ao modo do rompimento do vínculo de emprego decorrente do recolhimento ao presídio*

O modo do rompimento do vínculo de emprego, decorrente do recolhimento ao presídio, pode ser visualizado na Tabela 13 e no Gráfico 14.

Tabela 13 — Perfil quanto ao modo do rompimento do vínculo de emprego

Modalidade	Quantidade
Demissão voluntária	1
Demissão sem justa causa	0
Demissão com justa causa	17
Total	**18**

Tabela construída pelo autor, com base na pesquisa realizada no Centro de Progressão Penitenciária (CPP), em Brasília (DF).

Gráfico 14 — Percentuais da população carcerária do CPP, em Brasília, quanto ao modo de rompimento do vínculo de emprego

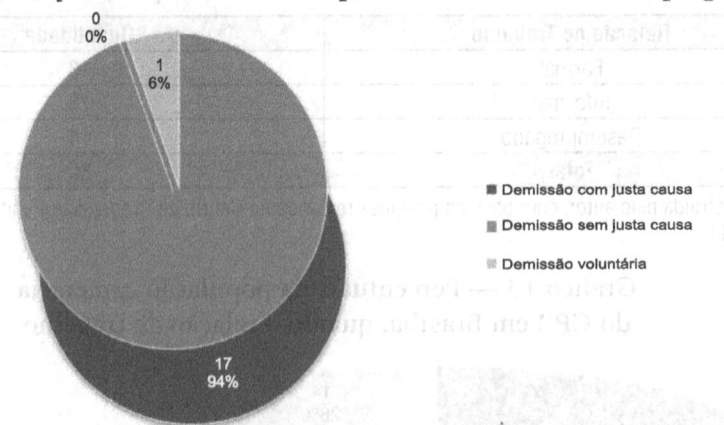

- Demissão com justa causa
- Demissão sem justa causa
- Demissão voluntária

0 — 0%
1 — 6%
17 — 94%

7.6. Possuidores de relação formal de trabalho no âmbito do Centro Detenção Provisória (CPP) do Distrito Federal

Da análise dos gráficos apresentados, percebe-se que dos 50 elementos pesquisados, no CPP, 18 mantinham relação formal de trabalho, o que corresponde a 36%. Aplicando-se esse percentual ao universo de presos no CPP, no dia 21 de julho de 2010 (883), obtém-se a quantidade aproximada de 317 elementos que possuíam relação formal de trabalho.

Na análise da amostra obtida, verificou-se que dos 18 portadores de relação formal de trabalho, 17 foram demitidos em razão do recolhimento ao presídio para cumprimento de pena privativa de liberdade, o que corresponde a 94%. Aplicando-se esse percentual sobre a quantidade de presos no CPP, com vínculo de emprego (317), chega-se à quantidade aproximada de 19 que tiveram demissão voluntária, isto é, que pediram demissão, e de 298 presos demitidos por justa causa em razão do recolhimento ao presídio, para cumprimento de pena privativa de liberdade. Essa realidade está representada na Tabela 14 e no Gráfico 15.

Tabela 14 — Modalidades de demissões decorrentes do recolhimento ao presídio

Modalidade	Quantidade
Demissão voluntária	19
Demissão sem justa causa	0
Demissão com justa causa	298
Total	317

Gráfico 15 — Percentuais de demissões decorrentes do recolhimento ao presídio relativos aos presos do CPP (Brasília)

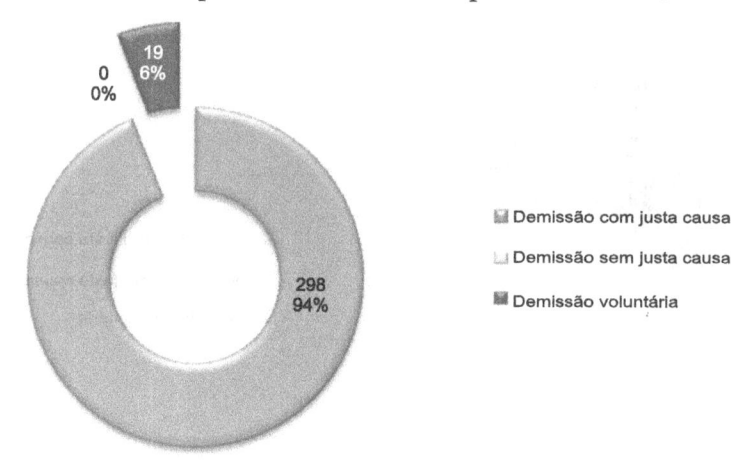

- Demissão com justa causa
- Demissão sem justa causa
- Demissão voluntária

7.7. Possuidores de relação formal de trabalho no âmbito do sistema penitenciário do Distrito Federal antes do recolhimento ao presídio

Com base no raciocínio esposado, 36% de 7.997 correspondem a 2.879 presos do Distrito Federal que possuíam relação formal de trabalho no dia antes do recolhimento ao presídio. Desses, aproximadamente 2.706 (94%) foram demitidos em razão do recolhimento ao presídio para cumprimento de pena privativa de liberdade.

Os números apresentados estão realçados na Tabela 15 e no Gráfico 16.

Tabela 15 — Presos do sistema penitenciário do DF que possuíam vínculo de emprego antes do recolhimento ao presídio

Modalidade	Quantidade (aprox.)
Demissão voluntária	173
Demissão sem justa causa	0
Demissão com justa causa	2.706
Total	**2.879**

O Gráfico 16 mostra o percentual dos presos que possuíam relação formal de trabalho anterior ao recolhimento ao presídio.

Gráfico 16 — Percentuais de possuidores de relação formal de trabalho no âmbito do Sistema Penitenciário do Distrito Federal antes do recolhimento ao presídio

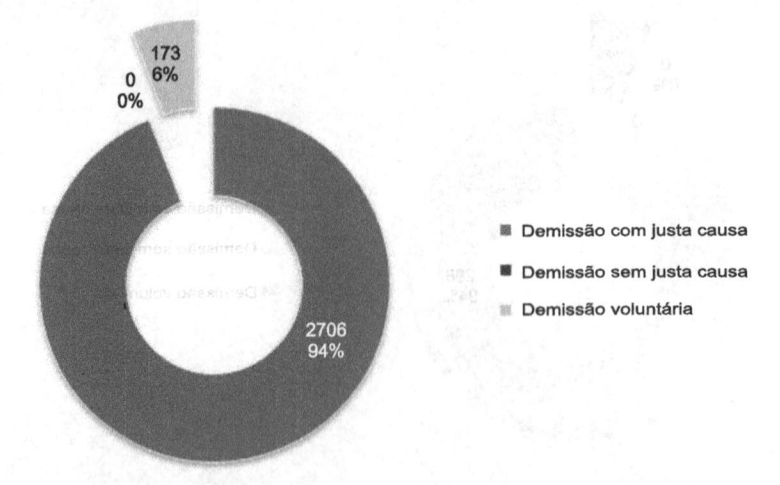

- Demissão com justa causa
- Demissão sem justa causa
- Demissão voluntária

(173 — 6%; 0 — 0%; 2706 — 94%)

Da pesquisa realizada, percebe-se que, apenas no âmbito do Distrito Federal, de um universo de 7.997 presos (julho/2010), 2.879 possuíam relação formal de trabalho, e, desses, aproximadamente 2.706 foram demitidos por justa causa em razão do recolhimento ao presídio para cumprimento de pena privativa de liberdade. (*Vide* Tabelas 14 e 15 e Gráficos 15 e 16).

7.8. Conclusão

Dessa forma, com base nos dados apresentados, poder-se-á ter uma ideia do universo de presidiários existente no Brasil, possibilitando mensurar a amplitude da população carcerária no país e, de consequência, descobrir o número aproximado dos que foram demitidos por justa causa, em virtude do recolhimento ao presídio, para cumprir pena privativa de liberdade. Essa mensuração, entretanto, não é feita neste trabalho por extrapolar o seu objeto.

Capítulo 8

O estigma, as consequências da condenação criminal e a inserção social do ex-presidiário por meio do emprego

8.1. Introdução

Estigma vem da palavra grega στιγμα. Segundo Taylor, στιγμα era a "marca estampada no corpo de um escravo como sinal de quem era o seu dono".[169] Para Goffman, essa marca feita com cortes ou fogo no corpo marcava quem eram os excluídos (escravos ou criminosos). Tratava-se de um sinal permanente de sua condição o qual deveria ser evitado. Esse autor explica que estigma pode ser ainda uma marca ou um mal moral, profundamente depreciativo, de quem o apresenta. Em razão dessa marca, o indivíduo deixa de ser visto como uma pessoa normal e é reduzido a um ser diferente, estranho e menosprezado. Tais características que consolidam o estigma determinam a exclusão do indivíduo.[170]

Goffman pontua que as pessoas são induzidas a acreditar que um indivíduo com um estigma não seja completamente humano, por isso, faz-se todo o tipo de discriminação, o que contribui para reduzir até mesmo suas chances de vida. Esse autor ressalta que, para explicar a "inferioridade" de certas pessoas e realçar o perigo que elas representam, chegou-se ao ponto de construir uma teoria do estigma. Essa teoria utiliza termos específicos como "aleijado", "bastardo", "como fonte de metáfora e representação de maneira característica em pensar no seu significado original". O efeito dessa discriminação é "afastar o indivíduo da sociedade e de si mesmo de tal modo que ele acaba por ser uma pessoa desacreditada frente a um mundo não receptivo".[171]

8.2. O estigma de ser ex-presidiário

Para Goffman, existem grupos de pessoas estigmatizadas. O primeiro grupo é formado por aqueles que possuem deformidades físicas; o segundo, por aqueles que carregam as culpas de caráter individual como as paixões tirânicas ou "não naturais", desonestidade, distúrbio mental, prisão, vício, alcoolismo, homossexualidade,

---

(169) Taylor, W. C. *Dicionário do novo testamento grego*. 7. ed. Rio de Janeiro: Juerp, 1983. p. 204.

(170) GOFFMAN, Erving. *Estigma:* notas sobre a manipulação da identidade deteriorada. Rio de Janeiro: Guanabara Koogan, 1988. p. 13.

(171) *Ibidem*, p. 14-15

desemprego, tentativa de suicídio e comportamento político radical; e, finalmente, no terceiro estão os que comportam estigmas tribais, de etnia, religião e nação.[172]

Percebe-se que o ex-detento insere-se no segundo grupo, por fazer parte daqueles que carregam as culpas de caráter individual, como é o caso da prisão. Assim, por sua própria condição, o ex-detento é uma pessoa que carrega consigo tal estigma.

8.3. As consequências da condenação criminal do empregado, transitada em julgado, sem suspensão da execução da pena

Consequências várias ocorrerão ao empregado em caso de condenação criminal do empregado, transitada em julgado, sem suspensão da execução da pena. É o que se examinará neste Capítulo.

8.3.1. O recolhimento do empregado ao presídio

A primeira consequência da condenação criminal do empregado, transitada em julgado, sem suspensão da execução da pena, é o seu recolhimento ao presídio, para o cumprimento da pena a ele imposta. Sem esse recolhimento não restará violado o disposto na letra "d", do art. 482, da CLT, já que o empregado poderá continuar prestando serviço para o seu empregador.

8.3.2. A impossibilidade do empregado de comparecer ao serviço

Recolhido ao presídio tem-se a segunda consequência, decorrente da primeira. É a impossibilidade do empregado de comparecer ao trabalho, por estar preso. Trata-se de uma figura que se aproxima do abandono de emprego, mas diverso desse, por faltar-lhe o *animus abandonandi*, i. e., o desejo, a intenção de abandonar o trabalho, presente no primeiro caso.

8.3.3. A demissão do empregado por justa causa

A terceira consequência, oriunda da segunda, é sua demissão por justa causa, pelo fato de não poder trabalhar. A jurisprudência laboral brasileira caminha nessa direção conforme o seguinte aresto:

> EMENTA: CONDENAÇÃO CRIMINAL TRANSITADA EM JULGADO. DEMISSÃO POR JUSTA CAUSA. INCIDÊNCIA DO DISPOSTO NA ALÍNEA "D" DO ART. 482 DA CLT. Comprovada a existência de condenação criminal do autor, devidamente transitada em julgado, cabível a demissão do mesmo (sic) por justa causa, com base no disposto na alínea "d" do art. 482 da CLT. O pedido de licença para tratamento de interesses particulares, quando já efetivado o recolhimento do reclamante ao presídio, traz ínsito o objetivo de evitar as ausências ao serviço e a incidência da lei que permite a rescisão contratual por justa causa.(Tribunal: 4ª Região. Decisão: 10.12.1997 – Fonte: 26.1.1998. Tipo: RONum: 96.022516-1 Ano: 1996. Número único. Proc: RO – Turma: 1ª Turma. Relator: Juiz Edir Inácio da Silva. Julgado improcedente a ação)

---

(172) *Ibidem*, p. 13-14.

8.3.4. A dificuldade do trabalhador de encontrar novo emprego no Brasil após o cumprimento da pena

Esta é, certamente, a consequência mais gravosa para o trabalhador. Mesmo o trabalhador que foi dispensado do emprego sem justa causa encontra grande dificuldade de se reempregar imediatamente. Polski[173] e Faber[174] asseveram que a probabilidade de reemprego nos Estados Unidos oscilou em torno de 65% nas décadas de 1980 e 1990. Segundo esses autores, quando o trabalhador consegue um novo emprego, ele sofre uma perda salarial em torno de 5%.

Gibbons e Katz demonstraram, por meio de pesquisa realizada nos Estados Unidos, que os trabalhadores que perderam o emprego por demissão sem justa causa sofriam perdas salariais, ao conseguirem novos empregos, mais do que aqueles que perderam o emprego em decorrência do fechamento da empresa em que trabalhavam. A pesquisa mostrou, ainda, que a probabilidade de se conseguir novo emprego era menor para aqueles trabalhadores do que para esses.[175]

Corseuil *et al.* empreenderam pesquisa para verificar se as predições do modelo de Gibbons e Katz se aplicariam ao caso do Brasil. Suas conclusões foram:

> Neste artigo, confirmamos para o caso brasileiro as predições do modelo de Gibbons e Katz (1991), de que trabalhadores demitidos enfrentam maiores dificuldades de recolocação no setor formal da economia brasileira do que trabalhadores que perdem seus empregos em razão do fechamento dos estabelecimentos em que trabalhavam. Seguindo um modelo teórico em que a forma de desligamento do último emprego afeta principalmente a produtividade que potenciais empregadores esperam que os trabalhadores recém-desocupados tenham, concluímos de forma robusta que a produtividade esperada de um demitido é cerca de 15% menor do que a de um desempregado por fechamento do estabelecimento.[176]

Ora, se um trabalhador, demitido sem justa causa, encontra dificuldades para se reempregar, imagine-se um que foi demitido por justa causa! Saint-Clair, correspondente da revista *Época* no Rio de Janeiro, em trabalho publicado em 16.8.2002, apresentou o seguinte depoimento de um ex-detento de São Paulo:

> O paulistano Carlos Martins de Oliveira passou os últimos quatro anos atrás das grades. Em liberdade desde 17 de julho, depois de cumprir pena por furtos e assaltos, espera nunca mais comer o pão que o xadrez costuma reservar a pobres-diabos como ele. Sabe, porém, que isso será difícil. **Oliveira já foi**

---

(173) POLSKI, Daniel. Changing consequences of job separations in the United States, *Industrial and Labor Relations Review*, v. 52, n. 4, p. 565-580, 1990.

(174) FABER, Henry. Job loss in the United States: 1981-2001. *NBER Working Paper*, n. 9.707, 2003.

(175) GIBBONS, Robert; KATZ, Lowrence. Layoffs and Lemons. *Journal of Labor Economics*, v. 9, n. 4, p. 351-380 1991.

(176) CORSEUIL, C. H. L.; *et al. O estigma da perda de um emprego formal no Brasil.* S. L.: Mimeo, 2009.

solto e retornou à cadeia quatro vezes. Sempre pelo mesmo motivo: sem conseguir emprego, por causa de seu passado como detento, não resistiu ao dinheiro aparentemente fácil da vida bandida. Agora, um mês após ter saído da prisão, conta que já recusou oito convites para voltar ao crime. Ainda não encontrou oferta de trabalho honesto. 'O pessoal não esquece que a gente pisou na bola, principalmente nas entrevistas para emprego', diz o ex-presidiário de 28 anos, que vive num albergue para indigentes do Brás, em São Paulo. 'No Brasil, não existe pena de quatro ou dez anos. Você cumpre pena o resto da vida', sentencia. (Destacou-se).[177]

Adams informa na referida revista que:

O último censo do Departamento Penitenciário Nacional (Depen), feito em 1995, revelou que 85% dos presos são reincidentes. O diretor Ângelo Roncalli, porém, diz que os números não são precisos, por falhas na metodologia de pesquisa. Em São Paulo — onde vivem 43% dos 240 mil detentos do país — há dados mais conclusivos que os nacionais. Segundo a Secretaria da Administração Penitenciária, 52% dos presos do Estado têm passagens anteriores pela prisão. 'Se fosse considerado também quem reincide no crime, mesmo sem ser preso, a taxa chegaria a 75%', diz o pesquisador Roberto da Silva, do Instituto Latino-Americano das Nações Unidas para Prevenção do Delito e Tratamento do Delinquente (Ilanud).[178]

Da revista *Época*, registra-se ainda outro depoimento, o de Roberto Silva, também de São Paulo, tomado pela jornalista Mirian Fichtner. Relata que:

'Quando sai da prisão, o egresso não tem trabalho, casa e nem sempre conta com a família', afirma Roberto da Silva. Ele conhece bem o assunto. Antes de virar doutor em Educação pela USP, esteve sete anos na Casa de Detenção, em São Paulo, por crimes de assalto, estelionato e porte ilegal de arma. Ao pesquisar a reincidência em São Paulo, chegou a números reveladores: 34% dos ex-detentos tornam a cometer crimes em menos de seis meses; 12%, entre seis meses e um ano; e 10%, entre um ano e um ano e meio. 'Em média, 1.400 presos deixam as cadeias de São Paulo todo mês. E não há capacidade para atender nem 5% deles', avalia. 'Se o Estado garantisse o mínimo por pelo menos seis meses, a reincidência despencaria na mesma proporção, com outros indicadores de violência.

Acrescenta, ainda, a aludida jornalista que:

No fim das contas, de cada dez presos nas cadeias brasileiras, entre cinco e sete já teriam passado pelas mãos do Estado, que perdeu a chance de afastá-los do crime. A maioria é de pequenos assaltantes ou traficantes sem poder na

---

(177) SAINT-CLAIR, Clóvis. A pena perpétua: o drama de ex-detentos que buscam trabalho mas só encontram preconceito. *Revista Época*, Rio de Janeiro: ed. n. 222, 16.8.2002.

(178) ADAMS, Denise. *Revista Época*, Rio de Janeiro: ed. n. 222, 16.8.2002.

hierarquia da bandidagem. Ao entrar pela primeira vez numa penitenciária, selam seu destino. Mesmo depois de cumprir pena e acertar as contas com a Justiça, dificilmente voltam a conseguir um emprego. Acabam retornando ao banditismo.[179]

Melhor não é a situação dos ex-presidiários em Brasília. Sabrina Craíde, da Agência Brasil, registra o depoimento de uma ex-detenta de 61 anos de idade, a quem atribui o nome fictício de Maria, detentora da profissão "técnica em enfermagem". Maria passou um ano e meio na Penitenciária Feminina do Distrito Federal, que se localiza no Gama, por tráfico de drogas. Embora entenda que a qualificação é fator relevante para o ex-presidiário conseguir emprego, afirma que isso não é suficiente para garantir a colocação no trabalho e acentua: "Eu trabalhei tanto na minha vida para ter um final um pouco mais tranquilo, e me vejo assim, sem perspectiva. Porque por mais que eu seja qualificada, eu não tenho uma porta aberta de um hospital, e eu trabalhei tantos anos em hospital. Então, você não entende por que eu estou desempregada, se eu sou qualificada", mas arremata:

> O trabalho e a educação são imprescindíveis para a recuperação e a ressocialização para aqueles que cometeram algum tipo de crime e estão cumprindo pena ou que tenham cumprido. Sem profissionalizar, sem ter um caminho a seguir, que possa dar um norte para ele, que ele possa sobreviver do trabalho e do suor dele, dificilmente ele vai conseguir ficar na rua, vai chegar um momento em que ele vai ficar desesperado e vai fazer uma besteira novamente.[180]

Em pesquisa realizada por Diniz, quanto ao perfil anterior do egresso do sistema prisional de Belo Horizonte, em relação ao trabalho, constatou-se que "41,5% dos detentos trabalhavam em atividades informais sem qualificação antes da prisão, e 31,5% não trabalhavam".[181] Isso significa que 27% dos egressos do sistema prisional trabalhavam com vínculo de emprego antes da prisão, cuja maioria desse percentual estará excluída do mercado de trabalho.

Destaque-se, das pesquisas mencionadas, que quando o ex-presidiário não encontra emprego após o cumprimento da pena, e essa é a possibilidade mais provável, em regra geral, ele volta à prática de crimes. Não tendo o necessário para prover suas necessidades e de sua família, o egresso do presídio não suporta o sofrimento e, por isso, volta ao crime. Assim, todo o trabalho pelo qual passou o ex-detento para se redimir do(s) crime(s) anterior(es), somando-se ao trabalho que o sistema prisional, psicólogos e assistentes sociais lhes dispensaram, todos foram desperdiçados.

---

(179) FICHTNER, Mirian. O egresso não tem trabalho. *Revista Época*, Rio de Janeiro: ed. n. 222, 16.8.2002.

(180) CRAÍDE, Sabrina. *Trabalho e qualificação são fundamentais para evitar reincidência, afirma ex-detenta.* Disponível em: <http://www.agenciabrasil.gov.br/noticias/2007/12/21/materia.2007-12-21.2987533517/view> Acesso em: 22 out. 2009.

(181) DINIZ, Lígia Garcia. *A reinserção social do egresso do sistema prisional pelo trabalho:* a experiência de Belo Horizonte. 2005. Disponível em: <http://www.institutoelo.org.br> Acesso em: 23 out. 2009.

8.3.5. O desenvolvimento de baixa autoestima no empregado demitido

Coopersmith conceitua a autoestima da seguinte maneira:

> By self-esteem we refer to the evaluation which the individual makes and customarily maintains with to himself: it expresses an attitude of approval or disapproval, and indicates the extent to which the individual believes himself to be capable, significant, successful, and worthy. I short, self-esteem is a personal judgment of worthiness that is expressed in the attitudes the individual holds toward himself.[182, 183]

Nessa mesma linha, é o conceito de Maia. Para esse autor, a autoestima é "a opinião acerca de si (autoconceito), somada ao valor ou sentimento que se tem de si mesmo (amor-próprio, autovalorização), adicionado a todos os demais comportamentos e pensamentos que demonstrem a confiança, segurança e valor que o indivíduo dá a si (autoconfiança), nas relações e interações com outras pessoas e com o mundo". De outra vertente, esse autor aponta situações que, quando presentes na vida de uma pessoa, "são precipitadoras e/ou mantenedoras de uma baixa autoestima, tais como: críticas, rejeições, humilhações, abandono, desvalorizações e perdas".[184]

A baixa autoestima do ex-detento é plasmada ao longo de suas interações familiares, escolares, profissionais e a vida no presídio. Contudo, ela é solidificada na fase pós-presídio, principalmente em decorrência da dificuldade de encontrar emprego, fazendo-o sentir-se cada vez mais inferiorizado e destituído de qualquer valor. Por isso, prover o sustento próprio e o da família por meio do trabalho é o modo eficiente para a elevada autoestima, tornando-o competente para enfrentar corretamente os desafios do dia a dia.

8.3.6. Outras consequências

Berquó acentua que: "A perda do emprego gera efeitos sobre a vida do empregado e de sua família como pobreza progressiva com perda do poder aquisitivo, dívidas, enfermidades, depressão, delinquência, entre outros".[185] Segundo Barros, a perda do emprego é um dos eventos estressantes que, em muitos casos, desencadeia a depressão.[186] Lembra Rennó Júnior que a depressão é a quarta maior causa de incapacitação

---

(182) COOPERSMITH, Stanley. *The antecedents of self-esteem*. San Francisco: Freeman, 1967. p. 4-5.

(183) Por autoestima nos referimos à avaliação que o indivíduo faz, e que habitualmente mantém, em relação a si mesmo. Expressa uma atitude de aprovação ou desaprovação e indica o grau em que o indivíduo se considera capaz, importante e valioso. Em suma, a autoestima é um juízo de valor que se expressa mediante as atitudes que o indivíduo mantém em face de si mesmo. (Tradução livre do autor)

(184) MAIA, Enrique. *Mas, o que é autoestima?* Disponível em: <http://www.inpaonline.com.br/artigos/voce/auto_estima-imp.htm> Acesso em: 13 abr. 2010.

(185) BERQUÓ, Anna Taddei Alves Pereira Pinto. *A proteção ao emprego no Brasil e a Convenção n. 158 da Organização Internacional do Trabalho*. Disponível em: <www.ccj.ufpb.br/primafacie/prima/artigos/n7/protecao.pdf> Acesso em: 28 dez. 2009.

(186) BARROS, Janiber. *Depressão*. Disponível em: <http://www.astrisutra.org.br/Depress%E3o.doc> Acesso em: 28 dez. 2009.

para o trabalho, acarretando sérios prejuízos na vida do trabalhador.[187] A falta de trabalho produz seus filhos bastardos: a ausência de direção, a falta de sentido para a vida, a baixa autoestima, o ódio, a depressão, o álcool e as drogas. Por outro ângulo, o trabalho é considerado o melhor método para vencer a loucura,[188] e combater os malefícios mencionados.

Assim, por saber-se que a perda do emprego infringe grandes males àquele que é demitido, principalmente por justa causa, vale a pena pensar-se em outras possibilidades a fim de que o egresso do sistema prisional possa se reintegrar na sociedade de forma eficaz. Caso contrário, o ônus se voltará contra a própria sociedade sob forma de novos ciclos de criminalidade, por parte desse mesmo egresso.

8.4. O trabalho como categoria de direito humano

Inicia-se o estudo deste tópico com o conceito e a origem dos direitos humanos.

8.4.1. Conceito de direitos humanos

Rabenhorst explica que:

O que se convencionou chamar 'direitos humanos' são exatamente os direitos correspondentes à dignidade dos seres humanos. São direitos que possuímos não porque o Estado assim decidiu, através (sic) de suas leis, ou porque nós mesmos assim o fizemos, por intermédio dos nossos acordos. Direitos humanos, por mais pleonástico que isso possa parecer, são direitos que possuímos pelo simples fato de que somos humanos.[189]

Rabinovich-Berkman assim conceitua direitos humanos:

El adjetivo que aparece en La expresión que nos ocupa es 'humanos'. Quiere decir, según la Real Academia Española, 'perteneciente o relativo al hombre' (es decir, a cada individuo de nuestra especie, varón o mujer). Así que por 'derechos humanos' podríamos entender aquellos poderes amparados por la comunidad, que generan conductas obligatorias en los demás, y de los que es titular por el simple hecho de *ser un miembro de la especie del homo sapiens sapiens*. Es decir, la nuestra.[190] (Destaque no original)[191]

---

[187] RENNÓ JR., Joel. *Saúde mental*. Disponível em: <http://www2.uol.com.br/vyaestelar/mente_auto_estima.htm> Acesso em: 13 abr. 2010.

[188] ENRIQUEZ, Eugene. Instituições, poder e desconhecimento. In: ARAÚJO, J. N. G. de T. C. (Org.). *Cenários sociais e abordagem clínica*. São Paulo: Escuta, 2001. p. 58.

[189] RABENHORST, Eduardo R. *O que são direitos humanos?* Educação em direitos humanos: fundamentos histórico-filosóficos, p. 5. Disponível em: <www.redhbrasil.net/documentos/.../1.o_q_sao_dh_eduardo.pdf> Acesso em: 7 fev. 2010.

[190] RABINOVICH-BERKMAN, Ricardo David. *Derechos humanos*. Una introducción a su naturaleza y a su historia, Buenos Aires: Quorum, 2007. p. 2.

[191] O adjetivo que aparece na expressão que nos ocupa é 'humanos'. Quer dizer, segundo a Real Academia Espanhola, 'pertencente ou relativo ao homem' (isto é, a cada indivíduo de nossa espécie, varão ou mulher).

8.4.2. Síntese da evolução dos direitos humanos

Os direitos humanos são tão antigos quanto o próprio homem. No início, manifestados de forma consuetudinária, os direitos humanos receberam a atenção dos mais antigos escritores que o mundo conheceu. Eles estão presentes na Epopeia de Gilgamesh e nas leis escritas de Ur-Nammu e Eshunna (reis de Cidades-Estado do Fértil Crescente, que viveram antes de Hamurabi).[192] Os direitos humanos estão presentes no Código de Hamurabi (séc. XVIII a. C.) e no Antigo Testamento, especialmente na *Torá* ou Pentateuco,[193] como também nos antigos profetas hebreus. O termo hebraico *Torá* pode ser traduzido por lei, em português, ou *ley*, em espanhol. No Antigo Testamento, o profeta Isaias assim reverberou: "Buscai o direito, corrigi o opressor! Fazei justiça ao órfão, defendei a causa da viúva".[194]

Os direitos humanos estão presentes, ainda, na cultura da Grécia Antiga, no Direito Romano, nos escritos dos Pais da Igreja e no Cilindro de Ciro. Há nesse Cilindro uma declaração de direitos humanos do rei Ciro II, da Pérsia, gravado em 539 a. C., após sua conquista da Babilônia. Tais direitos estão presentes também na Filosofia Medieval. Os teólogos medievais defenderam os direitos humanos com base no direito natural, de origem divina.

O mundo testemunhou o surgimento de outros documentos que também contribuíram para a construção do arcabouço dos direitos humanos. Cita-se, como exemplos, a Magna Carta Inglesa de 1215 e a Carta de Mandén de 1222. A Magna Carta, cujo nome em latim é *Magna Carta Libertatum seu Concordiam inter regem Johannen at barones pro concessione libertatum ecclesiae et regni angliae* que. Traduzido para o português é "Grande Carta das liberdades, ou Concórdia entre o rei João e os barões para a outorga das liberdades da Igreja e do rei inglês", é um documento elaborado em 1215 que limitava o poder dos monarcas da Inglaterra. Por esse documento, o Rei João renunciava a certos direitos, comprometia-se a respeitar determinados procedimentos legais e reconhecia que a vontade do rei estaria, dali para a frente, sujeita à vontade da lei. A Carta de Mandén, de 1222, é a Declaração fundante do Império Mali, considerada também um dos marcos dos direitos humanos.

O conceito divino de direito natural foi reformulado pelos racionalistas dos séculos XVII e XVIII. Para o racionalismo, "[...] todos os homens são por natureza livres e têm certos direitos inatos que não podem ser despojados quando entram em sociedade. Foi essa corrente de pensamento que acabou por inspirar o actual sistema internacional de proteção dos direitos humanos."[195] Rabenhorst assevera que:

Assim que por 'direitos humanos' podemos entender aqueles poderes amparados pela comunidade, que geram condutas obrigatórias nos demais, e daquele que é titular pelo simples fato de ser um membro da espécie do *homo sapiens sapiens*. Quer dizer, a nossa. (Tradução livre do autor)

(192) CASTRO, Flávia Lages de. *Op. cit.*, p. 12-13.
(193) Trata-se dos cinco primeiros livros da Bíblia: Gênesis, Êxodo, Levíticos, Números e Deuteronômio.
(194) Isaías, cap. 1, v. 17, Bíblia de Jerusalém.
(195) WIKIPEDIA, A Enciclopédia Livre. *Direitos Humanos*. Disponível em: <http://pt.wikipedia.org/wiki/Direitos_humanos> Acesso em: 11 fev. 2010.

Os primeiros direitos humanos, que surgiram no século XVIII, são os chamados direitos civis e políticos. Os sujeitos destes direitos são os indivíduos; objetos sobre os quais eles versam, por sua vez, são as liberdades individuais (liberdade de ir e vir, liberdade de expressão, liberdade de crença etc.). Por isso mesmo, os direitos civis e políticos são também conhecidos como 'direitos-liberdade'.

No século XIX, por sua vez, apareceram os direitos sociais, econômicos e culturais, cujos sujeitos são também os indivíduos, só que agora considerados do ponto de vista coletivo e no plano da distribuição dos recursos sociais. São os chamados 'direitos-prestação', posto que exigem uma intervenção por parte do Estado de maneira a suprir as necessidades mais básicas dos indivíduos e a propiciar o próprio exercício das liberdades individuais.

A diferença entre um direito-liberdade e um direito-prestação pode ser compreendida a partir do seguinte exemplo: de acordo com a Constituição Federal brasileira, temos o direito de ir e vir livremente, porém tal direito nunca poderá ser plenamente exercido se não dispomos de transporte público, não temos dinheiro para comprar a passagem, ou caso sejamos portadores de uma necessidade especial, se não existem rampas para a cadeira de rodas que utilizamos.

O século XX foi o mais rico do ponto de vista da expansão dos direitos humanos. Nele surgiram os "direitos difusos", assim denominados porque não têm um sujeito específico, mas interessam à humanidade como um todo (direito ao desenvolvimento, direito à paz, direito ao meio ambiente protegido etc.).[196]

Segundo Bobbio, a doutrina dos direitos humanos nasceu "da filosofia jusnaturalista, a qual — para justificar a existência de direitos pertencentes ao homem como tal, independentemente do Estado — partira da hipótese de um estado de natureza, em que os direitos do homem são poucos e essenciais: o direito à vida e à sobrevivência, que inclui também o direito à propriedade; e o direito à liberdade, que compreende algumas liberdades essencialmente negativas".[197]

Thomas Hobbes, John Locke e Jean-Jacques Rousseau, por meio de seus escritos[198], contribuíram para a formulação da teoria do contrato social. Essa teoria defende que os direitos da pessoa humana são naturais, sendo, por isso, titular de todos os direitos, quando está no estado de natureza.

Essa teoria contribuiu para a formulação das declarações de direitos humanos que passaram a surgir desde então. A primeira delas foi a Declaração dos Direitos da Virgínia, datada de 12 de junho de 1776, redigida por George Mason e proclamada

---

(196) RABENHORST, Eduardo R. *Op. cit.*, p. 6.
(197) BOBBIO, Norberto. *A era dos direitos.* Trad. de: Carlos Nelson Coutinho. 16. tir. Rio de Janeiro: Campus, 1992. p. 73.
(198) LOCKE, John, *Segundo tratado sobre o governo* (1690). São Paulo: Martin Claret, 2007; HOBBES, Thomas. *O Leviatã.* Trad. de: Alex Marino. São Paulo: Martin Claret, 2006; ROUSSEAU, Jean-Jacques. *Do contrato social.* Trad. de: Pietro Nassetti. São Paulo: Martin Claret, 2006.

pela Convenção de Virgínia. Essa Declaração inspirou Thomas Jefferson a incluir uma "declaração de direitos humanos" na Declaração da Independência dos Estados Unidos da América, de 4 de julho de 1776. A Declaração dos Direitos da Virgínia serviu também de inspiração para a Assembleia Nacional Francesa na elaboração da Declaração dos Direitos do Homem e do Cidadão de 1789.

A difusão conceitual de direitos humanos pelo mundo inteiro e, principalmente, a sede por esses direitos provocada pelos sofrimentos causados pela Segunda Grande Guerra, somada à criação da ONU em 1945, contribuíram para a confecção da Declaração Universal dos Direitos Humanos, proclamada pela Assembleia Geral das Nações Unidas, por meio da Resolução n. 217 A (III), em 10 de dezembro de 1948, isto é, no mesmo ano da criação do Estado de Israel.

8.3.3. Diferença entre direitos humanos e direitos fundamentais

Mathias, ao estabelecer a diferença entre direitos humanos e direitos fundamentais, explica que "os direitos humanos são aquelas garantias inerentes à existência da pessoa, albergados como verdadeiros para todos os Estados e positivados nos diversos instrumentos de Direito Internacional Público, mas que por fatores instrumentais não possuem aplicação simplificada e acessível a todas as pessoas". Com relação aos direitos fundamentais, assevera esse autor que eles "são constituídos por regras e princípios, positivados constitucionalmente, cujo rol não está limitado aos dos direitos humanos, que visam a garantir a existência digna (ainda que minimamente) da pessoa, tendo sua eficácia assegurada pelos tribunais internos".[199]

Sarlet caminha nesse mesmo sentido ao assentar a diferença entre as duas categorias de direitos. Ressalta que:

[...] importa considerar a relevante distinção quanto ao grau de efetiva aplicação e proteção das normas consagradoras dos direitos fundamentais (direito interno) e dos direitos humanos (direito internacional), sendo desnecessário aprofundar, aqui, a ideia de que os primeiros que — ao menos em regra — atingem (ou, pelo menos, estão em melhores condições para isto) o maior grau de efetivação, particularmente em face da existência de instâncias (especialmente as judiciárias) dotadas do poder de fazer respeitar e realizar estes direitos.[200]

Um pouco mais adiante, Sarlet alerta que:

Importa, por ora, deixar aqui devidamente consignado e esclarecido o sentido que atribuímos às expressões 'direitos humanos' (ou direitos humanos fundamentais) e 'direitos fundamentais', reconhecendo, ainda uma vez, que não

---

(199) MATHIAS, Márcio José Barcellos. *Distinção conceitual entre direitos humanos, direitos fundamentais e direitos sociais.* Disponível em: <http://www.advogado.adv.br/artigos/2006/marciojosebarcellosmathias/distincao.htm> Acesso em: 8 fev. 2010.

(200) SARLET, Ingo Wolfgang. *A eficácia dos direitos dundamentais.* 6. ed. Porto Alegre: Livraria do Advogado, 2006. p. 40.

se cuida de termos reciprocamente excludentes ou incompatíveis, mas, sim, de dimensões íntimas e cada vez mais inter-relacionadas, o que não afasta a circunstância de se cuidar de expressões reportadas a esferas distintas de positivação, cujas consequências práticas não podem ser desconsideradas.[201]

8.4.4. O trabalho como categoria de direito humano

O trabalho foi objeto de tutela do denominado Código de Hamurabi. Esse Código, composto em 21 colunas e 282 cláusulas, estipula salários para determinados trabalhadores. Confiram-se as seguintes cláusulas:

> 215º – Se um médico trata alguém de uma grave ferida com a lanceta de bronze e o cura ou se ele abre a alguém uma incisão com a lanceta de bronze e o olho é salvo, deverá receber dez siclos.
>
> 257º – Se alguém aluga um lavrador de campo, dever-lhe-á dar anualmente oito gur de trigo.
>
> 258º – Se alguém aluga um guarda de bois, seis gur de trigo por ano.
>
> 261º – Se alguém aluga um pastor para apascentar bois e ovelhas, dever-lhe-á dar oito gur de trigo por ano.
>
> 274º – Se alguém aluga um operário, dever-lhe-á dar cada dia:
>
> cinco se, de paga, pelo...[202]
>
> cinco se, pelo tijoleiro.
>
> cinco se, pelo alfaiate.
>
> cinco se, pelo canteiro.
>
> cinco se, pelo...[203]
>
> cinco se, pelo...
>
> cinco se, pelo...
>
> quatro se, pelo carpinteiro.
>
> quatro se, pelo cordoeiro.
>
> quatro se, pelo...
>
> quatro se, pelo pedreiro.

A própria Declaração Universal dos Direitos Humanos consagrou o trabalho como um direito humano, como se verifica em seu art. 23:

> Art. 23
>
> I) Todo o homem tem direito ao trabalho, à livre escolha de emprego, a condições justas e favoráveis de trabalho e à proteção contra o desemprego.

---

(201) *Ibidem*, p. 42.
(202) Original incompreensível pelo desgaste das letras originais.
(203) *Idem*.

II) Todo o homem, sem qualquer distinção, tem direito a igual remuneração por igual trabalho.

III) Todo o homem que trabalha tem direito a uma remuneração justa e satisfatória, que lhe assegure, assim como a sua família, uma existência compatível com a dignidade humana, e a que se acrescentarão, se necessário, outros meios de proteção social.

IV) Todo o homem tem direito a organizar sindicatos e a neles ingressar para proteção de seus interesses.

O Brasil assinou a Declaração Universal dos Direitos Humanos, na mesma data de sua proclamação pela Assembleia Geral das Nações Unidas, isto é, em 10 de dezembro de 1948. Dessa forma, o trabalho passou a ser direito de todo o homem que estiver legalmente domiciliado no território nacional, e não somente direito do povo brasileiro. Na subcategoria de direito social, a Constituição Federal consagrou o trabalho como direito fundamental, pois o art. 6º, que o prevê, está contido no Título II, criador dos "Direitos e Garantias Fundamentais".

Dessa forma, trabalhar, mais que um dever, é um direito do indivíduo, de qualquer sexo, cor, religião ou condição social. Por isso, o ex-detento, na condição de ser humano que é, tem direito ao trabalho, devendo o Estado e todos os segmentos da sociedade providenciar trabalho condigno para que ele resgate sua autoestima e sua cidadania.

8.5. O trabalho como forma de inserção social do egresso do Sistema Penitenciário

Silva fornece o seguinte conceito para a palavra inserção: "Do latim *insertio* (enxertia), quer dizer introdução, incorporação ou inclusão de uma coisa em outra, para fazer parte dela ou aparecer com ela, embora não lhe seja própria ou inerente. É, pois, como bem demonstra seu significado literal, a *enxertia*".[204] Esse conceito pode ser aplicado ao egresso do sistema prisional. Dessa forma, conclui-se que a inserção social do ex-detento refere-se à sua introdução, incorporação ou inclusão na sociedade. É o seu "enxerto" na vida social.

Hodiernamente, fala-se muito em reintegração social, ou ressocialização do ex-presidiário. A partir da ideia de inserção, chega-se ao seguinte conceito de reinserção social do ex-detento: O prefixo "re", acrescentado ao termo "inserção", contém a ideia de repetição, de "fazer de novo". Assim é que a palavra "reinserção" quer dizer: inserir de novo, incorporar de novo, incluir de novo. Nesse caso, por reinserção social do ex-detento entende-se que ele deve ser reinserido, reincorporado ou "reincluído", ou como já dito, inserido de novo, incorporado de novo, incluído de novo, na sociedade. A palavra "ressocialização", conquanto seja um neologismo, tem o mesmo significado, isto é, socializado de novo.

---

(204) SILVA, De Plácido *Op. cit.*, p. 748.

Entretanto, quando se fala de reinserção, reintegração social ou ressocialização do ex-presidiário, soa um tanto incoerente, pois, como promover reinserção social ou ressocialização se o indivíduo jamais foi inserido na sociedade, ou foi socializado?

A Lei n. 7.210 de 11 de julho de 1984 — Lei das Execuções Penais (LEP) — trata da assistência ao egresso nos arts. 25 e 26. O art. 26 conceitua egresso da seguinte forma:

> Art. 26. Considera-se egresso para os efeitos desta Lei:
>
> I – o liberado definitivo, pelo prazo de 1 (um) ano a contar da saída do estabelecimento;
>
> II – o liberado condicional, durante o período de prova.

Os arts. 25 e 27 especificam o tipo de assistência que deverá ser disponibilizada ao egresso:

> Art. 25. A assistência ao egresso consiste:
>
> I – na orientação e apoio para reintegrá-lo à vida em liberdade;
>
> II – na concessão, se necessário, de alojamento e alimentação, em estabelecimento adequado, pelo prazo de 2 (dois) meses.
>
> Parágrafo único. O prazo estabelecido no inciso II poderá ser prorrogado uma única vez, comprovado, por declaração do assistente social, o empenho na obtenção de emprego.
>
> [...]
>
> Art. 27. O serviço de assistência social colaborará com o egresso para a obtenção de trabalho.

Dos dispositivos transcritos ressalta a preocupação do legislador com a obtenção de emprego/trabalho.

Com a finalidade de implementar o disposto nos aludidos dispositivos, o legislador estabeleceu, no inciso VI do art. 61, o patronato como órgão da execução penal. Sua finalidade está prevista no art. 78 de lei em comento:

> Art. 78. O Patronato público ou particular destina-se a prestar assistência aos albergados **e aos egressos** (art. 26). (Destacou-se).

Segundo o Relatório da Situação Atual do Sistema Penitenciário[205], de maio de 2008, com base em dados da SESIPE — Subsecretaria do Sistema Penitenciário, registra-se que, no âmbito do Distrito Federal, ainda não existe o patronato público ou particular, previsto no citado dispositivo. A SESIPE é o órgão central de gestão e controle do Sistema Penitenciário, com estrutura organizacional própria cujos objetivos principais são coordenação e supervisão do funcionamento dos estabelecimentos penais do Distrito Federal.

---

(205) Disponível em: <http://74.125.93.132/search?q=cache:xZu44d4uNTUJ:www.mj.gov.br/services/DocumentManagement/FileDownload.EZTSvc.asp%3FDocumentID%3D%257B7E1CA135-ACD3-48EC-BAF0-A1DCEC44C187%257D%26ServiceInstUID%3D%257B4AB01622-7C49-420B-9F76-15A4137F1CCD%257D+relat%C3%B3rio+da+situa%C3%A7%C3%A3o+atual+do+sistema+penitenci%C3%A1rio+de+maio+de+2008&cd=1&hl=pt-BR&ct=clnk&gl=br> Acesso em: 3 nov. 2009.

Entretanto, a SESIPE não tem qualquer controle da população egressa do sistema prisional do Distrito Federal, não possui programas alternativos de assistências aos egressos do sistema prisional ou aos seus familiares, tampouco lhes presta qualquer assistência, sequer tem projetos de estímulos para a criação de patronatos privados, ou órgãos, ou instituições equivalentes. Informa o aludido Relatório que as "penas restritivas de direito e livramentos condicionais são assistidos pela VEC/DF (Vara das Execuções Penais do Distrito Federal) e pela CEPEMA – Central de Penas e Medidas Alternativas" e que "não há, por parte do Executivo, qualquer ação nesse sentido".

O CERAPE – Centro de Recuperação e Assistência ao Preso e Egresso é o órgão que assiste ao egresso do sistema prisional no âmbito do Distrito Federal (Brasil).Trata-se de uma instituição filantrópica, mantida por voluntários da sociedade civil e Igrejas Evangélicas do Distrito Federal. Foi registrado em 25 de setembro de 1995 e reconhecido pelo Ministério da Justiça no processo MJ n. 08000.014731/2001-33, conforme Despacho do Secretário Nacional de Justiça, de 20 de julho de 2001, publicado no Diário Oficial de 24 de julho de 2001. Foi declarado como entidade de "Utilidade Pública pela Portaria n. 710, publicada no Diário Oficial da União de 26 de junho de 2002".[206]

A missão do CERAPE, segundo seu estatuto, é "prestar assistência a detentos, egressos e seus familiares, nas áreas jurídica, educacional, psicológica, religiosa, social, de orientação familiar e de formação profissional". Tem sua sede provisória no SDS (Setor de Diversões Sul, Ed. Venâncio II, Sala 604, Brasília, Distrito Federal, Brasil, CEP: 70393-900 e Telefone/Fax: 55 – 61 – 3235403.

8.6. A política do Judiciário brasileiro na inserção do egresso do sistema prisional no mercado de trabalho

Com a finalidade de implementar uma política de inserção do egresso do sistema prisional no mercado de trabalho, o CNJ — Conselho Nacional de Justiça criou o "Programa Começar de Novo". Esse Programa "compõe-se de um conjunto de ações voltadas à sensibilização de órgãos públicos e da sociedade civil com o propósito de coordenar, em âmbito nacional, as propostas de trabalho e de cursos de capacitação profissional para presos e egressos do sistema carcerário, de modo a concretizar ações de cidadania e promover redução da reincidência". Possui as seguintes iniciativas:

1. realizar campanha de mobilização para a criação de uma rede de cidadania em favor da ressocialização;

2. estabelecer parcerias com associações de classe patronais, organizações civis e gestores públicos, para apoiar as ações de reinserção;

3. implementar iniciativas que propiciem o fortalecimento dos Conselhos da Comunidade, para o cumprimento de sua principal atribuição legal —

---

(206) Disponível em: <http://www.cerape.org.br/quemsomos_identidadeemissao.htm> Acesso em: 3 nov. 2009.

reintegração social da pessoa encarcerada ou submetida a medidas e penas alternativas;

4. integrar os serviços sociais nos Estados para seleção dos beneficiários do projeto;

5. criar banco de oportunidades de trabalho e de educação e capacitação profissional;

6. acompanhar os indicadores e as metas de reinserção.[207]

Ademais, o CNJ editou, ainda, a Recomendação n. 21, de 16 de dezembro de 2008. Constam em seus "considerandos":

> CONSIDERANDO o art. 1º da Lei de Execução Penal (Lei n. 7.210/84), que dispõe que um dos objetivos da execução penal é o de proporcionar condições para a harmônica integração social do condenado e do internado;
>
> CONSIDERANDO o disposto no art. 28 da Lei de Execução Penal (Lei n. 7.210/84), que estabelece o trabalho do condenado como dever social e condição de dignidade humana, com finalidade educativa e produtiva;
>
> CONSIDERANDO que a realidade constatada pelo Conselho Nacional de Justiça, nos mutirões carcerários, indica a necessidade de medidas concretas de capacitação profissional e reinserção do preso e do egresso do sistema prisional;
>
> CONSIDERANDO o que dispõe o art. 24, XIII, da Lei n. 8.666/93, quanto à possibilidade de dispensa de licitação na contratação de instituição dedicada à recuperação social do preso;
>
> CONSIDERANDO a vigência do termo de cooperação técnica celebrado entre o Conselho Nacional de Justiça e o Serviço Nacional de Aprendizagem Industrial — com a interveniência da Confederação Nacional da Indústria;
>
> CONSIDERANDO o que foi decidido na sessão do dia 16.12.2008; [...].

Com base nesses "considerandos", o CNJ resolveu recomendar aos Tribunais:

> I – A implementação do termo de cooperação técnica celebrado entre o Conselho Nacional de Justiça e o Serviço Nacional de Aprendizagem Industrial — com a interveniência da Confederação Nacional da Indústria, notadamente com relação à qualificação profissional de presos e egressos do sistema prisional;
>
> II – A adoção de programas de recuperação e reinserção social do preso e do egresso do sistema prisional, inclusive com o aproveitamento de mão de obra para serviços de apoio administrativo no âmbito da administração do Poder Judiciário, tendo como fundamento o disposto no art. 24, XIII, da Lei n. 8.666/93;
>
> III – a celebração de convênio com as Secretarias de Estado responsáveis pela administração carcerária, a fim de viabilizar os programas referidos no item II.

Em decorrência dessa recomendação, várias ações passaram a ser realizadas no sentido de se promover a inserção do egresso do sistema prisional no mercado de trabalho.

---

(207) <www.cnj.jus.br>.

No dia 18 de agosto de 2009, o ministro Gilmar Mendes, presidente do STF e do CNJ, após assinar um termo de cooperação técnica na sede do CNJ em Brasília, cujo objetivo é garantir a capacitação de presos, sugeriu que as prefeituras estimulassem a contratação de ex-detentos por empresas que prestam serviços ao executivo local. Ressaltou que: "É fundamental que as prefeituras se engajem nesse esforço de absorção da mão de obra de egressos do sistema prisional, para que consigamos formar uma rede de reinserção social".

O referido termo de cooperação foi firmado entre o CNJ e a União dos Cursos Superiores COC (Unicoc), com o objetivo de oferecer cursos de formação a distância para presos e ex-detentos. "É necessário que enfrentemos a execução penal de forma integral, garantindo a reintegração das pessoas libertadas", destacou o ministro Gilmar Mendes. De acordo com o diretor nacional da Unicoc, Luiz Roberto Liza Curi, "serão oferecidos cursos de alfabetização, ensino fundamental, médio e superior, além de formação técnica e profissional aos detentos. Para isso, salas multimídias, com equipamentos de videoconferência e computadores, serão instaladas em todos os presídios selecionados pelo CNJ para participar do projeto".[208]

Com base na concepção do projeto "Começar de Novo", foi firmada a parceria entre o CNJ e o Serviço Nacional da Indústria (Senai) para proporcionar cursos de capacitação profissional aos presos de todo o país. Esse projeto ainda prevê o aproveitamento de mão de obra para serviços de apoio administrativo no Poder Judiciário, por meio de convênios com as secretarias de Estado, responsáveis pela administração carcerária.

Para dar exemplo, o Supremo Tribunal Federal (STF) assinou convênio com o Governo do Distrito Federal (GDF) para empregar presos em regime semiaberto, condicional ou domiciliar, pelo período de até um ano. Serão 40 pessoas que trabalharão na parte administrativa do tribunal, de seis a oito horas por dia, recebendo salários que variam de R$ 550,00 a R$ 650,00 por mês, mais vale-transporte e auxílio-alimentação.

No dia 27 de outubro de 2009, foi editada a Resolução n. 96 que institui, no âmbito do Poder Judiciário, o Projeto "Começar de Novo" "com o objetivo de promover ações de reinserção social de presos, egressos do sistema carcerário e de cumpridores de medidas e penas alternativas". (art. 1º). Dispõe o *caput* do art. 2º dessa Resolução que o aludido "compõe-se de um conjunto de ações educativas, de capacitação profissional e de reinserção no mercado de trabalho, a ser norteado pelo Plano do Projeto anexo a esta Resolução".

Na introdução do Plano do Projeto "Começar de Novo" lê-se:

> Conquanto não tenhamos no Brasil estudos precisos sobre a taxa de reincidência, em seu sentido amplo, os mutirões carcerários têm evidenciado um contingente

---

(208) Conselho Nacional de Justiça. *Ministro Gilmar Mendes conclama prefeituras a promover ressocialização de ex-detentos*. Disponível em: <http://www.cnj.jus.br/index.php?option=com_content&view=article&id=8296:--ministr...> Acesso em: 25 nov. 2009.

> significativo de pessoas com mais de um processo nas varas criminais e nas varas de execução penal, indicando ser alto o índice de reincidência, compatível com levantamentos que a fixam entre 60 e 70%. (Destaque do autor).
>
> Taxas de reincidência altas têm reflexo direto na segurança pública, e a sua redução, dentre outras medidas, passa pela implementação de programas consistentes de ressocialização.
>
> Destaque-se que, além do caráter preventivo e punitivo, a execução penal deve (sic) também proporcionar condições para a harmônica integração social das pessoas encarceradas.
>
> Nesse contexto, evidencia-se a necessidade da integração de órgãos do poder público e da sociedade civil no processo de execução da pena, compreendida esta em suas funções preventiva, punitiva e de reinserção social.[209]

O governo do Estado de São Paulo aderiu ao programa em tela por meio de um termo de cooperação técnica, firmado em 7 de dezembro de 2009, no Palácio dos Bandeirantes, entre o atual governador José Serra e o ministro Gilmar Mendes. Denominado de Pró-Egresso, o programa vai oferecer 5 mil vagas de trabalho a partir de 2010. Mil vagas serão oferecidas com a cooperação do Sindicato de Empresas de Asseio, Limpeza e Conservação.

O referido termo inclui, além da capital, mais onze municípios do Estado, objetivando garantir a inserção de ex-detentos do Sistema Penitenciário ao mercado de trabalho. De acordo com o secretário de Administração Penitenciária do Estado de São Paulo, Lourival Gomes, "a população carcerária no Estado cresce a cada ano. Em janeiro do ano passado" (2008) "eram de 152.923 detentos e atualmente são 163.356. Esses números tendem a aumentar se não houver investimento para evitar a reincidência."[210] Registre-se que o CNJ estabeleceu convênios também com o SESI e a FIESP, buscando o treinamento, a capacitação e a profissionalização dos egressos do sistema prisional brasileiro, para que eles tenham alternativas para não mais voltarem à criminalidade.

Jornal de maior circulação do Centro-Oeste brasileiro, o *Correio Braziliense* noticiou, no dia 29 de junho de 2010, que o CNJ e o Ministério do Trabalho e Emprego (MTE) vão viabilizar a emissão de Carteira de Trabalho e Previdência Social CTPS) para presos e egressos dos sistemas prisionais estaduais. Essa iniciativa faz parte, também, do programa "Começar de Novo" e busca contribuir para a reintegração social de presos e ex-detentos no mercado de trabalho.

Dessa forma, soam oportunas as palavras de Sá, segundo as quais torna-se necessária a contribuição do Estado, "que é mais de Polícia do que de Direito", para

---

(209) CNJ. *Começar de Novo — plano do projeto*. Disponível em: <http://www.cnj.jus.br/images/imprensa/comecardenovo2009/docs/projetocomecardenovosite.doc> Acesso em: 27 dez. 2009.

(210) CNJ. *São Paulo vai garantir 5 mil vagas no Programa Começar de Novo*. Disponível em: <http://www.cnj.jus.br/index.php?option=com_content&view=article&id=9564:sao-paulo-vai-garantir-5-mil-vagas-no-programa-comecar-de-novo&catid=1:notas&Itemid=675> Acesso em: 27 dez. 2009.

manter fora dos muros do presídio, as chances iniciadas na prisão, a fim de que "a liberdade não seja uma palavra vã".[211]

8.7. Conclusão

Em linha de conclusão deste Capítulo, deve ser ressaltado que o trabalho formal é o que contribui, de forma efetiva, para a inserção social do ex-presidiário. Por isso, deve-se pensar e implementar políticas públicas voltadas para a criação e a manutenção de empregos para essa parcela considerável da sociedade, que não tem sido objeto da devida atenção.

---

(211) SÁ, Matilde Maria Gonçalves de. *O egresso do sistema prisional no Brasil*. São Paulo: Paulistanajur, 2004. p. 54.

Capítulo 9

A prorrogação do vínculo de emprego na condenação criminal do empregado, transitada em julgado, sem suspensão da execução da pena

9.1. Introdução

Diante da política e das ações implementadas no Brasil, mormente no âmbito do Poder Judiciário, com a finalidade de proporcionar a inserção social do ex-detento, por meio de sua colocação no mercado de trabalho, não se vislumbra momento mais propício para propor a teoria que a seguir se apresenta.

9.2. A teoria da prorrogação do vínculo de emprego na condenação criminal do empregado, transitada em julgado, sem suspensão da execução da pena

Para a conservação do vínculo de emprego, sem onerar o empregador, na ocorrência de condenação criminal do empregado, transitada em julgado, sem suspensão da execução da pena, propõe-se a presente teoria. A teoria consiste na suspensão do contrato de trabalho, até que o empregado cumpra sua pena e possa retornar ao emprego e nele permanecer pelo período mínimo de doze meses.

9.2.1. O conceito de suspensão do contrato de trabalho no direito brasileiro

Delgado conceitua a suspensão do contrato de trabalho como sendo "a sustação temporária dos principais efeitos do contrato de trabalho no tocante às partes, em virtude de um fato juridicamente relevante, sem ruptura, contudo, do vínculo contratual formado". E arremata o citado autor: "É a sustação ampliada e recíproca de efeitos contratuais, preservado, porém, o vínculo entre as partes".[212]

Martins compara os institutos da suspensão e da interrupção do contrato de trabalho e explica:

> A suspensão envolve a cessação temporária e total da execução e dos efeitos do contrato de trabalho. Na interrupção, há a cessação temporária e parcial do contrato de trabalho, porém há a produção de efeitos.
>
> Na suspensão, o empregado não trabalha temporariamente, porém nenhum efeito produz em seu contrato de trabalho. São suspensas as obrigações e

---

(212) DELGADO, Mauricio Godinho. *Curso de Direito do Trabalho*. 7. ed. São Paulo: LTr, 2008. p. 1.053.

os direitos. O contrato de trabalho ainda existe, apenas seus efeitos não são observados. Na interrupção, apesar de o obreiro não prestar serviços, são produzidos efeitos em seu contrato de trabalho.[213]

Na suspensão do contrato de trabalho, o empregado não trabalha, mas também não recebe salários de seu empregador, portanto, não o onera. Da mesma forma, em havendo suspensão do contrato de trabalho no cumprimento da pena privativa de liberdade, decorrente da condenação criminal do empregado, transitada em julgado, sem suspensão da execução da pena, não há que se falar em prejuízo do empregador, pois a empresa fica liberada de pagamento de salários e das responsabilidades fiscais e previdenciárias durante o período.

9.2.2. O conceito de suspensão do contrato de trabalho no direito argentino

Diferente do sistema adotado no Brasil, o direito laboral argentino não estabelece distinção entre suspensão e interrupção do contrato de trabalho. Grisolia, ao conceituar a suspensão do contrato de trabalho, explica que: "La suspensión es una característica particular del contrato de trabajo contemplada en la LCT; consiste en una **interrupción transitoria** de alguna de las obligaciones y prestaciones de las partes".[214] (Destacou-se)[215]

Ao apontar as principais características em todos os casos de suspensões do contrato de trabalho, Grisolia, ao discorrer sobre as principais características comuns a todas as suspensões e ao nomear a terceira, afirma que os empregados: "3) *Pueden o no devengar salário según la causa que las produce*".[216] (Com destaque no original). E apresenta o seguinte exemplo: "[...] El empleador debe pagar la remuneración en caso de suspensión por enfermedad (por el tiempo establecido en el art. 208, LCT) pero no debe abonarla en caso de suspensión disciplinaria o por razones económicas".[217, 218]

Pasco Cosmópolis leciona que:

> No resulta novedoso, pero es práctico, recordar que el contrato de trabajo, como los seres vivos, tiene un ciclo vital y certero: uno y otros nacen, se desarrollan, afrontan vicisitudes y finalmente mueren.
>
> La suspensión es precisamente una de sus contingencias naturales, la más frecuente y necesaria, y acaso hasta deseable.

---

(213) MARTINS, Sergio Pinto. *Direito do Trabalho*. 7. ed. São Paulo: Editora Atlas, 1998. o p. 271-272.
(214) GRISOLIA, Julio Armando. *Op. cit.*, p. 377.
(215) A suspensão é uma característica particular do contrato de trabalho contemplada na LCT; consiste em uma interrupção transitória de alguma das obrigações e prestações das partes. (Tradução livre do autor)
(216) "3) Podem ou não receber salário segundo a causa que produz as suspensões. (Tradução livre do autor)
(217) *Idem*.
(218) O empregador deve pagar a remuneração em caso de suspensão por enfermidade (pelo tempo estabelecido no art. 208, LCT, mas não deve pagá-la em caso de suspensão disciplinar ou por razões econômicas. (Tradução livre do autor)

El contrato de trabajo es de tracto sucesivo, se ejecuta y prolonga en el tiempo y tiene definida vocación de permanencia.

La suspensión, en salvaguarda de la continuidad de la relación contractual, tiene por objeto evitar una ruptura definitiva cuando sobreviene una causa suficiente y justificada que impide transitoriamente su cumplimiento, esto es, permitir que el contrato sufra una interrupción pasajera sin afectar su subsistencia esencial.[219, 220]

Ainda Grisolia, seguindo essa mesma linha de pensamento, ressalta que: "La suspensión es una manifestación del princípio de continuidad del contrato y de la estabilidad [...] y tiene por finalidad mantener subsistente el vínculo y evitar la ruptura del contrato, sin perjudicar los intereses de la empresa y del trabajador".[221, 222]

9.2.3. As tipologias legais de suspensão do contrato de trabalho no direito brasileiro

O direito brasileiro está repleto de previsões de suspensão do contrato de trabalho. Apontam-se, a título de exemplo, as seguintes previsões legais de suspensão do contrato de trabalho:

— Afastamento do empregado para prestação de serviço militar — CLT, art. 4º, parágrafo único c/c art. 472, *caput*, também da CLT. Contudo, para que o empregado tenha assegurado o seu emprego, é necessário que atenda ao disposto no § 1º desse artigo: "Para que o empregado tenha direito a voltar a exercer o cargo do qual se afastou em virtude de exigências do serviço militar ou de encargo público, é indispensável que notifique o empregador dessa intenção, por telegrama ou carta registrada, dentro do prazo máximo de trinta dias, contados da data em que se verificar a respectiva baixa ou terminação do cargo a que estava obrigado".

— Afastamento do empregado em decorrência de enfermidade ou acidente de trabalho. Nesses dois casos, a suspensão do contrato de trabalho ocorrerá

---

(219) COSMÓPOLIS, Mario Pasco. *Op. cit.*, p. 481.
(220) Não se mostra inovador, mas prático, lembrar que o contrato de trabalho, como os seres vivos, tem um ciclo vital e certo: um e outros nascem, desenvolvem-se, enfrentam vicissitudes e finalmente morrem. A suspensão é precisamente uma de suas contingências naturais, a mais frequente e necessária, e por acaso até desejável. O contrato de trabalho é de trato sucessivo, executa-se e prolonga-se no tempo e tem definida vocação de permanência. A suspensão, em salvaguarda da continuidade da relação contratual, tem por objeto evitar uma ruptura definitiva quando sobrevém uma causa suficiente e justificada que impede transitoriamente seu cumprimento, isto é, permitir que o contrato sofra uma interrupção passageira sem afetar sua subsistência essencial. (Tradução livre do autor)
(221) GRISOLIA, Julio Armando. *Op. cit.*, p. 377.
(222) A suspensão é uma manifestação do princípio da continuidade do contrato e da estabilidade [...] e tem por finalidade manter subsistente o vínculo e evitar a ruptura do contrato, sem prejudicar os interesses da empresa e do trabalhador. (Tradução livre do autor)

após o 15º dia de afastamento, passando o empregado a receber um benefício da previdência social. Quem paga os quinze primeiros dias de afastamento do empregado é o empregador. Por isso, trata-se de interrupção do contrato de trabalho. (art. 4º, parágrafo único c/c art. 476, *caput*, ambos da CLT).

A percepção do auxílio-doença configura suspensão temporária do contrato de trabalho, na óptica da jurisprudência brasileira, como se pode constatar na seguinte ementa:

> AUXÍLIO-DOENÇA. RESCISÃO CONTRATUAL. O auxílio-doença implica a suspensão do contrato de trabalho, o qual estando suspenso, deixa de produzir seus principais efeitos. Assim, o empregado em gozo do benefício previdenciário não pode ter o contrato de trabalho rescindido, ainda que tenha dado justa causa à despedida. Recurso a que se nega provimento. (TST, Processo n. 204.527/1995. Julgado em 19.11.1997, pela 4ª Turma. DJ de 12.12.1997, p. 66.032. Relator Ministro Leonaldo Silva)

O entendimento da Suprema Corte Juslaborista é no sentido de que o alcoólico crônico não deve ser despedido por justa causa, mas encaminhado para tratamento, enquanto o contrato de trabalho fica suspenso. Observe-se:

> JUSTA CAUSA. ALCOOLISMO CRÔNICO. ART. 482, "F", DA CLT. APLICABILIDADE.
> 1. O alcoolismo crônico é formalmente reconhecido como doença pelo Código Internacional de Doenças (CID) da Organização Mundial de Saúde — OMS, que classifica sob o título de "síndrome de dependência do álcool" (referência F — 10.2), o que afasta a aplicação do art. 482, "f", da CLT.
> 2. O alcoolismo crônico gera compulsão que impele o alcoolista a consumir descontroladamente a substância psicoativa e retira-lhe a capacidade de discernimento sobre seus atos.
> 3. Por conseguinte, ao invés de motivar a dispensa por justa causa, deve inspirar no Empregador, até por motivos humanitários e porque lhe incumbe responsabilidade social, atitude dirigida ao encaminhamento do Empregado à instituição médica ou ao INSS, a fim de que se adote solução de natureza previdenciária para o caso.
> 4. Recurso de Revista de que não se conhece. (TST, Processo n. 5.610.40/1999. Julgado em 18.6.2003, pela 1ª Turma. DJ de 29.8.2003. Relator Ministro João Orestes Dalazan)

— Afastamento do empregado em virtude de aposentadoria provisória por invalidez, "durante o prazo fixado pelas leis de previdência social para a efetivação do benefício." (CLT, art 475, *caput*). A jurisprudência sumulada do TST caminha nessa mesma direção. É o que se colhe de sua Súmula, a n. 160, que diz:

> Cancelada a aposentadoria por invalidez, mesmo após cinco anos, o trabalhador terá direito de retornar ao emprego, facultado, porém, ao empregador, indenizá-lo na forma da lei.

— Afastamento do empregado para "desempenhar obrigações legais, incompatíveis com a continuação do serviço" (CLT, § 1º do art. 483).

— Afastamento do empregado, por até trinta dias, decorrente de suspensão disciplinar (CLT, art. 474).

— Afastamento do empregado para exercer cargo de direção sindical (CLT, § 2º do 543).

— Afastamento do empregado para exercer cargo de diretor de sociedade anônima. Estabelece a Súmula n. 269/TST que:

> O empregado eleito para ocupar cargo de diretor tem o respectivo contrato de trabalho suspenso, não se computando o tempo de serviço desse período, salvo se permanecer a subordinação jurídica inerente à relação de emprego.

— Afastamento do empregado para participação pacífica em greve. O art. 7º da Lei n. 7.783/89 estatui que:

> Art. 7º Observadas as condições previstas nesta Lei, a participação em greve suspende o contrato de trabalho, devendo as relações obrigacionais durante o período ser regidas pelo acordo, convenção, laudo arbitral ou decisão da Justiça do Trabalho.

Outras hipóteses de suspensão do contrato de trabalho, no Brasil, estão previstas no art. 473 da CLT, como se pode constatar:

> Art. 473. O empregado poderá deixar de comparecer ao serviço sem prejuízo do salário:
>
> I – até dois dias consecutivos, em caso de falecimento do cônjuge, ascendente, descendente, irmão ou pessoa que, declarada em sua Carteira de Trabalho e Previdência Social, viva sob sua dependência econômica;
>
> II – até três dias consecutivos, em virtude de casamento;
>
> III – por um dia, em caso de nascimento de filho, no decorrer da primeira semana;[223]
>
> IV – por um dia, em cada doze meses de trabalho, em caso de doação voluntária de sangue devidamente comprovada;
>
> V – até dois dias consecutivos ou não, para o fim de se alistar eleitor, nos termos da lei respectiva;
>
> VI – no período de tempo em que tiver de cumprir as exigências do Serviço Militar;
>
> VII - nos dias em que estiver comprovadamente realizando provas de exame vestibular para ingresso em estabelecimento de ensino superior;
>
> VIII – pelo tempo que se fizer necessário, quando tiver de comparecer a juízo;
>
> IX – pelo tempo que se fizer necessário, quando, na qualidade de representante de entidade sindical, estiver participando de reunião oficial de organismo internacional do qual o Brasil seja membro.

De notar ainda que a doutrina brasileira considera "suspensão" o período em que o empregado fica afastado para responder a inquérito ou aguardando na

---

(223) Esse inciso foi derrogado tacitamente pelos arts. 7º, incisos XVIII e IX e 10, § 1º, do ADCT, que ampliou a referida licença para cinco dias.

Justiça Comum ou Militar. Barros ensina que "O período em que o empregado ficou afastado, aguardando na Justiça Comum ou Militar ou respondendo a inquérito, é de suspensão contratual".[224] Ocorrendo essa hipótese, Almeida explica que:

> [...] a rescisão é ilegal, só podendo operar-se — e como dispensa por justa causa — após a condenação criminal passada em julgado, caso não tenha havido suspensão da execução da pena, conforme dispõe o art. 482, alínea "d", da CLT.
>
> Ressalvam-se os casos em que o crime ou a contravenção praticados pelo empregado tenham implicações com o contrato de trabalho (constituam falta trabalhista, enfim), e aí a dispensa poderá ter lugar durante a suspensão e independentemente do pronunciamento prévio da Justiça Criminal.
>
> Incluem-se no item *supra* os casos em que se imputou ao empregado a prática de atos atentatórios à segurança nacional, cumprindo recordar, entretanto, que os primeiros noventa dias de afastamento são de interrupção do contrato de trabalho.[225]

A jurisprudência também caminha nessa mesma direção, como entende o TST e o Tribunal Regional do Trabalho da 23ª Região (Mato Grosso – MT):

> PRISÃO — SUSPENSÃO DO CONTRATO DE TRABALHO. A prisão da reclamante por constituir fato alheio à sua vontade caracteriza mera suspensão do contrato de trabalho. O reclamado, ao pagar os direitos trabalhistas da reclamante à terceira pessoa, enquanto a obreira encontrava-se recolhida à prisão, manifestou sua vontade em resilir unilateralmente o contrato de trabalho. (TRT 23ª Região. Data do julgamento: 5.12.2006. NÚMERO ÚNICO PROC: RO – 00138-2006-004-23-00. DJ/MT DATA: 19.12.2006. Relator Juiz Paulo Brescovici)
>
> AGRAVO DE INSTRUMENTO. RECURSO DE REVISTA. EMPREGADO PRESO EM FLAGRANTE.SUSPENSÃO DO CONTRATO DE TRABALHO A TERMO. Ficou sedimentado no regional que o contrato de trabalho por prazo determinado foi suspenso em função de prisão em flagrante do obreiro, ou seja, por fato alheio à vontade do empregador. Não foi emitida pelo regional tese considerando a ora alegada ofensa ao art. 474 da CLT. Óbice da Súmula n. 297 do TST. Agravo não provido. (TST. AIRR N. 553/2003-009-10-40.0. 3ª Turma. Rel. Juiz Convocado Ronald Cavalcante Soares. DJU 3.2.2006)

9.2.4. As tipologias legais de suspensão do contrato de trabalho no direito argentino

As causas principais de suspensão do contrato de trabalho previstas na LCT são:

— licencia por maternidad — art. 177;

— estado de excedencia — art. 183;

— accidentes y enfermedades inculpables – arts. 208 a 213;

---

(224) BARROS, Alice Monteiro de. *Op. cit.*, p. 869.
(225) ALMEIDA, Ísis. *Curso de legislação do trabalho.* São Paulo: Sugestões Literárias, 1981. p. 119-120.

— causas económicas, disciplinarias y suspensión preventiva – arts. 214 a 224;

— desempeño de algunos cargos electivos o representativos en asociaciones sindicales con personería gremial o en organismos o comisiones que requieren representación sindical – art. 217.[226]

9.2.5. *A criação da estabilidade provisória para o condenado criminalmente, em sentença transitada em julgado, sem suspensão da execução da pena*

De nada adianta a teoria que se propõe a não se criar um sistema de proteção ao emprego do condenado pois, quando esse cumprir sua pena e voltar ao trabalho, no outro dia o empregador poderá demiti-lo sem justa causa. Nesse caso, a suspensão do contrato de trabalho tornar-se-ia *tabula rasa*, jogando por terra todo o esforço para a preservação do emprego para o egresso do sistema prisional. Por esse motivo, torna-se necessária a criação da estabilidade provisória para o condenado criminalmente, em sentença transitada em julgado, sem suspensão da execução da pena, como coadjuvante da suspensão do contrato de trabalho.

Essa estabilidade consistiria na manutenção do seu contrato de trabalho na empresa, pelo prazo mínimo de doze meses, após o término do cumprimento de sua pena, ou após ser posto em liberdade, ainda que condicional. O empregado perderia tal direito se, no curso dessa estabilidade provisória, cometesse outro crime com recolhimento ao presídio, ou praticasse ato configurador de justa causa.

De ressaltar que o direito brasileiro já adota modelo semelhante de estabilidade para os acidentários do trabalho. É o que dispõe o art. 118 da Lei n. 2.213/1991:

> Art. 118. O segurado que sofreu acidente do trabalho tem garantida, pelo prazo mínimo de doze meses, a manutenção do seu contrato de trabalho na empresa, após a cessação do auxílio-doença acidentário, independentemente de percepção de auxílio-acidente.

Ao comentar esse dispositivo legal, Almeida acentua que:

Seguindo a mesma diretriz traçada para o dirigente sindical, a Lei n. 8.213, de 1991, garantiu o emprego ao **acidentado** após a cessação do auxílio-doença acidentário, persistindo por doze meses após a alta previdenciária. Verificou-se, aqui, uma **ampliação** da concessão da estabilidade provisória. Agiu com acerto o legislador, pois a realidade demonstra a frequência de despedidas de trabalhadores egressos de afastamentos motivados por acidentes e a dificuldade que encontram na obtenção de novo emprego, mormente quando o infortúnio deixa sequelas. A garantia visa a remediar esse mal, proporcionando ao trabalhador

---

(226) Licença-maternidade — art. 177; licença trabalhista — art. 183; acidentes e enfermidades inculpáveis — arts. 208 a 213; causas econômicas, disciplinares e suspensão preventiva — arts. 214 a 224; desempenho de alguns cargos eletivos ou representativos em associações sindicais com personalidade de associação ou em organismos ou comissões que requerem representação sindical — art. 217. (Tradução livre do autor)

segurança em uma fase em que poderá apresentar certa fragilidade, com redução do ritmo normal de trabalho.[227] (Com destaque no original)

Por idêntica razão, isto é, por causa da dificuldade que encontram os egressos do Sistema Penitenciário na obtenção de novo emprego, argumenta-se que deve se estender a estabilidade provisória até doze meses após o cumprimento da pena ou após ser posto em liberdade, ainda que condicional, ao condenado à pena privativa de liberdade.

Não se diga que lei instituidora de estabilidade provisória no emprego para o condenado à pena privativa de liberdade seria eivada de inconstitucionalidade, ao argumento de que essa estabilidade deva ser instituída por lei complementar, ao teor do que dispõe o art. 7º, inciso I da CF e o art. 10 do ADCT. Alegação de inconstitucionalidade também foi apresentada com relação ao art. 118 da Lei n. 8.213/1991, ao argumento de o inciso I, do art. 7º da CF e o art. 10 do ADCT exigirem que a proteção da relação de emprego fosse feita por lei complementar.

Consistente refutação a esse posicionamento foi feita por Almeida, como se pode analisar:

> Em que pesem as manifestações em sentido contrário, entendemos que o dispositivo não seja inconstitucional.
>
> Em se tratando de estabilidade provisória, o legislador ordinário pode estabelecer os casos que se fizerem necessários. A Constituição exige o procedimento da lei complementar apenas para a regulamentação do inciso I do art. 7º, ou seja, para tratar da proteção genérica do emprego contra a dispensa arbitrária. Esse dispositivo constitucional alcança a universalidade das relações de trabalho, daí porque se justifica que a lei que venha a regulamentá-lo seja submetida a um processo de votação mais complexo, como é o da lei complementar, pois terá alcance geral e tratará de matéria que abrange todos os trabalhadores.
>
> Ao contrário, a estabilidade provisória abrange um pequeno contingente de trabalhadores, razão pela qual é possível que venha prevista em lei ordinária.[228]

O disposto no art. 118 da Lei n. 8.213/1991 foi considerado constitucional tanto pelo STF, quanto pelo TST. O primeiro, ao indeferir a medida cautelar de suspensão daquele dispositivo, na Ação Direta de Inconstitucionalidade n. 639-DF, Relator Ministro Moreira Alves (DJ de 22.5.1992); o segundo, por meio da Súmula n. 378, I.[229]

---

(227) ALMEIDA, Ísis. *Op. cit.*, p. 982-983.
(228) *Ibidem*, p. 983.
(229) Súmula n. 378, I - TST: "Estabilidade provisória. Acidente do Trabalho. Art. 118 da Lei n. 8.213/1991. Constitucionalidade. Pressupostos. I – É constitucional o art. 118 da Lei n. 8.213/1991 que assegura o direito à estabilidade provisória por período de 12 meses após a cessação do auxílio-doença ao empregado acidentado".

9.2.6. A coerência da teoria com o princípio da continuidade da relação de emprego

O princípio da continuidade da relação de emprego insere-se na relação dos princípios gerais do Direito do Trabalho. Tais princípios, segundo Garcia, são: "Aquellas líneas directrices o postulados que inspiran el sentido de las normas laborales y configuran la regualción de las normas de trabajo con arreglo a criterios distintos de los que pueden darse en otra ramas del Derecho".(230, 231) Para o jurista uruguaio Plá Rodriguez, os princípios gerais do Direito do Trabalho são: "Líneas diretrices que informan algunas normas e inspiran directa o indirectamente una serie de soluciones por lo que pueden servir para promover y encausar la aprobación de nuevas normas, orientar la interpretación de las existentes y resolver los casos non previstos".(232, 233) Rosa explica que os princípios "são normas de otimização do sistema [...], assentam sobre questão de ponderalibidade, questão de peso, permitem balanceamento de valores e de interesses, inclusive de harmonização".(234)

Dworkin faz um estudo comparativo entre princípios e regras e pontua:

The difference between legal principles and legal rules is a logical distinction. Both sets of standards point to particular decisions about legal obligation in particular circumstances, but they differ in the character of the direction they give. Rules are applicable in an all-or-nothing fashion. If the facts a rule stipulates are given, then either the rule is valid, in which case the answer it supplies must be accepted, or it is not, in which case it contributes nothing to the decision.(235, 236)

Isso significa que os princípios, segundo Dworkin, não são padrões aplicáveis em um "tudo ou nada", mas podem ser aplicados a decisões particulares sobre

---

(230) GARCIA, Manuel Alonso. *Derecho del trabajo.* t. 1. Barcelona: 1960. p. 247.
(231) "Aquelas linhas diretrizes ou postulados que inspiram o sentido das normas laborais e configuram a regulação das normas de trabalho com atendimento a critérios distintos dos que podem dar-se em outros ramos do Direito." (Tradução livre do autor)
(232) RODRIGUEZ, Américo Plá. *Los princípios del derecho del trabajo.* Buenos Aires: Depalma, 1978. p. 9.
(233) "Linhas diretrizes que informam algumas normas e inspiram direta ou indiretamente uma série de soluções que podem servir para promover e canalizar a aprovação de novas normas, orientar a interpretação das existentes e resolver os casos não previstos." (Tradução livre do autor)
(234) ROSA, Cláudio. *Processo administrativo disciplinar e comissões sob encomenda.* Curitiba: Juruá, 2006. p. 60.
(235) DWORKIN, Ronald. *Taking rights seriously.* Cambridge: Harvard University Press, 1977. p. 24.
(236) A diferença entre princípios legais e regras jurídicas é uma distinção lógica. Ambos os conjuntos de padrões apontam para decisões particulares sobre obrigações jurídicas em circunstâncias particulares, mas diferem no caráter da direção que eles oferecem. Regras aplicam-se em um "tudo ou nada". Se a regra se aplica aos fatos, então é uma regra válida, e o caso deve ser decidido de acordo com ela, ou, se a regra não se aplica aos fatos, ela em nada contribui para a decisão. (Tradução livre do autor)

situações jurídicas, também particulares. Nessa seara, que à primeira vista parece ser obscura, Canotilho ilumina com a sua cátedra as diferenças entre norma e princípio, ao aduzir que:

> Saber como distinguir, no âmbito do superconceito norma, entre regras e princípios, é uma tarefa articularmente complexa. Vários são os critérios sugeridos. a) O grau de abstração: os princípios são normas com um grau de abstração relativamente elevado; de modo diverso, as regras possuem uma abstração relativamente reduzida. b) Grau de determinabilidade na aplicação do caso concreto: os princípios, por serem vagos e indeterminados, carecem de mediações concretizadoras (do legislador, do juiz), enquanto as regras são susceptíveis de aplicação direta. c) Carácter de fundamentalidade no sistema de fontes de direito: os princípios são normas de natureza estruturante ou com um papel fundamental no ordenamento jurídico em razão de sua posição hierárquica no sistema das fontes (ex.: princípios constitucionais) ou à sua importância estruturante dentro do sistema jurídico (ex.: princípio do Estado de Direito). d) "Proximidade" da ideia de direito: os princípios são *"standards"* juridicamente vinculantes radicados nas exigências de 'justiça' (Dworkin) ou na "ideia de direito" (Larenz); as regras podem ser normas vinculantes com um conteúdo meramente funcional. e) Natureza normogênica: os princípios são fundamentos de regras, isto é, são normas que estão na base ou constituem a *ratio* de regras jurídicas, desempenhando, por isso, uma função normogênica fundamentante.[237]

Com base nas informações alinhavadas, pode-se afirmar que o princípio da continuidade da relação de emprego reveste-se de caráter de fundamentalidade, de natureza estruturante, exercendo, por isso, um papel fundamental no ordenamento juslaborista.

Ao comentar o princípio da continuidade da relação de emprego, Grisolia acentuou que:

> El principio apunta el mantenimiento de la fuente de trabajo: el contrato de trabajo tiene vocación de permanencia; esto otorga seguridad y tranquilidad al trabajador desde el punto de vista económico y psicológico, ya que la ocupación fija le asegura ingresos para su subsistencia y lo aleja de la frustración que provoca el desempleo mientra cumpla adecuadamente con las obligaciones contractuales.
>
> Esto beneficia también a los empresarios, ya que la excesiva rotación de empleo produce un alto costo económico (tareas de reclutamiento y aprendizaje de los nuevos trabajadores) y la continuidad se manifiesta en mayor experiencia y se

---

(237) CANOTILHO, J. J. Gomes. *Direito constitucional e teoria da Constituição*. 6. ed. Coimbra: Almedina, 1993. p. 166-167.

concreta en los premios (*plus*) por antiguedad, que es un reconocimiento al trabajador por los servicios prestados a la empresa a lo largo del tiempo.[238, 239]

Com base na necessidade que o trabalhador tem do emprego, para prover sua subsistência e de sua família, a continuidade da relação empregatícia, no Brasil, goza de presunção *iuris tantum*, *i. e.*, relativa, admitindo-se, por isso, prova em contrário, a favor do empregado. Por esse motivo, o TST editou a Súmula n. 212 que dispõe *verbis*:

> O ônus de provar o término do contrato de trabalho, quando negados a prestação de serviço e o despedimento, é do empregador, pois o princípio da continuidade da relação de emprego constitui presunção favorável ao empregado. (Res. n. 14/1985, DJ 19.9.1985)

Embora o princípio da continuidade da relação de emprego não se revista de caráter absoluto, ele é fortalecido, no Brasil, por uma plêiade de previsões legais que orbitam ao seu redor. Dessas, destacam-se as seguintes: o contrato por prazo determinado como exceção; o contrato por prazo determinado firmado por mais de dois anos, ou prorrogado por mais de uma vez, o convola em indeterminado (CLT, art. 445 c/c o art. 451); a suspensão do contrato e a sucessão de empresas não rompem o vínculo laboral; o aproveitamento de contrato com cláusulas nulas; a indenização em caso de despedida sem culpa do empregado; as diversas formas de estabilidade: sindical, membros da CIPA[240] e da CCP[241], da gestante, do acidentado no trabalho.

No bojo do princípio da continuidade da relação de emprego surgiu o princípio da proibição da despedida arbitrária ou sem causa, de cunho constitucional, no Brasil, inserto no art. 7º, inciso I, da CF/88:

> Art. 7º São direitos dos trabalhadores urbanos e rurais, além de outros que visem à melhoria de sua condição social:

---

(238) GRISOLIA, Julio Armando. *Op. cit.*, p. 63.

(239) O princípio aponta a manutenção da fonte de trabalho: o contrato de trabalho tem vocação de permanência; isto outorga segurança e tranquilidade ao trabalhador desde o ponto de vista econômico até o psicológico, já que a ocupação fixa lhe assegura ingressos para sua subsistência e o afasta de frustração provocada pelo desemprego enquanto cumpre adequadamente com as obrigações contratuais.

Isto beneficia também os empresários, já que a excessiva rotação de emprego produz um alto custo econômico (tarefas de recrutamento e aprendizagem dos novos trabalhadores). A continuidade se manifesta em maior experiência e se concretiza nos adicionais por antiguidade, que é um reconhecimento ao trabalhador pelos serviços prestados à empresa ao longo do tempo. (Tradução livre do autor)

(240) Comissão Interna de Prevenção de Acidentes, de constituição obrigatória nos estabelecimentos e obras especificados pelo órgão do Ministério do Trabalho e Emprego (Portaria n. 3.214), *i. e.*, todos os órgãos públicos e privados que possuam a partir de 101 empregados regidos pela CLT. Sua composição é paritária entre empregados e empregadores, oscilando de acordo com a quantidade de trabalhadores e o grau de risco da atividade.

(241) Comissão de Conciliação Prévia, instituída pela Lei n. 9.958/2000 que acrescentou ao texto da CLT os arts. 625-A a 625-H. A Comissão tem a função de conciliar os conflitos trabalhistas no âmbito da empresa ou do sindicato. Sua finalidade é a de desafogar o acúmulo de ações na Justiça do Trabalho. Trata-se de instituição facultativa das empresas e sindicatos.

I – relação de emprego protegida contra **despedida arbitrária ou sem justa causa**, nos termos de lei complementar, que preverá indenização compensatória, dentre outros direitos; (Sem destaque no original)

A jurisprudência trabalhista brasileira prestigia o princípio em destaque, como se pode observar nos seguintes arestos:

> RUPTURA CONTRATUAL. PEDIDO DE DEMISSÃO. DISPENSA IMOTIVADA. SÚMULA N. 212 DO COLENDO TST. PRINCÍPIO DA CONTINUIDADE DA RELAÇÃO DE EMPREGO. ÔNUS DE PROVA. Se a reclamada afirmou que o contrato rompeu-se diante do pedido de demissão deduzido pela autora, àquela incumbia comprovar nos autos essa realidade. No entanto, trouxe a Juízo como testemunha a filha do sócio majoritário da ré à época da prestação de serviços pela reclamante, que também foi sócia da empresa, embora de forma minoritária. Se tal pessoa foi ouvida apenas como informante do Juízo (CPC, art. 405, § 4º), a seu depoimento deve ser emprestada força probante bem mais modesta, a se considerar que não pode ser reputado imparcial. Dentro dessa realidade, não serviria como único meio de prova da ré para se desvencilhar de seu ônus *probandi*. Se a reclamada não demonstrou a contento que a autora foi quem assumiu posição de não mais permanecer trabalhando, desatendeu seu encargo probatório, concluindo-se que a ruptura contratual deu-se por iniciativa patronal, imotivadamente. Recurso conhecido e parcialmente provido. (Processo: 00541-2008-017-10-00-0 RO (Acórdão 2ª Turma) Origem: 17ª Vara do Trabalho de Brasília Relator: Juiz Gilberto Augusto Leitão Martins. Julgado em: 19.5.2009. Publicado em: 29.5.2009)

> RECURSO ORDINÁRIO. PEDIDO DE DEMISSÃO. ÔNUS DA PROVA. A jurisprudência é uniforme no sentido de dar prevalência ao princípio da continuidade da relação de emprego, quando em confronto com a negativa de dispensa, por parte do empregador. Tal posicionamento gera presunção favorável ao empregado que se diz despedido, e onera a Reclamada com o encargo probatório que, no caso, dele não se desincumbiu a contento. Entendimento e aplicação na Súmula n. 212 do TST. Recurso do Reclamante conhecido e provido. (Processo: 01020-2008-001-10-00-5 RO – Acórdão 3ª Turma. Relatora: Desembargadora Heloísa Pinto Marques. Julgado em: 26.5.2009. Publicado em: 20.7.2009)

> RECURSO DE REVISTA DA RECLAMANTE. EMPREGADA DOMÉSTICA. O princípio da continuidade do contrato de trabalho é presunção que favorece ao empregado, a teor da Súmula n. 212 do C. TST: — O ônus de provar o término do contrato de trabalho, quando negados a prestação de serviço e o despedimento, é do empregador, pois o princípio da continuidade da relação de emprego constitui presunção favorável ao empregado —. Recurso de revista conhecido e provido no tema. (Processo: RR – 709/2004-012-07-00.9. Data de Julgamento: 11.6.2008, Relator Ministro: Aloysio Corrêa da Veiga, 6ª Turma, Data de Publicação: DJ 13.6.2008)

Na Argentina não é diferente. A LCT, em diversos artigos, procura conservar o emprego ao dar preferência aos contratos por tempo indeterminado, ao admitir a alteração da pessoa do empregador, as suspensões dos contratos de trabalho e, mesmo no caso de nulidade de algumas de suas cláusulas, sanciona a resolução do contrato sem causa. Confiram-se essas assertivas nos seguintes artigos da LCT:

> ARTÍCULO 10. — En caso de duda las situaciones deben resolverse en favor de la continuidad o subsistencia del contrato.

> ARTÍCULO 90. – El contrato de trabajo se entenderá celebrado por tiempo indeterminado, salvo que su término resulte de las siguientes circunstancias: a) Que se haya fijado en forma expresa y por escrito el tiempo de su duración. b) Que las modalidades de las tareas o de la actividad, razonablemente apreciadas, así lo justifiquen. La formalización de contratos por plazo determinado en forma sucesiva, que exceda de las exigencias previstas en el apartado b) de este artículo, convierte al contrato en uno por tiempo indeterminado.[242]

O art. 94 estabelece a obrigação do empregador de pré-avisar o empregador do término do contrato de trabalho por tempo determinado.

> ARTÍCULO 94. – Las partes deberán preavisar la extinción del contrato con antelación no menor de un (1) mes ni mayor de dos (2), respecto de la expiración del plazo convenido, salvo en aquellos casos en que el contrato sea por tiempo determinado y su duración sea inferior a un (1) mes. Aquélla que lo omitiera, se entenderá que acepta la conversión del mismo como de plazo indeterminado, salvo acto expreso de renovación de un plazo igual o distinto del previsto originariamente, y sin perjuicio de lo dispuesto en el artículo 90, segunda parte, de esta ley.[243]

Considere-se, ainda, os arts. 43, 58 e 241:

> ARTÍCULO 43. – Si el objeto del contrato fuese sólo parcialmente prohibido, su supresión no perjudicará lo que del mismo resulte válido, siempre que ello sea compatible con la prosecución de la vinculación. En ningún caso tal supresión parcial podrá afectar los derechos adquiridos por el trabajador en el curso de la relación.

> ARTÍCULO 58. – No se admitirán presunciones en contra del trabajador ni derivadas de la ley ni de las convenciones colectivas de trabajo, que conduzcan a sostener la renuncia al empleo o a cualquier otro derecho, sea que las mismas deriven de su silencio o de cualquier otro modo que no implique una forma de comportamiento inequívoco en aquél sentido.

> ARTÍCULO 241. – Las partes, por mutuo acuerdo, podrán extinguir el contrato de trabajo. El acto deberá formalizarse mediante escritura pública o ante la autoridad judicial o administrativa del trabajo. Será nulo y sin valor el acto que se celebre sin la presencia personal del trabajador y los requisitos consignados precedentemente.

---

[242] ART. 10. – Em caso de dúvida, as situações devem resolver-se em favor da continuidade ou subsistência do contrato.

ART. 90. – O contrato de trabalho será celebrado por tempo indeterminado, salvo se seu término resultar das seguintes circunstâncias: a) Que se haja fixado em forma expressa e por escrito o tempo de sua duração. b) Que as modalidades das tarefas ou da atividade, razoavelmente apreciadas, assim o justifiquem. A formalização de contratos por prazo determinado em forma sucessiva, que exceda as exigências previstas na alínea *b* deste artigo, converte o contrato por tempo indeterminado. (Tradução livre do autor)

[243] ART. 94. – As partes deverão pré-avisar a extinção do contrato com antecipação não menos de um (1) mês nem mais de dois (2), a respeito da expiração do prazo convencionado, salvo naqueles casos em que o contrato seja por tempo determinado e sua duração seja inferior a um (1) mês. Aquela que o omitir, entender-se-á que aceita a conversão do contrato para prazo indeterminado, salvo ato expresso de renovação de um prazo igual ou distinto do previsto originariamente, e sem prejuízo do disposto no art. 90, segunda parte, desta lei.

Se considerará igualmente que la relación laboral ha quedado extinguida por voluntad concurrente de las partes, si ello resultase del comportamiento concluyente y recíproco de las mismas, que traduzca inequívocamente el abandono de la relación.[244]

No caso de transferência do estabelecimento, orienta o art. 225:

> ARTÍCULO 225. – En caso de transferencia por cualquier título del establecimiento, pasarán al sucesor o adquirente todas las obligaciones emergentes del contrato de trabajo que el transmitente tuviera con el trabajador al tiempo de la transferencia, aun aquéllas que se originen con motivo de la misma. El contrato de trabajo, en tales casos, continuará con el sucesor o adquirente, el trabajador conservará la antiguedad adquirida con el transmitente y los derechos que de ella se deriven.[245]

A cessão do pessoal é normatizada no art. 229:

> ARTÍCULO 229. – La cesión del personal sin que comprenda el establecimiento, requiere la aceptación expresa y por escrito del trabajador. Aun cuando mediare tal conformidad, cedente y cesionario responden solidariamente por todas las obligaciones resultantes de la relación de trabajo cedida.[246]

E, finalmente, o art. 91 estabelece o alcance da indeterminação do prazo do contrato de trabalho:

> ARTÍCULO 91. – El contrato por tiempo indeterminado dura hasta que el trabajador se encuentre en condiciones de gozar de los beneficios que le asignan los regímenes de seguridad social, por límites de edad y años de servicios, salvo que se configuren algunas de las causales de extinción previstas en la presente ley.[247]

---

(244) ART. 43. – Se o objeto do contrato foi apenas parcialmente proibido, sua supressão não prejudicará o que dele resultar válido, sempre que ele seja compatível com a persecução da vinculação. Em nenhum caso, tal supressão parcial poderá afetar os direitos adquiridos pelo trabalhador no curso da relação. (Tradução livre do autor)

ART. 58. – Não se admitirão presunções contra o trabalhador nem oriundas da lei nem das convenções coletivas de trabalho, que conduzam a comprovar a renúncia ao emprego ou a qualquer outro direito, sejam elas derivadas de seu silêncio ou de qualquer outro modo que não implique uma forma de comportamento inequívoco naquele sentido.

ART. 241. – As partes, por mútuo acordo, poderão extinguir o contrato de trabalho. O ato deverá formalizar-se mediante escritura pública ou diante da autoridade judicial ou administrativa do trabalho. Será nulo e sem valor o ato que se celebre sem a presença pessoal do trabalhador e os requisitos consignados precedentemente.

Considerar-se-á igualmente que a relação laboral será extinta por vontade concorrente das partes, se ela resultar do comportamento conclusivo e recíproco delas, que traduza inequivocamente o abandono da relação. (Tradução livre do autor)

(245) ART. 225. – Em caso de transferência a qualquer título do estabelecimento, passarão ao sucessor ou adquirente todas as obrigações emergentes do contrato de trabalho que o transmitente tiver como trabalhador ao tempo da transferência, ainda aquelas que se originem com motivo da mesma. O contrato de trabalho, em tais casos, continuará como sucessor ou adquirente, e o trabalhador conservará o tempo de serviço adquirido como transmitente e os direitos que dele se derivem. (Tradução livre do autor)

(246) ART. 229. – A cessão do pessoal sem que compreenda o estabelecimento requer a aceitação expressa e por escrito do trabalhador. Ainda quando mediar tal conformidade, cedente e cessionário respondem solidariamente por todas as obrigações resultantes da relação de trabalho cedida. (Tradução livre do autor)

(247) ART. 91. – O contrato por tempo indeterminado dura até que o trabalhador se encontre em condições de gozar os benefícios que lhe asseguram os regimes de seguridade social, por limites de idade e anos

Pelo fato de o empregado extrair seu sustento de seu trabalho, o fundamento do princípio da continuidade do contrato de trabalho é a natureza alimentar do salário. Por isso, esse princípio defende a maior permanência possível do empregado em seu trabalho, o que confere maior segurança, não só à pessoa do trabalhador, mas também ao empregador, já que não lhe é proveitoso estar constantemente à procura de novo empregado, para o mesmo posto de trabalho.

No Brasil, o princípio da continuidade da relação de emprego tem sofrido constante flexibilização, desde a promulgação da Lei n. 5.107/66, que instituiu o FGTS, pondo fim à estabilidade decenal, como restou examinado no Capítulo 2 desta pesquisa. Mais recente, outra norma flexibilizadora do instituto em comento foi a Lei n. 9.601/98. Esse diploma legal permite que sejam firmados contratos por prazo determinado, à margem das restrições ínsitas no art. 443 da CLT, estabelecendo apenas que os contratos sejam celebrados por intermédio de acordos coletivos ou de convenções coletivas de trabalho e para contratações de novos empregados. Isso significa que a empresa não pode demitir empregados para contratar outros, com base na referida lei.

Bertolin ressalta que:

O objetivo do Princípio da Continuidade do vínculo empregatício deve ser assegurar maior possibilidade de permanência do trabalhador em seu emprego, podendo ser traduzido em algumas medidas concretas, tais como a preferência pelos contratos de duração indeterminada, a proibição de sucessivas prorrogações dos contratos a prazo e a adoção do critério da despersonalização do empregador, que visa à manutenção do contrato nos casos de substituição do empregador.

Essas medidas encontram-se dentro do que se tem chamado de "Flexibilização do Direito do Trabalho", ou "Direito do Trabalho do século novo", ou ainda "Direito do Trabalho da emergência", tema que, visto com bastante objetividade, renderia facilmente um ensaio. A compreensão do autor deste estudo acerca do fenômeno é a de que se deve objetivar uma adequação do Direito do Trabalho aos imperativos econômicos da era globalizada, sem, no entanto, desvirtuá-lo. Em um contexto em que se verificam altos índices de desemprego e o crescimento da economia informal, não parece razoável que o Direito do Trabalho recue, deixando de proteger a relação de emprego.[248]

Com base em Plá Rodriguez, Ghezzie Romagnoli e Gamonal Contreras propõe uma tríplice dimensão da continuidade laboral da seguinte forma:

---

de serviços, salvo se configurarem algumas das causas de extinção previstas na presente lei. (Tradução livre ao autor)

(248) BERTOLIN, Patrícia Tuma Martins. *Os princípios do direito do trabalho e os direitos fundamentais do trabalhador*. Disponível em: <http://www.ambito-juridico.com.br/site/index.php?n_link=revista_artigos_leitura&artigo_id=1773> Acesso em: 30 dez. 2009.

a) La continuidad laboral como la facilidad para la manutención del contrato pese a los incumplimientos y nulidades;

b) La continuidad como la elevación a situación excepcional del término del contrato por la sola voluntad del empleador; y,

c) La continuidad como la interpretación de las interrupciones del contrato como simples suspensiones.[249, 250]

A essas três dimensões, Oneto agrega uma quarta: "la continuidad laboral como presunción de duración indefinida de todo contrato de trabajo".[251, 252]

Observa-se que a teoria que ora se propõe está coerente com o princípio da continuidade da relação de emprego. O contrato de trabalho é firmado, em regra, para permanecer no tempo. A exceção são os contratos por prazo determinado. A permanência do trabalhador na empresa oferece segurança a ele e à sua família. E não somente isso, oferece segurança também à empresa que não precisa ficar aos percalços à busca de novos empregados, sem experiência. Assim, a continuidade da relação de emprego confere segurança aos dois polos da relação empregatícia: o empregado e o empregador. Delgado observa que:

> [...] é de interesse do Direito do Trabalho a permanência do vínculo empregatício, com a integração do trabalhador na estrutura e na dinâmica empresariais. Apenas mediante tal permanência e integração é que a ordem juslaboralista poderia cumprir satisfatoriamente o objetivo teleológico do Direito do Trabalho, de assegurar melhores condições, pela ótica obreira de pactuação e gerenciamento da força de trabalho em determinada sociedade.[253]

9.3. A necessidade de alteração da legislação para a implantação da teoria

Para a implantação da teoria em destaque, torna-se necessária a alteração da CLT e do CNT nas partes que a ela forem contrárias.

---

(249) CONTRERAS, Sergio Gamonal. *Introducción al derecho del trabajo.* Santiago: Sono Cur, 1998. p. 170 y seg.

(250) a) A continuidade laboral como a facilidade para a manutenção do contrato pese aos descumprimentos e nulidades;

b) A continuidade como a elevação à situação excepcional do término do contrato pela vontade só do empregador; e

c) A continuidade como a interpretação das interrupções do contrato como simples suspensões. (Tradução livre do autor)

(251) ONETO, Marcos López; SOTO Ltda., López y. *Los principios jurídicos laborales como fuente formal del derecho del trabajo chileno.* Disponível em: <http://www.google.com.br/search?hl=pt-BR&rlz=1R2ADSA_pt--BRBR341&q=Gamonal+del+una+tr%C3%ADplice+dimensi%C3%B3n+y+principio+de+la+continuidad+laboral+y+pl%C3%A1+rodriguez&btnG=Pesquisar&meta=&aq=f&oq=> Acesso em: 30 dez. 2009.

(252) "A continuidade laboral como presunção de duração indefinida de todo contrato de trabalho." (Tradução livre do autor)

(253) DELGADO, Maurício Godinho. *Op. cit.*, p. 209.

9.3.1. A alteração na Consolidação das Leis do Trabalho

Fica evidente que o disposto na letra "d" do art. 482 da CLT confronta-se com a proposta que ora se apresenta. Por esse motivo, a alínea "d" do mencionado artigo deve ser expungida do sistema consolidado.

9.3.2. A alteração no Código Nacional de Trânsito

Outra alteração que deverá ser efetuada é no Código Nacional de Trânsito (CNT). Dispõe o art. 329 do CNT:

> Art. 329. Os condutores dos veículos de que tratam os arts. 135 e 136, para exercerem suas atividades, deverão apresentar, previamente, certidão negativa do registro de distribuição criminal relativamente aos crimes de homicídio, roubo, estupro e corrupção de menores, renovável a cada cinco anos, junto ao órgão responsável pela respectiva concessão ou autorização.

Estabelecem os arts. 135 e 136 do referido código que:

> Art. 135. Os veículos de aluguel, destinados ao transporte individual ou coletivo de passageiros de linhas regulares ou empregados em qualquer serviço remunerado, para registro, licenciamento e respectivo emplacamento de característica comercial, deverão estar devidamente autorizados pelo poder público concedente.
>
> Art. 136. Os veículos especialmente destinados à condução coletiva de escolares somente poderão circular nas vias com autorização emitida pelo órgão, ou entidade, executivos de trânsito dos Estados e do Distrito Federal, exigindo-se, para tanto: [...].

A jurisprudência pátria caminha em consonância com o normativo legal, como se pode observar no seguinte aresto:

> JUSTA CAUSA — MOTORISTA — EMPRESA DE TRANSPORTE — CONDENAÇÃO CRIMINAL: CASSAÇÃO DE HABILITAÇÃO — OCORRÊNCIA. O art. 482, letra "d", da CLT tipifica como justa causa para a resolução do contrato "a condenação criminal do empregado, passado em julgado, caso não tenha havido suspensão da execução da pena". Tanto a doutrina como a jurisprudência são unânimes em afirmar que não é propriamente a condenação criminal, com trânsito em julgado, o "ponto de toque" para a configuração da justa causa. Primordialmente é a execução da pena, sua forma de cumprimento é que pode criar um obstáculo intransponível à mantença da prestação laboral. Tendo sido o obreiro contratado para exercer exclusivamente a função de motorista em uma empresa transportadora de bens e tendo sido condenado no juízo criminal, além de outras penalidades, ao cumprimento do estatuído no art. 77 do CNT, essa importando numa restrição ao seu direito (inciso III, art. 47 do Código Penal), se amolda ao tipificado pela CLT, na medida em que, muito embora não tenha sofrido efetivamente pena privativa de liberdade, acabou, por final, sofrendo penalidade equivalente, porquanto sua atividade era especificamente dirigir veículos. Impossibilitado fisicamente da prestação do seu trabalho, não poderia mais cumprir a sua parte no contrato. Daí a justeza da rescisão, de forma motivada, aliada à circunstância de que o fato motivador da responsabilidade penal deu-se de modo estranho ao pacto laboral. (TRT da 15ª Região. Acórdão: 024.781/1996. Tipo: RO. n. 021848/1994. Quinta Turma. Relator Luís Carlos Cândido Martins Sotero da Silva)

Mirian Fichtner acentua que, no mundo real da oferta e da procura de emprego, observa-se "uma progressiva segregação do ex-detento". Assevera ser fato comum "empresas recorrerem a firmas especializadas no rastreamento de antecedentes criminais — uma aberração que cresceu no vácuo de legislação que proibia o preconceito". Destaca-se que os "clientes mais fiéis são empresas de ônibus, respaldadas pelo Código de Trânsito Brasileiro".

Quanto à proibição de "contratar condutores de veículos de aluguel ou destinados a transporte escolar, envolvidos em crimes de homicídio, roubo, estupro e corrupção de menores", diz que "o candidato à vaga nesse tipo de ofício só consegue o emprego se apresentar certidão negativa do registro de distribuição criminal". Aponta o seguinte exemplo: "Por causa do código, o carioca Luiz Antonio dos Santos até agora não obteve licença para voltar para a empresa de táxi em que trabalhava antes de ser condenado a seis anos e oito meses por tráfico de drogas. 'Meu patrão ofereceu a vaga, mas ainda estou tentando tirar a licença na Justiça', conta Santos, há três meses em liberdade condicional".[254]

Percebe-se que os dispositivos legais mencionados constituem-se num óbice à integração de ex-presidiários motoristas ao mercado de trabalho. Nesse diapasão, caso se queira estabelecer uma eficiente política de inserção social do ex-detento por intermédio do emprego, os citados artigos devem ser revogados.

9.3.3. As penalidades contempladas pela teoria

A suspensão do contrato de trabalho relativa à condenação imposta ao réu por sentença transitada em julgado deve ser aplicada a qualquer espécie de crime, mesmo em se tratando de crimes hediondos, excepcionando-se apenas os crimes mencionados no item 9.3.4. Uma vez que o condenado tenha quitado sua dívida prisional para com a sociedade, fará ele jus a retornar ao emprego em que trabalhava antes da condenação. Agir de forma diferente é contribuir para a configuração do insidioso *bis in idem*, ou seja, condenar duas vezes o criminoso: uma, à pena de reclusão; outra, a perambular sem emprego, talvez, pelo resto da vida. Essa é a regra geral.

9.3.4. As penalidades não contempladas pela teoria. Exceções à regra geral

Segundo a teoria que se apresenta, excepcionam-se apenas os crimes cometidos contra a pessoa física do empregador, seus superiores hierárquicos, seus colegas de trabalho, a própria empresa ou seus clientes e os familiares dessas pessoas. Quanto a tais pessoas, por motivos óbvios, não se vislumbra a possibilidade da aplicação da teoria apresentada.

Entre os crimes possíveis de serem cometidos contra pessoas referidas, nomeiam-se os crimes contra a pessoa e os crimes contra o patrimônio, os crimes contra os costumes, não se exaurindo nessas tipologias.

---

(254) FICHTNER, Mirian. O egresso não tem trabalho. *Revista Época*, Rio de Janeiro, n. 222, 16 ago. 2002.

9.4. O empregador no contexto da teoria

Inicia-se o estudo deste tópico com o conceito de empregador.

9.4.1. *O conceito de empregador*

Preferiu-se, neste trabalho, usar o termo "empregador" ao de "empresa", pois, enquanto este significa, no âmbito do Direito Civil e do Direito Comercial, que envolvem a organização econômica com finalidade de obtenção de lucro por meio de um ramo de negócio, aquele não está jungido ao fator econômico, sendo, portanto, mais abrangente.

O *caput* do art. 2º da CLT conceitua empregador como sendo "[...] a empresa individual ou coletiva que, assumindo os riscos da atividade econômica, admite, assalaria e dirige a prestação pessoal de serviços". Numa linguagem mais atualizada, dir-se-ia que empregador é tanto a pessoa jurídica quanto a física, que, assumindo os riscos da atividade econômica, admite, assalaria e dirige a prestação pessoal de serviços. Porém, o § 1º do citado artigo diz que é também empregador "[...] os profissionais liberais, as instituições de beneficência, as associações recreativas ou outras sem fins lucrativos, que admitirem trabalhadores como empregados". Nesse contexto, inclui-se o empregador doméstico, nos termos da Lei n. 5.859 de 11 de dezembro de 1972 (Lei do Trabalhador Doméstico).

9.4.2. *A desoneração financeira do empregador em relação ao empregado recolhido ao presídio*

Essa suspensão do contrato de trabalho, embora conserve o vínculo de emprego, desonera o empregador do pagamento de salários. Entende-se, contudo, que se poderá aplicar por analogia o § 3º do art. 60 da Lei n. 8.213/1991, que assim dispõe:

> § 3º Durante os primeiros quinze dias consecutivos ao do afastamento da atividade por motivo de doença, incumbirá à empresa pagar ao segurado empregado o seu salário integral.

Dessa forma, nos primeiros quinze dias consecutivos ao do afastamento da atividade por motivo de o empregado ter sido recolhido ao presídio, incumbirá à empresa pagar-lhe o seu salário integral. Esse aspecto poderia parecer contraditório em relação à proposta para desonerar a empresa. Entretanto, o pagamento de salário nos quinze primeiros dias de reclusão justifica-se por se tratar de contribuição social do empregador nos termos do art. 11 da Lei n. 8.213/1991 (Lei Orgânica da Seguridade Social). Ademais, é a materialização de uma das facetas da responsabilidade social do empregador.

Entretanto, a partir do décimo sexto dia de afastamento, os dependentes do empregado presidiário, se houver, passarão a receber o auxílio-reclusão nos termos do disposto no art. 80 da mencionada lei:

Art. 80. O auxílio-reclusão será devido, nas mesmas condições da pensão por morte, aos dependentes do segurado recolhido à prisão, que não receber remuneração da empresa nem estiver em gozo de auxílio-doença, de aposentadoria ou de abono de permanência em serviço.

Verifica-se que recebem o auxílio-reclusão os dependentes do segurado recolhido à prisão, se ele "não receber remuneração da empresa nem estiver em gozo de auxílio-doença, de aposentadoria ou de abono de permanência em serviço", e não o empregado presidiário.

Poder-se-ia argumentar que, de um jeito ou de outro, a empresa será onerada com o pagamento dos primeiros quinze dias consecutivos do afastamento da atividade, por motivo do recolhimento do empregado ao presídio e, ainda, obrigada a tolerar o ex-presidiário continuar trabalhando em seu quadro de empregados, após o cumprimento da pena. Responde-se a essa questão lembrando que toda sociedade deve arcar com o ônus social no que se refere à recuperação do preso e do egresso do sistema prisional.

Aliás, se a empresa não contribuir para a recuperação do preso e do egresso, ainda assim poderá arcar com as despesas alusivas a novo recolhimento ao presídio, por meio de tributos e até mesmo de violação ao seu patrimônio ou à vida de seus proprietários, de suas famílias e de seus colaboradores, tendo em vista a grande probabilidade de reincidência, com se viu alhures. É apenas uma questão de escolha! Destaque-se que essa postura insere-se dentro da responsabilidade social que devem ter, não apenas as instituições públicas, mas, também, as de iniciativa privada.

9.4.3. O depoimento de empresários que deram oportunidade a ex-presidiários

O argumento de que a concessão de oportunidade de emprego ao ex-presidiário acarreta perigo para o empregador não é de todo consentâneo com a realidade. A revista brasileira *Veja*, da edição do dia 28 de julho de 2010, ao apresentar um Especial sobre "O Poder do Perdão", noticiou:

> A OUTRA FACE Em 1989, o empresário **Custódio Rangel Pires**, de 87 anos, foi avisado pela polícia de que seu nome estava na lista de futuras vítimas do sequestrador carioca **Ronaldo Monteiro**, que fora preso e condenado a 28 anos de prisão. Pires resolveu visitá-lo na penitenciária para perdoá-lo pelo plano do sequestro. Fez mais. Quando Monteiro foi libertado, Pires contratou-o em sua empresa. Hoje, o ex-sequestrador, de 51 anos, dirige uma ONG no Rio de Janeiro que ajuda detentos a encontrarem um emprego após cumprir pena. 'Eu dizia que só a morte ou a prisão me afastariam do crime. Eu estava errado. O que me salvou foi a visita de Custódio', diz Monteiro.(Destaques no original).[255]

---

(255) FONSECA, Ana Cláudia. O Poder do Perdão. *Revista Veja*, São Paulo, ed. n. 2.175, ano 43, n. 30, de 28 jul. 2010.

Outro depoimento foi colhido em entrevista realizada com o senhor Orlando Prata, proprietário de uma empresa de comercialização de gêneros alimentícios, localizada no Ceasa-DF. Ele conta que sua experiência de geração de oportunidades de empregos para presos e egressos surgiu em 1989, quando era gerente da Associação dos Usuários da Ceasa-DF. Relata que, na ocasião, firmou um convênio com a Fundação de Amparo ao Trabalhador Preso (FUNAP), órgão da Secretaria de Segurança do DF.

Diz que no período de cinco anos passaram pelo convênio cerca de 280 sentenciados, entre presos e egressos, dentre esses, alguns por mérito próprio galgaram cargos como chefe de segurança, chefe de manutenção, chefe de serviços de limpeza, responsáveis pela balança e um deles assumiu o seu lugar na gerência de uma empresa.

Prata afirma que mais de trinta sentenciados já passaram por sua empresa e que tem um saldo de aproveitamento de 70% (setenta por cento). Assim, mesmo com 30% (trinta por cento) de situações infrutíferas, acredita valer a pena continuar oferecendo oportunidade de emprego a ex-presidiários. Conta que emprega atualmente três egressos do Sistema Penitenciário do Distrito Federal (DF) e que um deles é gerente de sua empresa, responsável pelas chaves de seu estabelecimento.

9.5. As consequências que poderão ocorrer se o trabalhador condenado tiver assegurado o seu emprego após o cumprimento da pena

Assegurar ao trabalhador condenado o seu emprego, após o cumprimento da pena, sem sombra de dúvida lhe servirá de incentivo para que ele se esforce, tenha um comportamento adequado no estabelecimento prisional e se envolva no trabalho oferecido pelo sistema carcerário. No Brasil, se o detento se dedicar ao trabalho no presídio, para cada três dias trabalhados, ele terá um dia reduzido de sua pena. É o que determina o art. 126 e § 1º da LEP (Lei n. 7.210/1984):

> Art. 126. O condenado que cumpre pena em regime fechado ou semiaberto poderá remir, pelo trabalho, parte do tempo da execução da pena.
>
> § 1º A contagem do tempo para o fim deste artigo será feita à razão de 1 (um) dia de pena por 3 (três) de trabalho.

Certamente haverá substancial redução na taxa de reincidência criminal, fato que contribuirá para maior segurança da sociedade, com desdobramentos positivos na economia do gasto público, por não haver necessidade de se admitirem mais policiais, de se comprarem mais armamento e viaturas, de se construírem novas delegacias, quartéis e presídios. Trata-se, portanto, de consequências positivas que ocorrerão caso se assegure ao trabalhador condenado o seu emprego, após o cumprimento da pena.

Não se pode olvidar, ainda, das seguintes palavras de Fainberg: "La inseguridad no se combate solamente con represión policial o con tener más patrulleros en la calle, o con el aumento de penas, fundamentalmente porque el gran incremento de las nuevas conductas delectivas tiene estrecha relación con la exclusión social, la injusticia y la marginación".[256, 257]

9.6. Conclusão

Pensa-se que a teoria proposta neste Capítulo, sobre a Prorrogação do Vínculo de Emprego na Condenação Criminal do Empregado, Transitada em Julgado, sem Suspensão da Execução da Pena, se colocada em prática, poderá contribuir, de forma efetiva, para a eficaz recuperação do preso, evitando-se a reincidência criminal e corroborando para sua inserção ou reinserção social após o cumprimento da pena.

---

(256) FAINBERG, Marcelo H. *La inseguridad ciudadana*. Violência y criminalidad. 1. ed. Buenos Aires: Ad-Hoc, 2003. p. 23.
(257) A inseguridade não se combate somente com repressão policial ou com mais policiais na rua, ou com o aumento de penas, fundamentalmente porque o grande incremento das novas condutas deletivas tem estreita relação com a exclusão social, a injustiça e a marginalização. (Tradução do autor)

Considerações finais

O principal objetivo proposto na introdução deste trabalho foi discutir a positividade ou a negatividade da prorrogação do vínculo de emprego na condenação criminal do empregado, transitada em julgado, sem suspensão da execução da pena, no Brasil.

Para que esse objetivo fosse atingido, tornou-se necessário inicialmente apropriar-se do conceito de neoliberalismo, com suas características e fundamentos, percebendo que a corrente, firmada no Brasil a partir do regime militar de 1964, perdura até os dias atuais, norteando não somente a política administrativa pública, como também, e principalmente, as relações de trabalho. Observou-se também que continua o neoliberalismo econômico defendendo o pleno direito do empregador de demitir o empregado, a qualquer tempo, mesmo sem a famigerada justa causa.

Como o tema em pesquisa se inseria na seara jurídica, mas dela se extrapolava, tornou-se necessário buscar outros estudos tais como a Sociologia, a Psicologia e a Estatística para perceber a aplicação da proporcionalidade dos desmandos punitivos e os reflexos de tais punições.

Pesquisou-se a evolução histórica da origem do Regime da Estabilidade no Brasil, mormente no que tange à extinção da estabilidade decenal no Brasil. Dos discursos inflamados, percebeu-se que ocorreu uma acirrada batalha no Parlamento em torno do Projeto de Lei que a extinguiu e implantou o regime do Fundo de Garantia por Tempo de Serviço (FGTS) no Brasil. Observou-se que o Projeto não foi aprovado e que a sessão conjunta em que seria votado o Projeto não foi realizada, em virtude de não existir número suficiente de parlamentares para a abertura dos trabalhos e por ter esgotado o prazo de sua tramitação.

Constatou-se que da Mensagem Presidencial que desencadearia a tramitação do mencionado Projeto, datada de 5 de agosto de 1966, até sua sanção em 13 de setembro do mesmo ano, transcorreram-se apenas 39 dias, ou seja, um mês e nove dias! E esse curto prazo se deveu aos interesses do Executivo Federal.

Percebeu-se que os empregados não podem renunciar às formas de estabilidade que ainda perduram no Brasil, por se configurarem categoria de direito irrenunciável. Valeu-se de minucioso estudo do Direito do Trabalho, quanto à rescisão contratual do empregado. Se o obreiro trabalhar na empresa por mais de um ano, só será válida a sua rescisão quando feita com a assistência do sindicato de sua categoria profissional, ou, em sua ausência, pela competente autoridade local do Ministério do Trabalho e Emprego.

Entretanto, importava ainda saber a extensão do conceito de admissibilidade, de ratificação e de denúncia de Convenção da OIT, em particular da de n. 158, quanto a seu caráter de admissibilidade de demissão quando a conduta do trabalhador configurar uma Justa Causa. Assim, examinaram-se, de forma detalhada, as várias hipóteses em que são permitidas a demissão: a ausência ao trabalho, a incapacidade resultante de enfermidade ou acidente, a incompetência, ou seja, quando o trabalhador revelar carência de qualificações ou de capacidade para desenvolver o trabalho para o qual foi contratado, ou prestá-lo insatisfatoriamente, ou ainda, no caso de evidenciarem-se motivos de origem econômica, tecnológica, estrutural ou similar.

Verificou-se que até o presente momento nem o Brasil, tampouco a Argentina, integraram aos seus ordenamentos jurídicos internos o conteúdo da Convenção n. 158 da OIT. Contudo, na Argentina "existen numerosos proyectos de ley tendientes a incorporar los preceptos del mismo a la legislación interna".[258]

Ressaltou-se, entretanto, que, se demonstrada *quantum satis* a justa causa cometida pelo empregado, o empregador poderá rescindir o contrato de trabalho. Tal rescisão, além de fundamentada na legislação trabalhista e no entendimento jurisprudencial brasileiros, está, também, em consonância com a Convenção n. 158 da OIT que exige uma causa justificadora para a rescisão do contrato de trabalho.

Com o objetivo de aprofundar o tema proposto, resolveu-se examinar alguns institutos que podem afastar a justa causa na condenação criminal, evitando-se, assim, a rescisão do contrato de trabalho, comparando-os com outros que não a afastam. Concluiu-se que mediante o *sursis*, por se tratar de suspensão condicional da execução da pena, de 2 (dois) a 4 (quatro) anos, ao fim dos quais se considerará extinta a aludida pena, não cabe dispensa por justa causa. A anistia e a graça não permitem seja configurada a justa causa para a dispensa do empregado, se forem concedidas antes de o condenado completar 30 dias de prisão, fato incomum e muito difícil de ocorrer na prática. Nesse caso, o empregado poderá retornar ao trabalho. Todavia, se forem concedidas após esse prazo, haverá caracterizada a justa causa para a dispensa do empregado. A *abolitio criminis* também impede a configuração da justa causa para a dispensa do empregado, se a lei nova for promulgada antes de completar 30 dias de prisão do condenado, deixando de considerar o crime praticado pelo empregado, já tipificado em lei anterior. Essa hipótese também seria muito difícil de ocorrer na prática.

Por outro lado, constatou-se que o indulto não afasta a justa causa porque o condenado fará jus à sua concessão após ter cumprido, no mínimo, um terço da pena. Nesse caso, haverá concretizada a justa causa para a demissão do empregado. A comutação da pena poderá ser concedida após o cumprimento de, no mínimo, entre um terço a um quarto da pena. Dessa forma, com o cumprimento da pena

---

(258) LAS HERAS, Horacio; TOSCA, Diego; GIGENA, José Ignacio Dragan. *Op. cit.*, p. 65.

mínima, haverá configuração da justa causa para a dispensa do empregado. Se o perdão judicial for concedido na própria sentença ou no acórdão que a reformar, não há que se falar em justa causa para a despedida do empregado. É que, em tal caso, a sentença ainda não transitou em julgado.

Considerou que, recolhido ao presídio em decorrência de sentença penal condenatória, transitada em julgado, o empregado pode ser demitido por justa causa. Após o cumprimento da pena, o ex-presidiário, hipótese mais provável, não encontra emprego. Não tendo o necessário para prover suas necessidades e de sua família, o egresso do presídio não suporta o sofrimento e, regra geral, volta à prática de crime. Todo o trabalho por que passou o ex-detento para se redimir do(s) crime(s) anterior(es), somando-se ao que o sistema prisional, os psicólogos e os assistentes sociais lhe dispensaram, foi desperdiçado.

Levou-se em conta os elevados números dos que perderam o emprego em razão da demissão por justa causa, por terem sido recolhidos ao presídio, em decorrência de sentença penal condenatória. Para demonstrar esses números elevados, realizou-se uma pesquisa de campo. Embora toda pesquisa de campo, de natureza idêntica à apresentada nesta tese, esteja sujeita a alguma margem de erro, para menos ou para mais, apenas no âmbito do Distrito Federal, de um universo de 7.997 presos (julho/2010), aproximadamente 2.879 possuíam relação formal de trabalho, e, desses, cerca de 2.706 foram demitidos por justa causa em razão do recolhimento ao presídio para cumprimento de pena privativa de liberdade. (*Vide* Tabelas 14 e 15 e Gráficos 15 e 16). Considerando-se que o percentual de reincidência é de 60 a 70%, segundo dados do Conselho Nacional de Justiça (CNJ), concluiu-se que elevado também é o número daqueles que voltarão à criminalidade.

Entretanto, verificou-se que o trabalho com vínculo empregatício permanente é o que contribui, de forma efetiva, para evitar-se a reincidência do egresso e para sua reinserção social. Por isso, deve-se pensar e implementar políticas voltadas para a manutenção de empregos daqueles que estavam empregados, antes do recolhimento ao presídio.

Com o intuito de contribuir para a redução de reincidências criminais decorrentes da dificuldade do egresso do sistema prisional de conseguir novo emprego e, simultaneamente, promover sua inserção social, sugere-se:

1) A revogação da letra "d" do art. 482 da CLT;

2) A revogação dos arts. 135, 136 e 329 do Código Nacional de Trânsito (CNT);

3) A criação de lei que preveja a suspensão do contrato de trabalho do empregado, recolhido ao presídio, em razão de condenação por sentença penal, transitada em julgado. Essa suspensão do contrato de trabalho, embora conserve o vínculo de emprego, desonera o empregador do pagamento de salários, sendo ele responsável apenas pelos primeiros quinze dias consecutivos do afastamento

da atividade, pelo motivo de recolhimento do empregado ao presídio. Contudo, a partir do décimo sexto dia de afastamento, os dependentes do empregado presidiário, se houver, passarão a receber o auxílio-reclusão nos termos do disposto no art. 80 da Lei n. 8.213/1991;

4) A criação da estabilidade provisória para o condenado criminalmente, em sentença transitada em julgado, sem suspensão da execução da pena. Essa estabilidade consistiria na manutenção do seu contrato de trabalho na empresa, pelo prazo mínimo de doze meses, após o término do cumprimento de sua pena, ou após ser posto em liberdade, ainda que condicional;

5) A criação de uma comissão tripartite dentro da OIT para estudar e elaborar uma Convenção sobre a prorrogação do vínculo de emprego na condenação criminal, transitada em julgado, do empregado sem suspensão da execução da pena, a ser ratificada por todos os Estados-membros.

Ressalte-se que na hipótese de suspensão do contrato de trabalho do empregado recolhido ao presídio, em razão de sentença penal condenatória, transitada em julgado e a consequente estabilidade provisória, não há que se falar em mão de obra desqualificada, pois trata-se de pessoa que já estava trabalhando com vínculo empregatício. Nesse caso, o empregado teria necessidade, quando muito, de passar por uma reciclagem para continuar no desempenho de suas funções.

Embora não haja no Brasil informações estatísticas referentes à taxa de reincidência criminal, o Plano do Projeto "Começar de Novo", do Conselho Nacional de Justiça (CNJ) e com base nos mutirões carcerários, corrobora os levantamentos que fixam o alto índice de reincidência entre 60 a 70%.[259] Essa alta taxa de reincidência criminal põe em risco a segurança da própria sociedade, com desdobramentos negativos, tais como o aumento do gasto público com a seleção e o preparo de mais policiais, compra de armamento e viaturas e a construção de mais quartéis, delegacias e presídios.

De acordo com a pesquisa de campo realizada, não é insignificante o percentual da população carcerária que poderá beneficiar-se com a proposta que ora se apresenta. A rejeição da presente proposta conduz a que se olhe a situação por outro ângulo, pois também não é insignificante o percentual da população carcerária que volta à prática criminal, em razão da dificuldade de encontrar novo emprego, como, aliás, mencionado.

Não se constatou, durante a pesquisa, qualquer negatividade na prorrogação do vínculo de emprego na condenação criminal do empregado, transitada em julgado, sem suspensão da execução da pena, no Brasil. Contudo, essa prorrogação, que, frise-se, não onera a empresa, é revestida de profunda positividade: contribui eficazmente para

---

(259) CNJ. *Começar de Novo — plano do projeto*. Disponível em: <http://www.cnj.jus.br/images/imprensa/comecardenovo2009/docs/projetocomecardenovosite.doc> Acesso em: 27 dez. 2009.

recuperação do preso, evita a reincidência criminal e corrobora para sua inserção ou reinserção social, após o cumprimento da pena, para a melhoria de sua qualidade de vida e para a efetivação da segurança e do bem-estar da comunidade nacional, com reflexos, igualmente positivos, na comunidade internacional.

Também os objetivos específicos foram alcançados. 1º) Descreveu-se as formas de estabilidade no emprego existentes no Brasil no item 2.6; 2º) Realçar o ônus da prova relativa à justa causa (item 4.6.1); 3º) Explicar a Teoria da Prorrogação do Vínculo de Emprego na Condenação Criminal do Empregado, Transitada em Julgado, sem Suspensão da Execução da Pena (item 9.2); 4º) Avaliar as consequências que poderão ocorrer se o trabalhador condenado tiver assegurado o seu emprego após o cumprimento da pena (item 9.7).

Em linha de arremate, destaca-se que, durante as pesquisas, observaram-se vários segmentos de estudo correlacionados com o tema da tese, que mereceriam análises específicas. Não se adentrou ao estudo dessas searas em virtude de se ter de fazer um corte epistemológico para não se desviar do tema proposto e dar-lhe um tratamento mais aprofundado. Contudo, deixa-se como sugestão um estudo sobre os egressos do sistema prisional, podendo-se seguir as mesmas diretrizes da pesquisa que ora se apresenta.

Referências

1. Bibliográficas

ALMEIDA, Ísis. *Curso de legislação do trabalho*. São Paulo: Sugestões Literárias, 1981.

ANTOLISEI, Francesco. *Manual de derecho penal*. Trad. de: Juan del Rosal e Angel Tório. Buenos Aires: Uteha, 1960.

ÁVILA, Pe. Fernando Bastos de. *Pequena enciclopédia de moral e civismo*. Ministério da Educação. Rio de Janeiro: AGGS, 1975.

BARROS, Alice Monteiro de. *Curso de Direito do Trabalho*. 4. ed. São Paulo: LTr, 2008.

BIBLIA DE JERUSALÉN. *Edición Escuela Biblia de Jerusalén*. España: Alianza Editorial, 1994.

BOBBIO, Norberto. *A era dos direitos*. Trad.: Carlos Nelson Coutinho. 16. tir. Rio de Janeiro: Campus, 1992.

CANOTILHO, J. J. Gomes. *Direito constitucional e teoria da Constituição*. 6. ed. Coimbra: Almedina, 1993.

CASTRO, Flávia Lages de. *História do direito geral e Brasil*. 4. ed. Rio de Janeiro: Lumen Juris, 2007.

CESARINO JR., A. F. *Direito social*. São Paulo: LTr, 1980.

COSMÓPOLIS, Mario Pasco. Suspensión del contrato de trabajo. En: *Instituciones del derecho del trabajo y de la seguridade social*. s. l.: Universidade Nacional Autónoma de México, 1997.

CONTRERAS, Sergio Gamonal. *Introducción al derecho del trabajo*. Santiago: Sono Cur, 1998.

COOPERSMITH, Stanley. *The antecedents of self-esteem*. San Francisco: Freeman, 1967.

CORSEUIL, C. H. L., et al. *O estigma da perda de um emprego formal no Brasil*. s. l.: Mimeo, 2009.

COUTINHO, Grijalbo Fernandes. *O Direito do Trabalho flexibilizado por FHC e Lula*. São Paulo: LTr, 2009.

DELGADO, Mauricio Godinho. *Curso de Direito do Trabalho*. 7. ed. São Paulo: LTr, 2008.

DOUGLAS, J. D. (Editor Org.) *O novo dicionário da Bíblia*. Trad. de: João Bentes. São Paulo: Vida Nova, 1978. vol. II, Editor Organizador.

DWORKIN, Ronald. *Taking rights seriously*. Cambridge: Harvard University Press, 1977.

ENRIQUEZ, Eugene. Instituições, poder e desconhecimento. In: ARAÚJO, J. N. G. de T. C. (Org.). *Cenários sociais e abordagem clínica*. São Paulo: Escuta, 2001.

FAINBERG, Marcelo H. *La inseguridad ciudadana*. Violência y criminalidad. 1. ed. Buenos Aires: Ad-Hoc, 2003.

GARCIA, Manuel Alonso. *Derecho del trabajo*. t. 1. Barcelona: 1960.

GIGLIO, Wagner D. *Justa causa*. São Paulo: Saraiva, 2000.

GOFFMAN, Erving. Estigma: notas sobre a manipulação da identidade deteriorada. Rio de Janeiro: Guanabara. Koogan, 1988. p. 13.

GOMES, Orlando; GOTTSCHALK, Élson. *Curso de Direito do Trabalho*. 18. ed. Rio de Janeiro: Forense, 2008.

GRISOLIA, Julio Armando. *Manual del derecho laboral*. 5. ed. Buenos Aires: Abeledo Perrot, 2009.

HOBBES, Thomas. *O Leviatã*. Trad. de: Alex Marins. São Paulo: Martin Claret, 2006.

JESUS, Damásio E. de. *Direito penal*. 19. ed. São Paulo: Saraiva, 1995. v. 1 – Parte Geral.

LACERDA, Dorval de. *A falta grave no Direito do Trabalho*. 2. ed. Rio de Janeiro: Edições Trabalhistas, 1960.

LAS HERAS, Horacio; TOSCA, Diego; GIGENA, José Ignacio Dragon. Estabilidad en el Empleo. In: SUDERA, José Alejandro (Coord.); ACKERMAN, Mario Eduardo (Dir.). *Extinción de la relación laboral*. Santa Fé: Rubinzal-Culzoni Editores, 2008.

LEITE, Carlos Henrique Bezerra. *Curso de direito processual do trabalho*. 5. ed. São Paulo: LTr, 2007.

LOCKE, John. *Segundo tratado sobre o governo* (1690). São Paulo: Martin Claret, 2007.

LÓPEZ, Justo. *Ley de contrato de trabajo comentada*. 2. ed. Buenos Aires: Contabilidad Moderna, 1987.

MARANHÃO, Délio; CARVALHO, Luiz Inácio B. *Direito do Trabalho*. 17. ed. Rio de Janeiro: FGV, 1993.

MARTINS FILHO, Ives Gandra da Silva. *Manual de direito e processo do trabalho*. 18. ed. São Paulo: Saraiva, 2009.

_____. *Direito do Trabalho*. 7. ed. São Paulo: Atlas, 1998.

MARTINS, Sergio Pinto. *Comentário à CLT*. 11 ed. São Paulo: Atlas, 2007.

_____. *Manual da justa causa*. 3. ed. São Paulo: Atlas, 2008.

MENDONÇA, Albérico Camelo de. *As recomendações do Grupo de Ação Financeira e a soberania dos Estados não cooperativos*. Brasília: Universidade Católica de Brasília, 2006.

MORAES FILHO, Evaristo. *A justa causa na rescisão do contrato de trabalho*. 3. ed. São Paulo: LTr, 1996.

MORAES, R. C. C. *Neoliberalismo — de onde vem, para onde vai?* 1. ed. São Paulo: Senac, 2001.

NASCIMENTO, Amauri Mascaro. *Curso de Direito do Trabalho*. 20. ed. São Paulo: LTr, 2005.

_____. *Iniciação ao Direito do Trabalho*. São Paulo: LTr, 1993.

PALMEIRA, Marcos Rogério. *Direito tributário versus mercado*: o liberalismo na reforma do Estado brasileiro nos anos 90. Rio de Janeiro: Renovar, 2002.

PINTO, José Augusto Rodrigues. *Curso de direito individual do trabalho*. 2. ed. São Paulo: LTr, 1995.

RABINOVICH-BERKMAN, Ricardo David. *Derechos humanos*. Una introducción a su naturaleza y a su historia. Buenos Aires: Quorum, 2007.

RAMADIER. Conventions et Recomendations de l'Organization Internationale du Travel. In Droit Social. 1951.

RODRIGUEZ, Américo Plá. *Los princípios del derecho del trabajo*. Buenos Aires: Depalma, 1978.

ROSA, Cláudio. *Processo administrativo disciplinar e comissões sob encomenda*. Curitiba: Juruá, 2006.

ROSANVALLON, Pierre. *A crise do Estado-providência*. Trad. de: Joel Pimentel de Ulhôa. Goiânia: Editora da UFG, 1997.

RUSSOMANO, Mozart Victor. *Comentários à Consolidação das Leis do Trabalho*. 3. ed. Rio de Janeiro: Konfino, 1955. v. 2.

ROUSSEAU, Jean-Jacques. *Do contrato social*. Trad. Pietro Nassetti. São Paulo: Martin Claret, 2006.

SÁ, Matilde Maria Gonçalves de. *O egresso do sistema prisional no Brasil*. São Paulo: Paulistanajur, 2004.

SANTOS, Moacyr Amaral. *Primeiras linhas de direito processual civil*. 10. ed. São Paulo: Saraiva, 1990. v. 2.

SARLET, Ingo Wolfgang. *A eficácia dos direitos fundamentais*. 6. ed. Porto Alegre: Livraria do Advogado, 2006.

SILVA, De Plácido. *Vocabulário jurídico*. 27. ed. Rio de Janeiro: Forense, 2006.

SMITH, Adam. A riqueza das nações. São Paulo: Abril Cultural, 1983.

_____. *Investigación sobre la naturaleza y causa de la riqueza de las naciones*. Título Original: *The wealth of nations*. Trad. de: Gabriel Franco. Alianza, Tra edition, 2007.

SOARES, Alcides Ribeiro. *Subsídios à crítica da ditadura militar de 1964-1985*. 1. ed. São Paulo: Cliper, 2001.

SOARES, Guido. *Curso de direito internacional público*. São Paulo: Atlas, 2004.

SÜSSEKIND, Arnaldo; MARANHÃO, Délio; VIANNA, Segadas. *Convenções da OIT*. São Paulo: LTr, 1994.

_____. *Instituições de Direito do Trabalho*. 12. ed. São Paulo: LTr, 1991. v. 1 e 2.

TAYLOR, W. C. *Dicionário do novo testamento grego*. 7. ed. Rio de Janeiro: Juerp, 1983.

VIANA, Márcio Túlio. *O que há de novo em Direito do Trabalho*. São Paulo: LTr, 1997.

2. Revistas

ADAMS, Denise. *Revista Época*, Rio de Janeiro: ed. n. 222, 16.8.2002.

CAMPANA, Priscila. O impacto do neoliberalismo no Direito do Trabalho: desregulamentação e retrocesso histórico. *Revista de Informação Legislativa*, Brasília, ano 37, n. 147, p. 134-135, jul./set. 2000.

FABER, Henry. Job loss in the United States: 1981-2001. *NBER Working Paper*, n. 9.707, 2003.

FICHTNER, Mirian. O egresso não tem trabalho. *Revista Época*, Rio de Janeiro: ed. n. 222, 16.8.2002.

FONSECA, Ana Cláudia. O Poder do Perdão. *Revista Veja*, São Paulo, ed. n. 2.175, ano 43, n. 30, de 28 jul. 2010.

GIBBONS, Robert; KATZ, Lowrence. Layoffs and Lemons. *Journal of Labor Economics*, v. 9, p. 351-380, n. 4, 1991.

MARQUES, Heloísa Pinto. A prova no processo do trabalho. *Revista Ciência Jurídica*, n. 14, mar./abr. 1999.

POLSKI, Daniel. Changing consequences of job separations in the United States, *Industrial and Labor Relations Review*, v. 52, p. 565-580, n. 4, 1999.

SAINT-CLAIR, Clóvis. A pena perpétua: o drama de ex-detentos que buscam trabalho mas só encontram preconceito. *Revista Época*, Rio de Janeiro: ed. n. 222, 16.8.2002

3. Eletrônicas

BARROS, Janiber. *Depressão*. Disponível em: <http://www.astrisutra.org.br/Depress%E3o.doc> Acesso em: 28 dez. 2009.

BERQUÓ, Anna Taddei Alves Pereira Pinto. *A proteção ao emprego no Brasil e a Convenção 158 da Organização Internacional do Trabalho*. Disponível em: <www.ccj.ufpb.br/primafacie/prima/artigos/n7/protecao.pdf> Acesso em: 28 dez. 2009.

BERTOLIN, Patrícia Tuma Martins. *Os princípios do direito do trabalho e os direitos fundamentais do trabalhador*. Disponível em: <http://www.ambito-juridico.com.br/site/index.php?n_link=revista_artigos_leitura&artigo_id=1773> Acesso em: 30 dez. 2009.

CERAPE — Centro de Recuperação e Apoio ao Preso e ao Egresso. Disponível em: <http://www.cerape.org.br/quemsomos_identidadeemissao.htm> Acesso em: 3 nov. 2009.

CNJ. *Começar de Novo — plano do projeto*. Disponível em: <http://www.cnj.jus.br/images/imprensa/comecardenovo2009/docs/projetocomecardenovosite.doc> Acesso em: 27 dez. 2009.

_____. *São Paulo vai garantir 5 mil vagas no Programa Começar de Novo*. Disponível em: <http://www.cnj.jus.br/index.php?option=com_content&view=article&id=9564:sao-paulo--vai-garantir-5-mil-vagas-no-programa-comecar-de-novo&catid=1:notas&Itemid=675> Acesso em: 27 dez. 2009.

Conselho Nacional de Justiça. Ministro Gilmar Mendes conclama prefeituras a promover ressocialização de ex-detentos. Disponível em: <http://www.cnj.jus.br/index.php?option=com_content&view=article&id=8296:-ministr...> Acesso em: 25 nov. 2009

CRAÍDE, Sabrina. *Trabalho e qualificação são fundamentais para evitar reincidência, afirma ex-detenta*. Disponível em: <http://www.agenciabrasil.gov.br/noticias/2007/12/21/materia.2007-12-21.2987533517/view> Acesso em: 22 out. 2009.

DICIONÁRIO BABYLON. Disponível em: <http://dicionario.babylon.com/liberalismo%20cl%C3%A1ssico#!!9GGKRAUE> Acesso em: 26 set. 2009.

DICIONÁRIO DE ECONOMIA. Disponível em: <http://www.faa.edu.br/economia/n.php> Acesso em: 26 set. 2009.

DINIZ, Lígia Garcia. *A reinserção social do egresso do sistema prisional pelo trabalho*: a experiência de Belo Horizonte. 2005. Disponível em: <http://www.institutoelo.org.br> Acesso em: 23 out. 2009.

MAIA, Enrique. *Mas, o que é autoestima?* Disponível em: <http://www.inpaonline.com.br/artigos/voce/auto_estima-imp.htm> Acesso em: 13 abr. 2010.

MAIOR, Jorge Luiz Souto. *Convenção n. 158 da OIT. Dispositivo que veda a dispensa arbitrária é autoaplicável.* Disponível em: <http://jus2.uol.com.br/doutrina/imprimir. asp?id=5820> Acesso em: 19 jan. 2010.

MATHIAS, Márcio José Barcellos. *Distinção conceitual entre direitos humanos, direitos fundamentais e direitos sociais.* Disponível em: <http://www.advogado.adv.br/artigos/2006/marciojosebarcellosmathias/distincao.htm> Acesso em: 8 fev. 2010.

MEDRADO, Gézio Duarte. *Despedidas não arbitrárias — hipótese de não cabimento da indenização compensatória.* Disponível em: <http://www.ambito-juridico.com.br/site/index.php?n_link=revista_artigos_leitura&artigo_id=2508> Acesso em: 20 dez. 2009.

ONETO, Marcos López; SOTO Ltda. López y. *Los principios jurídicos laborales como fuente formal del derecho del trabajo chileno.* Disponível em: <http://www.google.com.br/search?hl=pt--BR&rlz=1R2ADSA_pt-BRBR341&q=Gamonal+del+una+tr%C3%ADplice+dimensi%C3%B3n+y+principio+de+la+continuidad+laboral+y+pl%C3%A1+rodriguez&btnG=Pesquisar&meta=&aq=f&oq=> Acesso em: 30 dez. 2009.

RABENHORST, Eduardo R. *O que são direitos humanos?* Educação em direitos humanos: fundamentos histórico-filosóficos. Disponível em: <www.redhbrasil.net/documentos/.../1.o_q_sao_dh_eduardo.pdf> Acesso em: 7 fev. 2010.

RELATÓRIO DA SITUAÇÃO ATUAL DO SISTEMA PENITENCIÁRIO DE MAIO DE 2008. Disponível em: <http://74.125.93.132/search?q=cache:xZu44d4uNTUJ:www.mj.gov.br/services/DocumentManagement/FileDownload.EZTSvc.asp%3FDocumentID%3D%257B7E1CA135--ACD3-48EC-BAF0-A1DCEC44C187%257D%26ServiceInstUID%3D%257 B4AB01622-7C49-420B-9F76-15A4137F1CCD%257D+relat%C3%B3rio+da+situa% C3% A7%C3%A3o+atual+do+sistema+penitenci%C3%A1rio+de+maio+de+2008&cd=1&hl=pt-BR&ct=clnk&gl=br> Acesso em: 3 nov. 2009.

RENNÓ JR., Joel. *Saúde mental.* Disponível em: <http://www2.uol.com.br/vyaestelar/mente_auto_estima.htm> Acesso em: 13 abr. 2010.

VIEIRA, Vanderson Roberto. *Anistia no direito penal.* Disponível em: <www.faimi.edu.br/v8/.../ANISTIA%20-%20vanderson.pdf> Acesso em: 12 ago. 2010.

WIKIPEDIA, a Enciclopédia Livre. *Direitos humanos.* Disponível em: <http://pt.wikipedia.org/wiki/Direitos_humanos> Acesso em: 11 fev. 2010.

4. Sites pesquisados

<http://www.stf.jus.br/> (Supremo Tribunal Federal);

<http://www.stj.jus.br/> (Superior Tribunal de Justiça);

<http://www.cnj.jus.br/> (Conselho Nacional de Justiça);

<http://www.tst.jus.br/> (Tribunal Superior do Trabalho);

<http://www.tst.jus.br/ASCS/forum/programacao.html>;

<http://www.mj.gov.br/> (Ministério da Justiça);

<http://planalto.gov.br> (Presidência da República do Brasil).

LOJA VIRTUAL
www.ltr.com.br

BIBLIOTECA DIGITAL
www.ltrdigital.com.br

E-BOOKS
www.ltr.com.br